Le Monde diplomatique,
edición española

PENSAMIENTO CRÍTICO *VS.* PENSAMIENTO ÚNICO

TEMAS DE DEBATE

Colección dirigida por
JOSÉ MANUEL SÁNCHEZ RON

Primera edición: abril 1998
© *Le Monde diplomatique, edición española* (L-Press), 1998
© Ilustración de la portada, Manolo Valdés.
VEGAP. Madrid, 1998
© De la presente edición, Editorial Debate, S.A.,
O'Donnell, 19, 28009 Madrid

I.S.B.N.: 84-8306-104-X
Depósito Legal: M. 11.527-1998
Compuesto en VERSAL A. G., S. L.
Impreso en Unigraf, Arroyomolinos, Móstoles (Madrid)
Impreso en España *(Printed in Spain)*

Sumario

Sumario

PRÓLOGO

El librepensador

Desciendo de una familia de librepensadores. De niño me acunaba con canciones de conspiradores garibaldinos y de negros cubanos que pedían la libertad, en una España dictada por un general cómplice de un rey, que destrozaba a sus gentes en las guerras de Marruecos. El librepensador es un personaje del siglo XVII inglés —*freethinkers*— que transmigra al continente, anida en la Ilustración, se forja en la época de la Enciclopedia francesa, cuando se les llamaba *esprits forts,* y se nutre de ella; entronizó a la Diosa Razón, y la paseó por las calles de París representada por una joven actriz con un pecho al aire. Hay un enjambre étimo donde se contiene la actitud del librepensador, que viene de mucho mas atrás en los siglos: los libertinos —*libertin d'esprit, libertin erudit*—, los racionalistas, los *philosophes,* los pirronistas —de Pirro—, hasta los nihilistas; y los naturalistas, los libertarios, los ácratas. El librepensador —por adoptar un término común a todos, aún respetando su necesidad de ser: los matices, las diferencias— es un personaje que afirma, sobre todo, el pensamiento crítico, a partir de una máxima con carácter de axioma: el pensamiento no delinque. Grave error práctico: el pensamiento es una de las materias más peligrosas que el hombre puede transportar de contrabando, o contra los bandos. Le lleva a la muerte o a la cárcel. Está pasando hoy mismo. Los grandes exilios han sido formados por librepensadores, y algunas naciones, como Estados Unidos o Australia, han salido de las emigraciones de aquellos cuyo pensamiento les hacía culpables, o penados, en Europa.

He citado con gusto a los libertinos por dos razones: una, por que de un nombre tan honesto y tan puro como ha sido después el de libertario, se hizo derivar la acusación de perversión sexual, de libidinoso o dominado por lo impuro, para que su desprestigio cundiera. La otra, por que quiero citar a un libertino en todos los sentidos de la palabra al que pocas veces se suele presentar como pensador, como filósofo y como hombre libre: Oscar Wilde. Martirizado por ello, encarcelado, llevado a los trabajos forzados, su muerte prematura fue consecuencia de las heridas recibidas en el penal. Cito párrafos de una de las conferencias que dio en Estados Unidos. «En arte, como en política, hay un origen único de todas las revoluciones: el deseo del hombre por una vida más noble, por un método más libre y por una libertad de expresión capaces de crear una nueva fraternidad entre los hombres.» Su biógrafo fundamental, Ellemann, dijo que hemos heredado su lucha para «asociar el arte con el cambio social, para salvar lo que es singular y diferente de ser reducido o aplanado, para reemplazar una moral de severidad por otra de comprensión». Otro estudioso de Wilde, Jacop Epstein, dice que se adelantó a la profunda revolución de la conciencia que está perfilando «para lo bueno y para lo malo, la sensibilidad moderna; la transformación o desconstrucción (por usar el término de Wilde *[deconstruction])* de la cultura por medio de la visión personal de cada uno». Setenta años después los libros de Derrida desconstruían —recuperando, o como inventando, la palabra— la metafísica occidental. La escuela de Yale, con Edward Wilson, centraba en las décadas de los setenta y los ochenta, las teorías desconstruccionistas. Gracias a ellas estamos hoy en lo que se llama «la era posmetafísica». Y en el «pensamiento crítico».

Se han utilizado contra el pensamiento libre toda clase de términos revestidos de prestigio: decencia, moral, ética, religión, disciplina, orden, rigor, ley, justicia, respeto, inocencia, comunidad... Bajo ellos, a veces con un atractivo y unas doctrinas brillantes, no se ha ocultado nunca otra cosa que no fuera la coacción o el aplastamiento de unas libertades, y ese aplastamiento es el de un poder acumulado, reducido y centrado sobre unas mayorías obligadas a la obediencia. En otras palabras, la libertad de pensamiento es una parte de la lucha de clases; aunque en esa guerra a veces se haya contraído otra vez el pensamiento y se haya formado otra vez una situación de pirámide. No se sabe donde hubiera llegado el pensamiento comunista definido de una manera que aún estremece por su veracidad por Marx y Engels, enriquecido por Bakunin, agrandado en las primeras internacionales; dónde hubiera llegado, digo, si los que fueron luego calificados de desviacionistas hubieran podido añadir su pensamiento y su crítica al sistema. Su depuración y su exclusión no fueron menos graves que las que se practicaban en las sociedades llamadas, entonces, burguesas: es decir, de la clase social que comenzó a atrincherarse detrás de los vocablos ya referidos. La clase de las personas decentes. Antes de esa burguesía, el pensamiento libre era perseguido con menos subterfugios y el pensamiento único era monárquico y monoteísta; la burguesía hizo su primera gran revolución y buscó que ese monarca fuese elegido por ella. Al decir por ella quiero significar que no es por todos, como indicaría la palabra que puso en marcha y que circula ahora con vehemencia: democracia. Era un arma de combate contra los totalitarismos; se mantuvo viva y brillante hasta que cayó en Occidente el último de ellos —en el mundo hay en estos momentos mas de cien países sometidos a regímenes dictatoriales— y decidió que la cara sonriente había dejado de ser necesaria. Había ganado.

De esa victoria quiso hacer un sistema definitivo y dictó dos sentencias: el final de la historia y el pensamiento único. La historia, evidentemente, ya no tenía razón de ser puesto que el enemigo había desaparecido, y la historia es la de un combate. Si Lenin tenía razón al interpretar el marxismo, la historia del mundo es la historia de la lucha de clases. Vencida una de esas clases, la que adoptó y luego perdió el nombre de proletaria, no era preciso guerrear más. Y tampoco es preciso pensar más: si se tiene en cuenta que el pensamiento humano es siempre el de llegar a un final feliz, a la suposición de paraíso que le enseñan todos los sistemas, aunque cada uno lo sitúe en un tiempo y un lugar distintos. Suelen coincidir en que ya existió, en que se perdió y en que hay que reconstruirlo. Para reconstruirlo está la ciencia y la técnica. Esta forma de determinar la inmovilidad distingue entre el pensamiento humanista y el técnico; quizá este último sería exactamente pensamiento, sino algo superior, capaz incluso de crearse a sí mismo.

En todas las esferas de Occidente han comenzado ya a abandonarse las enseñanzas del humanismo. España ha sido siempre un lugar priviligiado para el desarrollo de las barbaries conservadoras, y practica ahora seriamente esta nueva del alejamiento de las doctrinas humanas. La clase dominante rechaza el franquismo dictatorial, pero recoge de él una enseñanza básica: la fijación del pasado perfecto en los años que transcurren entre la Reconquista y el principio de la pérdida del imperio y de la invasión extranjera en forma de ideas distintas. La España que tuvo un mínimo renacimiento, una nula reforma (religiosa) y ninguna revolución. La España unitaria. El esfuerzo actual por enseñar una historia única sin aceptar las peculiares de las comunidades significa su creencia en la única historia verdadera. Probablemente la alternativa de las historias plurales no ayuda en este caso al pensamiento plural o crítico más que de una manera circunstancial, porque las autonomías españolas se están constituyendo como modelos a escala reducida del estado central con su idea de unicidad: una docena de pensamientos únicos. Conviene ir aprendiendo que la historia general, como las peculiares o particulares o fragmentarias, tampoco tiene fin por el otro extremo lejano a la actualidad: o es crítica, renovada, vista siempre con novedad, o no es más que un mamotreto fijo. Esto mismo se puede decir de las literaturas o las artes: se ha dicho más de ellas por su condición de especial labilidad, pero hoy sabemos que la filosofía y la historia son tan enteramente móviles como lo seamos nosotros mismos y nuestra forma de interpretar.

He trabajado desde la infancia, casi por genética y por situación cultural y de pedagogía ambiente, en el pensamiento libre. «Dos y dos son cuatro hasta nueva orden», decía Einstein, y esa frase que citó mi padre en uno de sus artículos no la he olvidado nunca. Cuando los tiempos han impuesto un pensamiento único por la vía de la dictadura, he procurado ejercerlo no sólo dentro de mí, sino de dentro a fuera: hacia la expresión. A veces inventando un lenguaje paralelo, a veces en la clandestinidad; o en la conspiración, tan firmemente unida a los librepensadores.

He tenido mis guías: uno de ellos ha sido *Le Monde diplomatique*. Claude Julien, su compañero y luego sucesor Ignacio Ramonet, sus colaboradores, han mantenido una idea a la que el propio Ramonet ha definido como «periodismo crítico». Periodismo de pensamiento: pensamiento crítico. Una «mano invisible» «rige y regula, despóticamente, no sólo los intercambios financieros sino que, prácticamente, el conjunto de la actividad humana». «La moral agoniza y los ciudadanos se preguntan quién responderá a su inconsolable amargura» (Ramonet, *LMD*, octubre de 1994). El periodismo impreso se ve cercado. Las palabras son trampas (Julien, *LMD*, enero de 1996): «reformas», «modernización», «globalización»: hay que demostrarlas. Se produce una escisión entre lo que recibimos como experiencia cotidiana y la impregnación de la ideología ambiente (François Brune, *LMD*, agosto de 1996). Se trata, con la ayuda asidua de los intelectuales, de persuadir a los pueblos del final de las ideologías; es decir, del final de cualquier ideación de una sociedad diferente de la actual y, por tanto, de toda alternativa (Christian de Brie, *LMD*, junio de 1995). La lección es permanente; y tiene la respuesta del adversario. El periódico necesita ponerse al abrigo de las presiones que, en nombre del «liberalismo» económico, planchan poco a poco las libertades de los ciudadanos, dicen, conjuntamente, Ramonet y Julien *(LMD*, febrero de 1996) pidiendo ayuda a todos —lectores, colaboradores— para mantener la independencia de la publicación: para poder disponer de «una prensa libre, al abrigo de las presiones políticas, de las intimidaciones económicas y del chantaje de la publicidad».

Siento como mía la profundidad de esta lucha: hace muchos años, *Triunfo* tuvo que pedir ayuda a sus lectores para salir de la condena impuesta por el pensamiento único, que entonces decía, en España, su propio nombre: la doctrina del movimiento nacionalsindicalista, el pensamiento del partido único que no se detenía únicamente ante las censuras. Tuvimos, en aquel momento, ayuda de *Le Monde diplomatique*. Conocí a Claude Julien, a quien ya admiraba desde mucho antes, en las conversaciones que mantuvimos en Madrid para hacer, conjuntamente, la edición en idioma español, de *Le Monde diplomatique*: nuestra situación era demasiado precaria entonces. Ignacio Ramonet era amigo desde que estaba comenzando su brillante carrera, en Marruecos: en nuestras conversaciones de Tánger estaba ya vibrante y patente la idea del pensamiento crítico y de la lucha contra todos los fascismos. No teníamos entonces demasiada idea de que la llegada de la democracia y su triunfo mundial iba a suponer un fascismo hipócrita que decretaría el fin de la historia, el fin del pensamiento. Ramonet, ya desde París donde hizo sus estudios y su doctorado, colaboró en *Triunfo*. Es innecesario decir que entre él y yo no hay un pensamiento único, pero si una actitud única en defensa de las libertades.

Muchas personas se reúnen hoy en torno a Ignacio: en Francia, en España y los países de habla española, en los de habla inglesa, en los otros donde hay ediciones en sus idiomas de *Le Monde diplomatique*.

Prólogo

Muchos de ellos aparecen en este volumen donde se reúne una antología de artículos publicados en la edición española que dirige Antonio Albiñana. No todo está perdido; no todo está terminado, ni la historia ni la resistencia a convertirla en arma de opresión.

Eduardo Haro Tecglen

INTRODUCCIÓN

El pensamiento único

Atrapados. En las democracias actuales, cada vez son más los ciudadanos que se sienten atrapados, empapados en una especie de doctrina viscosa que, insensiblemente, envuelve cualquier razonamiento rebelde, lo inhibe, lo perturba, lo paraliza y acaba por ahogarlo. Esta doctrina es el pensamiento único, el único autorizado por una invisible y omnipresente policía de la opinión.

Tras la caída del muro de Berlín, el desfonde de los regímenes comunistas y la desmoralización del socialismo, la arrogancia, la altanería y la insolencia de este nuevo evangelio se extiende con tal intensidad que podemos, sin exagerar, calificar este furor ideológico de moderno dogmatismo.

¿Qué es el pensamiento único? La traducción en términos ideológicos con pretensión universal de los intereses de un conjunto de fuerzas económicas, en particular las del capital internacional. Ha sido, por así decirlo, formulada y definida desde 1994, con ocasión de los acuerdos de Brenton Woods. Sus fuentes principales son las grandes instituciones económicas y monetarias —Banco Mundial, Fondo Monetario Internacional, Organización de Cooperación y Desarrollo Económico, Acuerdo General sobre Tarifas Aduaneras y de Comercio, Comisión Europea, Banco de Francia, etc.—, que, mediante su financiación, vinculan al servicio de sus ideas, a través de todo el planeta, numerosos centros de investigación, universidades, fundaciones... las cuáles perfilan y expanden la buena nueva en su ámbito.

Este discurso anónimo es retomado y reproducido por los principales órganos de información económica, y particularmente por las «biblias» de los inversores y bolsistas —*The Wall Street Journal, Financial Times, The Economist, Far Eastern Economic Review, Les Echos,* Reuter, etc.—, propiedad, con frecuencia, de grandes grupos

15

industriales o financieros. Desde diferentes ámbitos, las facultades de ciencias económicas, periodistas, ensayistas, personalidades de la política... retoman las principales consignas de estas nuevas tablas de la ley y, a través de su reflejo en los grandes medios de comunicación de masas, las repiten hasta la saciedad. Sabiendo con certeza que, en nuestras sociedades mediáticas, repetición equivale a demostración.

El primer principio del pensamiento único es tan potente que un marxista distraído no lo cuestionaría: la economía supera a la política. A partir de este principio, un instrumento tan importante en manos del poder ejecutivo como el Banco de Francia ha sido, sin oposición destacable, convertido en independiente en 1994 y, de alguna forma, «dejado a salvo de las contingencias políticas». *«El Banco de Francia es independiente, apolítico y apartidista»*, afirma en efecto su gobernador, Jean-Claude Trichet, que añade, sin embargo: *«Nosotros pedimos la reducción del déficit público»*, (y) *«perseguimos una estrategia de moneda estable»*[1]. ¡Como si esos dos objetivos no fueran políticos!

En nombre del realismo y del «pragmatismo» —que Alain Minc formula de la siguiente forma: *«El capitalismo no puede desfondarse, es el estado natural de la sociedad. La democracia no es el estado natural de la sociedad. El mercado sí»*[2]—, la economía es situada en el puente de mando. Una economía desembarazada, como es lógico, del obstáculo de lo social, una suerte de ganga patética cuya pesadez sería motivo de regresión y crisis.

Los otros conceptos-clave del pensamiento único son conocidos: el mercado, ídolo cuya *«mano invisible corrige las asperezas y disfunciones del capitalismo»* y, muy especialmente, los mercados financieros, cuyos *«signos orientan y determinan el movimiento general de la economía»*; la concurrencia y la competitividad, que *«estimulan y dinamizan las empresas, conduciéndolas a una permanente y benéfica modernización»;* el librecambio sin limitaciones, *«factor del desarrollo ininterrumpido del comercio y, por tanto, de nuestras sociedades»;* la mundialización, tanto de la producción manufacturera como de los flujos financieros; la división internacional del trabajo, que *«modera*

---

[1] *Le Monde,* 17 de diciembre de 1994.
[2] *Cambio 16,* 16 de diciembre de 1994.

las reivindicaciones sindicales y rebaja los costes salariales»; la moneda fuerte, «factor de estabilización»; la desreglamentación, la privatización; la liberalización, etc. Siempre «menos Estado», un arbitraje constante en favor de las rentas del capital en detrimento de las del trabajo. Y la indiferencia respecto al coste ecológico.

La repetición constante en todos los medios de comunicación de este catecismo [3] por parte de casi todos los políticos, tanto de derecha como de izquierda [4], le confiere una carga tal de intimidación que ahoga toda tentativa de reflexión libre, y convierte en extremadamente difícil la resistencia contra este nuevo oscurantismo [5].

Se acabará considerando de alguna forma que las decenas de millones de parados europeos, el desastre urbano, la precarización general, la corrupción, los suburbios en llamas, el saqueo ecológico, el retorno de los racismos, de los integrismos y de los extremismos religiosos y la marea de los excluidos son simples espejismos, alucinaciones culpables, discordantes de forma extremista en el mejor de los mundos, que construye, para nuestras conciencias anestesiadas, el pensamiento único.

Ignacio Ramonet

---

[3] Testimonio ejemplar de este pensamiento dominante: «La Francia del año 2000», informe al primer ministro. Ediciones Odile Jacob.

[4] Se conoce la respuesta célebre de Dominique Strauss-Kahn, ministro socialista de Industria. «¿Qué va a cambiar si la derecha triunfa?»; respondió: «Nada. Su política económica no será muy diferente de la nuestra.» *The Wall Street Journal Europe,* 18 de marzo de 1993.

[5] ¿Es por esta razón por la que varios intelectuales, Guy Debord entre ellos, optaron por suicidarse en los últimos tiempos?

Capítulo 1

PENSAMIENTO ÚNICO-PENSAMIENTO CRÍTICO

Mitologías contemporáneas: sobre la ideología hoy

François Brune

Un discurso recorre Occidente: ya no hay ideologías. Profundos pensadores lo proclaman: en nuestras democracias avanzadas, el ciudadano se ha impermeabilizado frente a los retos teóricos ¿Se acabaron las morales culpabilizadoras y los dogmas de antaño? ¿Se acabó la ideología pequeño-burguesa, no hace mucho denunciada por Roland Barthes? ¿Se acabaron los grandes debates entre el lenguaje acartonado marxista y los apóstoles del «liberalismo» económico? Ya no hay nada que discutir; si el capitalismo triunfa en todas partes, ¿no es porque responde a la «naturaleza profunda» del hombre?

Más que nunca, la ideología adquiere la apariencia de un simple reflejo, único e irrecusable, del orden de las cosas. Así es como Alain Minc, para cortar toda crítica, declara: *«No es el pensamiento, es la realidad la que es única.»* No hay, pues, que pensar más: basta lo real. El hecho y el valor son lo mismo.

Armand Mattelart nos da un ejemplo de ese fenómeno que se ha generalizado: «*La globalización es un hecho*, dice; *es también una ideología: el término disimula más que revela la complejidad del nuevo orden*» [1]. Nadie puede discutir que la globalización sea un hecho; pronto va a bastar con nombrarla para preconizarla como algo positivo, sin mencionar lo que implica (estrategias dominadoras, uniformización de los modos de consumo, destrucciones masivas de empleo, etc.). El simple uso de la palabra «mundialización» contiene la misma ambigüedad. Hay un continuo desplazamiento de la constatación al imperativo: la economía se mundializa; pues bien, ¡mundializad vuestra economía! Y he aquí que en la estela de esta «evidencia» se inscriben las sospechosas legitimaciones del «rigor»: la mundialización es

---

[1] «Los nuevos escenarios de la comunicación mundial.» (Incluido en el cap. 9.)

19

una suerte para nosotros; pero, ¡atención!, primero es necesario volverse competitivo; esto supone sacrificios. Sea como sea, no podéis escapar a esta «lógica» de la economía mundial; no os cerréis en defensa de arcaicas conquistas sociales, etc.

Podemos observar semejante deslizamiento con respecto a múltiples aspectos. En el discurso dominante cabe distinguir, al menos, cuatro grandes complejos ideológicos:

1) *El mito del progreso.* El progreso es, ciertamente, una realidad; también es una ideología. El conocido proverbio «*el progreso no se detiene*» es un principio de sumisión repetido mil veces; asimismo, es una prescripción cotidiana: cada uno *debe* progresar, cambiar, evolucionar. Pongamos por ejemplo la cuestión que plantea un periodista al director de un programa de radio: «*Tienes hoy tres millones de oyentes, ¿qué vas a hacer para progresar?*» Pero, ¿por qué hace falta tener más oyentes? Porque, al ser casi siempre de orden cuantitativo, el progreso tiene que ser medido. Esta obsesión está sin duda en el origen de la enjundiosa expresión «*crecimiento negativo*»; al descartar de plano un retroceso en la producción económica, se ha querido ver en ella sólo una forma sutil de crecimiento. *Es necesario* crecer.

Paralelamente, la mayor angustia es quedarse atrás: quedarse atrás en un avance técnico, quedarse atrás en los porcentajes; «quedarse atrás en el consumo». Escuchemos estas noticias alarmantes: «*¡Los hogares franceses se han quedado atrás en materia de equipamiento microinformático, en relación con las otras naciones industrializadas!*» «*¡Francia se ha quedado atrás en materia de publicidad, si se considera la parte del PIB que dedicamos a ella por habitante!*» Los medios de comunicación adoran cultivar el chantaje del retraso, forma invertida de la ideología del progreso.

Cercanas al «progreso», las palabras «evolución» o «cambio» se benefician de un *a priori* positivo. El cambio es una realidad: es también una ideología. «*¡Cómo habéis cambiado, franceses!*», titula un semanario para enganchar a los lectores [2]: es por fuerza un progreso porque es un cambio. ¿En qué ha cambiado el francés? ¡En que habría llegado a estar más cerca del «ser» que del «parecer»! Este tipo de análisis, extraído de sondeos artificiosos, es el ejemplo perfecto del

---

[2] *L'Express*, 2 de enero de 1996.

falso acontecimiento sociológico: *es preciso* cambiar, *es preciso* que nuestra sociedad «se mueva», *es preciso* evolucionar, que es indefectiblemente mejorar. Esto es nuestra época.

2) *La primacía de la técnica.* La técnica es una realidad; también es una ideología. Todo lo que se presenta como «técnico», como «funcional», aparece como positivo. La tecnología tiene siempre fuerza de ley. Con frecuencia se invocan «razones técnicas» para enmascarar problemas sociales u opciones políticas discutibles. La «lógica» de los sistemas (entre ellos el sistema económico) prohíbe cuestionar sus desviaciones. Cuando se denuncian «disfunciones» es para reclamar una mayor inversión en técnica, que permitirá controlarlas. La ideología de la técnica abstrae el espíritu de las gentes en el *cómo* para ocultar la temible cuestión del *por qué*: de manera que, en lugar de preguntarse sobre las causas o los efectos de la violencia en televisión, cree resolverse la cuestión inventando un dispositivo electrónico que permitirá codificar las escenas traumatizantes. Se encomienda al «genio» de los especialistas, porque el discurso tecnocrático —provenga de un técnico menor o del mayor experto— tiene siempre como efecto hacer callar a los no especialistas, es decir, a la mayoría de los ciudadanos.

Entre los innumerables «progresos técnicos» de los que es herético dudar se pueden citar dos importantes: las autopistas y la velocidad. Las autopistas son una realidad: son también toda una ideología. Simbolizan el mundo brindado a la libertad del individuo: traspaso acelerado de los espacios, contracción del tiempo, vía real de la modernidad. Tales connotaciones hacen admitir sin reservas programas ilimitados de autopistas; desembocan en eslóganes cuya significación debería hacer saltar a los enamorados de la libertad: «*¡Tu porvenir pasa por la autopista!*» Finalmente, no es nada sorprendente que las famosas «autopistas de la información» impongan su orden equívoco por la simple magia de la metáfora...

La velocidad es una realidad: es también una ideología inseparable del mito del progreso. Todo lo que hierve en el mundo, todo lo que va rápido, progresa. Toda movilidad es positiva; el mayor mal es estar «superado». La mayor parte de las competiciones están basadas en la velocidad, pero es necesario ir deprisa en todos los dominios, pensar deprisa, vivir deprisa. El político que promete ir «más deprisa y más lejos» es *ipso facto* aclamado, sin que tenga que precisar en qué direc-

21

ción. Es lo mismo que hace que la acusación de «una sociedad a dos velocidades» conserve implícitamente el concepto de velocidad como criterio de valor. Naturalmente, el vértigo de la velocidad conduce a aceptar en bloque todas las evoluciones modernas. Es necesario correr, coger, tomar el tren en marcha: el culto de la velocidad genera permanentemente la impaciencia por no quedarse atrás.

3) *El dogma de la comunicación*. Como sus posibilidades se multiplican hasta el infinito, la comunicación está obligada a responder a una fantástica necesidad como si todos los pueblos tuviesen de repente el deber de experimentar. Palabra comodín, dogma cotidiano que estamos obligados a creer. La comunicación es tanto la falsedad publicitaria (que asimila indebidamente «publicidad» y «comunicación») como la llave del éxito profesional. Conminación hecha a todos, especialmente a los estudiantes, de saber comunicar para tener éxito, para existir, para amar, para vender. ¿Tiene un problema con sus empleados? ¿Con sus clientes? ¿Con su cónyuge? ¿Con su público? ¿Con sus gobernados? ¿Con sus socios internacionales? Usted no sabe comunicar.

El mito de la comunicación arrastra en su estela mil y una palabras claves que son otros tantos vectores ideológicos. La «conexión», por ejemplo, versión técnica del culto del contacto; hay que conectarse; estar conectado a todo y accesible a todos. Se cree que basta estar *potencialmente en contacto* (a través de sistemas multimedias) para encontrarse *realmente en relación* (en situación de intercambio auténtico). La interactividad, otro señuelo de la ideología mediática, se deriva naturalmente de la conexión: esos dos términos, por sí solos, presuponen la existencia de múltiples comunidades virtuales, *ya* conectadas, que esperan que cada uno las junte para jugar con ellas a la humanidad reunida...

Hay que decir también que la televisión ha preparado ampliamente para esa ilusión consensual de la comunicación, al ser ella misma visión a distancia, selectiva, parcial, dramatizada, y tanto más engañosa al no serlo siempre. Hace mucho tiempo que el tópico de la «ventana abierta al mundo» da crédito a la posibilidad de asomarse a la realidad tal como es. Vana ilusión. Porque la televisión jamás comunica lo real del mundo ni reúne realmente a los pueblos; saciarse de imágenes no es participar en las cosas, y la emoción del acontecimiento no da en absoluto un conocimiento de los problemas. Lo han señalado muchos ensayistas: el sistema televisual, tomado en su conjunto, no hace más que someter a su «visión del mundo» al ciudadano, que imagina ingenuamente que domina ese mundo por la visión. El verdadero efecto ideológico de la televisión es convertirnos a la religión de la época, de la que quiere ser el templo.

4) *La religión de la época*. La época, es verdad, es una realidad; es también un mito cómodo, una divinidad cotidiana que se invoca para someter al individuo a los imperativos de la «modernidad». Los cantores del conformismo recitan la misma letanía: *hay* que «adaptarse a la evolución», «seguir tu tiempo», «ser de tu época». Pero, ¿quién decide lo que es la época? Entre los millones de hechos que se producen en un mismo segundo, ¿quién decide aquellos que son «hechos de la época»? ¿Los medios de comunicación? ¿Los analistas? ¿Las élites dirigentes? ¿La *vox populi?*

Verdaderamente, la época es una construcción escenográfica. Lo que llamamos un «acontecimiento» es el fruto de una selección y una dramatización arbitrarias, operadas por los «informadores», en función de la idea *a priori* que ellos se hacen de la época. Aquellos a los que se llama los «protagonistas» del mundo contemporáneo son ellos mismos en gran medida inventados por los que les designan; ¿quién decide, por ejemplo, que tal persona sea la «personalidad» de la semana, del mes, del año? En cuanto al público, sólo desempeña un papel de coro trágico al que los sondeos hacen opinar; está, pues, manipulado.

Los medios de comunicación seleccionan los hechos que definen la época en función de un encasillamiento ideológico preestablecido, para inmediatamente pedir a los ciudadanos que se adhieran a ella y se sientan partícipes, sin que, evidentemente, hayan podido escogerla. Desde ese momento, considerarte de tu época viene a ser que adoptes los «valores» de los que la definen.

La publicidad, por ejemplo, es plenamente una realidad contemporánea. Se la declara fenómeno social y, bajo pretexto de que se trata de un hecho establecido, no se cesa de justificarla como valor. Los «realistas» se ofenden: *¿«Cómo se puede criticar la publicidad»?* Y la ideología publicitaria puede, sin freno, difundir su opio [3].

Se puede decir otro tanto del consumo. Se trata también de una

---

[3] Véase «Agresiones publicitarias», *Le Monde diplomatique, edición española,* junio de 1997.

realidad de cada día. Pero preocuparse seriamente por la situación económica y la solución del problema del empleo, sin replantear la noción misma de «sociedad de consumo», es dar vueltas en el seno de una ideología: la ideología misma de un capitalismo que produce, a escala internacional, el paro de unos y la sobreexplotación de otros, en nombre del sacrosanto mercado.

Cada día, miles de frases sospechosas, en los medios de comunicación o en cualquier otra parte, legitiman realidades sociales o económicas consideradas indiscutibles porque pertenecen a la época... Esas justificaciones suelen adquirir el tono del asombro de buena fe: ¿cómo se puede defender todavía, en 1996, el principio de existencia de un sector público? ¿Es posible criticar el uso del automóvil o rechazar la electricidad nuclear? ¡Vais a llegar incluso a suprimir la transmisión de deportes en televisión! [4]

Se necesitan conmociones sociales para que, de repente, el seudorrealismo del discurso dominante se rompa y deje entrever la formidable ideología que lo sustenta [5]. Pero tales aclaraciones, demasiado breves, no impiden que el condicionamiento político-mediático reconquiste el campo de la consciencia de los ciudadanos. La fuerza de este sistema está en los diversos «complejos ideológicos» que lo constituyen y que no dejan de interferir y de apuntalarse mutuamente. Cuando uno se debilita, otro toma el relevo; ¿puede dudarse de la sociedad de consumo cuando se continúa creyendo en la infabilidad del progreso técnico? ¿Puede uno volverse desconfiado de los medios de comunicación cuando se conserva la representación global de la «modernidad» que nos dan? ¿Puede deplorarse la mundialización, y quedarse pasmado ante esa formidable «comunicación» que va a unificar el planeta...? La multiplicidad de los mitos cotidianos que se burlan de nuestra objetividad recomponiéndose sin cesar produce un efecto de interferencia que desalienta el análisis crítico. ¿Dónde está lo real? ¿Podemos fiarnos de las fluctuantes opiniones mayoritarias de los sucesivos sondeos? [6]

La interferencia ideológica se agrava con las notorias incoherencias que se producen entre el orden del discurso que se nos impone y la

---

[4] Véase Michel Caillat, *Sport et civilisation*, L'Harmattan, París, 1996.

[5] Se produjo en Francia, en diciembre de 1995.

[6] En 1995 se publicaron más de 1.139 sondeos (*Le Nouvel Économiste*, 15 de marzo de 1996), o sea, ¡más de tres por día!

experiencia de las cosas que, con frecuencia, lo contradicen. La fe en el automóvil, en las autopistas y en la velocidad desemboca en la saturación de las carreteras y las ciudades. El mito de la comunicación va acompañado de la expansión de las soledades y de la exclusión. La búsqueda de todos los contactos degenera en obsesión. Los ritmos dinámicos de la época producen existencias cada vez más ahogadas. El culto a la competitividad engendra la recesión. El modelo del «ganador» se viene abajo en la marea de los parados. El canto al crecimiento y al consumo conduce al rigor y a la frustración. Se nos dice que la «riqueza» producida en Francia se ha doblado en veinte años, pero al mismo tiempo el paro y la miseria se han quintuplicado... ¿Qué creer? ¿Cómo reencontrarse?

Se obliga al buen ciudadano a practicar el doble pensamiento, esforzándose en creer todo y lo contrario de todo. Se opera una escisión entre los datos de la experiencia cotidiana y la impregnación de la ideología dominante. A las fracturas sociales se añade la fractura mental que divide el fuero interno de cada uno de sus miembros. Cuando los ciudadanos no saben qué hacer, ¿a quién beneficia eso, sino a los poderes? La ideología hoy, que parte de lo real para negar lo real, conduce así a una forma de esquizofrenia colectiva.

¿Cómo resistir a la colonización de las mentes?

Armand Mattelart

En el sector de la comunicación, la visión «globalizadora» que presupone la uniformidad de las necesidades de los consumidores, bajo la influencia de las nuevas tecnologías y de la estandarización de los productos, ha favorecido la formación de redes planetarias, tanto en el campo de la publicidad como en el del multimedia, con la creación de grupos que operan a escala mundial en Europa, Japón, Australia... que, en el intento de introducirse en Estados Unidos, han provocado dos megafusiones históricas: la unión de los grupos Time y Warner y la más reciente de Viacom y Paramount [1].

El paso de lo internacional a lo «global» se ha producido tan rápidamente que la interpretación del fenómeno se ha reducido a un discurso de legitimación de las grandes empresas, en busca de la «masa crítica». El mito triunfalista ha ocultado la otra vertiente del fenómeno.

El mercado mundial se debate entre dos lógicas: la de la globalización y la de desmasificación generalizada. Esto conduce a la búsqueda de «segmentos transnacionales», es decir, de grandes agrupaciones de individuos que comparten, más allá de las fronteras nacionales, las mismas condiciones de vida, los mismos sistemas de valores, de prioridades, de gustos, de normas: o sea, «mentalidades socioculturales» análogas. Globalización y localización son dos aspectos del mismo fenómeno, hasta el punto de que, desde comienzos de los años ochenta, la dinámica de la globalización ha provocado otro movimiento antagonista: la revancha de las culturas particulares. La tensión entre la pluralidad de las culturas, por un lado, y las fuerzas centrífugas del

---

[1] Cf. Asdrad Torres y Herbert Schiller, «Les empires multimedias en quête de nouveaux marchés», *Le Monde diplomatique,* marzo de 1994.

universalismo mercantil, por otro, han puesto de manifiesto la complejidad de las reacciones contra la afirmación de un mercado planetario.

A medida que el «sistema-mundo» se iba manifestando, relacionando las diversas sociedades con productos y redes que funcionan siguiendo el modelo «global», la propia cultura sufría un efecto de transnacionalización. Al mismo tiempo, las sociedades civiles, radicadas en las tradiciones culturales locales, iban contraponiendo respuestas individuales al proyecto de reorganización de las relaciones sociales, aceleradas por los nuevos sistemas de comunicación. Estas respuestas han tomado la forma de resistencias, de vuelcos, de parodias, de adaptaciones, de reapropiaciones y, sobre todo, de una fuerte nostalgia de las diferencias y los mecanismos de diferenciación; se observa, en todas partes, un retorno a las culturas particulares, a las tradiciones, al territorio, a los valores individuales, un renacimiento del nacionalismo y de los fundamentalismos.

A partir de los años sesenta, el pensamiento crítico sobre las relaciones interculturales había acentuado sobre todo los daños provocados por las estrategias de los Estados-nación, de los grandes organismos internacionales (FMI, Banco Mundial, etc.) y de las empresas multinacionales. Hoy, este pensamiento se fija más en las lógicas de re-localización, y se preocupa de estudiar el conjunto de las tensiones que se van instalando entre lo singular y lo universal. Esta nueva forma de analizar la relación con «lo internacional» y con «el otro», tiene lugar en un contexto en el que la libre circulación de los conocimientos ha impuesto la ambivalencia como figura suprema de la evolución teórica contemporánea.

La primera ilustración de esta dinámica es la organización social en redes. Este nuevo modelo de comunicarse entre sociedades civiles, aplicado, en particular, por innumerables organizaciones no gubernamentales, recorre todo el espectro de las técnicas de la comunicación, desde el vídeo hasta la radio, pasando por la informática. Su desarrollo ha afianzado la búsqueda de modalidades de autoorganización cuyos nuevos protagonistas, los actores sociales, intentan asumir la gestión de sus intereses frente a la crisis del Estado asistencial. Su mayor mérito es el de permitir una reflexión acerca de un «tercer espacio»; un espacio que vendría a situarse entre las lógicas intermercantiles y las lógicas interestatales, mediando entre el pragmatismo del mercado y la *realpolitik* de los príncipes.

Estado fuerte, Estado débil

Los debates organizados en junio de 1992, en el marco de la Conferencia de Río sobre el Medio Ambiente y el Desarrollo, indicaron que cada vez será más difícil no contar con estas nuevas figuras transnacionales y las nuevas formas de expresión de las sociedades civiles aparecidas en el escenario internacional. Es necesario añadir que la reorganización de las sociedades civiles adquiere sentido solamente si está integrada en una redefinición del principio de intervención del Estado. La preocupación de los socialistas del siglo XIX sigue siendo actual: *«Si el Estado es demasiado fuerte, se estrella; si demasiado débil, sucumbimos.»*

Es difícil hablar de la construcción de una sociedad democrática renunciando completamente al papel del Estado.

La segunda ilustración es el desigual intercambio entre la cultura de masas industrial y las culturas populares. Una prueba de ello es el debate acerca de las televisiones nacionales o regionales y, en particular, sobre los géneros ligados a la gran tradición del melodrama. Se ha abierto un nuevo, y muy amplio, campo de investigación sobre la formación de las identidades nacionales y la influencia de las culturas nacional-populares. En América Latina este debate tiene particular relieve.

La tercera ilustración trata de la duda acerca del concepto de modernidad. Las teorías de la modernización lineal expresaban un concepto —un poco simplista— de la modernidad inspirado en la experiencia de la industrialización occidental. Pero las predicciones no se han cumplido. Han fallado todas las formas políticas de modernización-industrialización-desarrollo.

La antropología es la que ha formulado las hipótesis más estimulantes para explicar la conflictiva relación entre culturas nacionales y flujos transnacionales. Han aparecido así expresiones nuevas que, confusamente, traducen un deseo de articulación: «criollización», «mestizaje», «hibridación», etc. Todos estos términos expresan la alquimia de los intercambios culturales que desembocan en lo que un antropólogo brasileño ha llamado la «tradición moderna». Esta expresión —que anula la visión maniquea de los colonizados/colonizadores— ha servido como hilo conductor para estudiar la génesis de la industria cultural y del mercado de los bienes culturales nacionales en países como Brasil. La alianza entre lo moderno y la tradición representa una extraordinaria mezcolanza de las culturas de masas y las culturas populares y produce, a través de la televisión, elementos posmodernos mezclados con signos de la era preindustrial. Todo lo cual muestra la tendencia natural de la sociedad a desviar, a dar la vuelta, a pervertir los instrumentos de homologación.

El actual modelo de desarrollo mundial favorece una nueva jerarquización de nuestro planeta en países y grupos sociales. Esto provoca una separación de fragmentos de economías, de culturas y de sociedades, cuyo interés económico por el sistema en su conjunto está disminuyendo. Según los futurólogos, el mundo se organizará en torno a algunas megaciudades-regiones, llamadas a convertirse en el centro neurálgico de los mercados y los flujos mundiales. Es una evolución que corresponde a lo que algunos economistas llaman «la nueva fase hanseática de la economía mundial», que coincide con la nueva visión triádica del mundo (dominada por Estados Unidos, Japón y Europa).

La creciente segregación en el seno de las sociedades avanzadas, donde sigue aumentando inexorablemente el número de los excluidos, se ve confirmada por la extraordinaria expansión del mercado de sistemas electrónicos de seguridad para protegerse de la violencia del «otro», así como por la continua afirmación de visiones de «guetos» de la sociedad que contrastan, violentamente, con la ideología igualitaria de la comunicación y de las «aldeas planetarias».

Otra ilustración —indudablemente más polémica— es la que se refiere a las nuevas teorías del consumidor; lo que Michel de Certau prefería llamar el «practicante» de las máquinas de la comunicación.

Digámoslo claramente: tenemos que oponernos a la idea de que la rehabilitación del consumidor en las problemáticas de la comunicación es, por sí misma, interesante y constituye una ruptura definitiva con el pasado. Debemos combatirla por el simple motivo de que esta teoría la reivindican grupos cuya argumentación es, por decir algo, ambigua. En la concepción neoliberal de la economía, y de la sociedad global, el consumidor representa un elemento central del proceso de legitimización. No se trata de un consumidor cualquiera, sino de un «consumidor soberano», capaz de «elegir libremente en un mercado libre».

En su lucha contra cualquier forma de control del mercado y de sus actores, el ultraliberalismo se comporta como un neopopulismo, sancionando la representatividad del consumidor en una «democracia de mercado».

Algunos, además, no se cortan al extender, exageradamente, el poder de los usuarios-consumidores, sobrevalorando la magnitud del enfrentamiento entre la demanda y la oferta. El riesgo es pasar de la concepción determinista de un consumidor abstracto, sin voz propia, sometido al *diktat* de una estructura (tesis del estructuralismo de los años sesenta y setenta), a un consumidor tan concreto que empieza a olvidar a qué sociedad y a qué cultura pertenece. En otras palabras, corremos el riesgo de volver al concepto del individuo tan querido por las viejas teorías empiristas.

¿Podemos seguir hablando todavía de relaciones de fuerza entre cultura y economía audiovisual, o de intercambios desiguales de flujos, si la gente demuestra que posee el increíble poder de descodificar las transmisiones que le están destinadas? Este argumento permite esquivar todas las cuestiones contradictorias que se plantearon cuando se inventó el concepto de comunicación. Por fortuna, otras teorías acuden en nuestra ayuda sacando a colación los conceptos de poder y contrapoder. Ya que, si bien es cierto que el modelo social está constituido por sistemas que generan controles, que fabrican adhesiones y conformismos, también lo es que el modelo posee todas las estratagemas, y las imprevisibles tácticas que preservan en todas partes la libertad del hombre común, del «hombre sin atributos», blanco de todas las tentativas de sometimiento.

Intelectuales y «condenados de la Tierra»

Estas nuevas teorías vienen a hacer de contrapeso a los análisis que privilegian las invariables, los determinismos sociales, evidenciando el error —muy común— de considerar los efectos del poder a partir del propio poder, y no de quien padece el poder. Esta nueva aproximación permite no sólo el análisis de las prácticas de recepción de las comunicaciones, sino, también, una distinta consideración de la historia de la formación de los sistemas de producción cultural de masas.

Desde que se establecieron los fundamentos de las modernas ciencias sociales, a fines del siglo XIX, el pensamiento crítico sobre la sociedad se ha movido en la tensión esquizofrénica entre el individuo y el colectivo, entre la libre elección individual y las determinaciones sociales. La tensión persiste ahora más que nunca. Sin embargo, la convicción de que es difícil comprender uno de los polos sin el otro lleva a reflexionar acerca de la «relación social supranacional». Y obliga, igualmente, a analizar tanto el contexto cultural como la evolución histórica, para comprender mejor las relaciones sociedad/comunicación.

Queda, sin embargo, una cuestión abierta: en este período de grandes cambios, ¿dónde están los intelectuales? Con el declive de ciertos conceptos de la comunicación, los intelectuales han adquirido mayor conocimiento de su realidad y se han ido acercando a ese «hombre común», tan despreciado por los filósofos de la negatividad.

Se puede afirmar, sin duda, que con la crisis del pensamiento sobre las desigualdades y el continuo afirmarse de la idea de que es imposible ya ampliar el círculo de los beneficiarios del «progreso» (que, por otra parte, no parece ineluctable), se ha ido atenuando el interrogante crítico sobre el papel de los intelectuales y sus relaciones con los «condenados de la Tierra».

No estamos ya en los tiempos de la célebre Comisión Trilateral, que se preocupaba por el radicalismo de los intelectuales contestatarios, que se oponían a todos aquellos que ponían su ciencia al servicio del «buen» funcionamiento de la sociedad. La crisis de las utopías y de los modelos de cambio ha modificado la relación de fuerzas entre unos y otros, con ventaja para estos últimos.

Estas evoluciones ideológicas han conseguido debilitar la idea de que estamos a punto de entrar en la «sociedad del control», hipótesis defendida por el filósofo Gilles Deleuze. En sociedades semejantes se multiplican los mecanismos socio-técnicos de control flexible, conforme al modelo (dominante) de la empresa: un control de breve duración, de rotación rápida, pero continua e ilimitada, a diferencia de la vieja disciplina-freno de duración definida.

Cada intelectual está hoy ligado a un positivismo gestor, una forma nueva de utilitarismo que le empuja a la búsqueda de instrumentos teóricos para dar la vuelta a los conflictos y a vaciar las tensiones, recurriendo a soluciones técnicas. Se quiera o no, la era de la sociedad de la información es también la de la colaboración de los cerebros. Así que estamos obligados a considerar de otra manera los problemas de la libertad y la democracia. La libertad política no se limita al derecho a ejercer la propia voluntad, sino que obliga a preguntarse cómo se ha formado esta voluntad.

Sobre el «pensamiento único»

José Manuel Naredo

«Atrapados. En las democracias actuales, cada vez son más los ciudadanos que se sienten atrapados, empapados en una especie de doctrina viscosa que, insensiblemente, envuelve cualquier razonamiento rebelde, lo inhibe, lo perturba, lo paraliza y acaba por ahogarlo. Esa doctrina es el pensamiento único, el único autorizado por una invisible y omnipresente policía de opinión». Así decía Ignacio Ramonet hace ya más de un año *(Le Monde diplomatique,* enero de 1995) [1] en el artículo en el que acuñó la noción de «pensamiento único», para designar el *«nuevo evangelio»...* que *«traduce en términos ideológicos pretendidamente universales, los intereses de un conjunto de fuerzas económicas, en particular las del capital internacional».*

La expresión «pensamiento único» ha ganado terreno desde entonces. Reflexionemos primero sobre los mecanismos del lenguaje que facilitaron su divulgación, con el concurso de los *mass-media.* Para

---

[1] La traducción corresponde al nº 7 de *Le Monde diplomatique, edición española,* mayo de 1996.

hacerlo después sobre los presupuestos ideológicos de ese «pensamiento único» que, al ser asumidos como verdades universales indiscutibles, constituyen su fuerza. Pues siendo la ideología el vehículo espontáneo de nuestro pensamiento, mientras no la sometamos a reflexión permaneceremos prisioneros de ella.

En lo que concierne a los mecanismos del lenguaje, más que afanarme en descubrir de nuevo la pólvora en este campo, prefiero rememorar, entre los trabajos que se ocuparon del tema, una obra hoy olvidada que tuvo amplio impacto en los años sesenta: el libro de Marcuse (1964) titulado *El hombre unidimensional*. Porque la extensión del pensamiento unidimensional denunciada hace treinta años en ese libro es la que acabó culminando hoy en la invasora bruma del «pensamiento único».

Subrayemos las diferencias respecto a los años sesenta para retomar el hilo de reflexión de Marcuse. En primer lugar, destaca que lo que entonces era una tendencia hacia la unificación del pensamiento se ha convertido hoy en un discurso estructurado y omnipresente. Apreciándose que tal discurso utiliza la *razón económica* como razón suprema, siendo el predominio de *lo económico* sobre *lo político* una novedad relevante en los mensajes del mencionado «pensamiento único». Pero su consolidación y extensión como discurso facilita su identificación, a la par que ayuda a clarificar las ideas, evitando el confusionismo que hace treinta años acarreaba el bipolarismo político y las discusiones derivadas del mismo, que rara vez afectaban al común afán desarrollista y tecnolátrico, sino solamente a los medios para lograrlo. Finalmente, la extremada arrogancia con la que ese «pensamiento único» justifica medidas harto antipopulares posibilita por vez primera reacciones populares unánimes en su contra: la consolidación del «pensamiento único» como mensaje favorece la unificación de la reflexión y la protesta contrarias.

La sociedad industrial moderna «es irracional como totalidad». Este axioma, del que parte Marcuse, creo que sigue firmemente apoyado por los hechos que refuerzan la advertencia de Geddes (1900) de que el proyecto de sociedad que ofrece a la especie humana la civilización industrial es una utopía negativa, una *cacotopía*, en el doble sentido de no ser globalmente posible ni socialmente deseable. La necesidad de apoyar ese modelo en la expansión agresiva, en la explotación y frustración intensificadas, con las consiguientes deshumanización, guerras, etc., denota la creciente irracionalidad de la totalidad, que ya había sido denunciada por un sinnúmero de autores.

Conflictos encubiertos por una «racionalidad» falsa

La denominada por Marcuse *sociedad unidimensional* se caracteriza por presentar como realmente racional lo que es a todas luces globalmente irracional. Así, paradójicamente, la pomposa racionalidad parcelaria de la eficacia y el crecimiento se revela irracional desde una perspectiva más amplia. Para ello se ha construido un lenguaje racionalizador del *statu quo* que identifica lo real con lo racional y encubre las contradicciones y conflictos que se presentan en la realidad. La potente caja de resonancia de los *mass-media* se encarga de divulgar este lenguaje, estableciendo la mediación entre el poder y sus actuales súbditos.

A la vez, al presentar con envolturas racionales las irracionalidades del presente, ocultando la ideología que las sostiene, se habla de la muerte conjunta de las ideologías y de la historia. De esta manera se aparta de la imaginación la posibilidad de cualquier cambio social significativo, mostrando el devenir de las sociedades como una foto fija del *statu quo* con, todo lo más, algunos retoques llamados a embellecer ciertas «imperfecciones».

La aparente solidez del llamado «pensamiento único» se apoya en la asunción acrítica y generalizada de las ideas al uso de *sistema político* y de *sistema económico*. Y, más en concreto, en el predicamento que mantienen dos ideas en principio gemelas de la libertad, pero hoy habituadas a traicionarla: las ideas de *democracia* y de *mercado*.

La propia palabra democracia viene a ejemplificar modélicamente el mecanismo de manipulación del lenguaje antes indicado: impone la síntesis entre dos opuestos difícilmente conciliables, ya que si se otorgara realmente el poder al pueblo estaríamos en la acracia y no en la democracia. La generalización actual de esta palabra para designar la casi totalidad de los regímenes políticos existentes en el mundo hace realidad la posibilidad sugerida tiempo atrás por Orwell, en su utopía negativa: la de una sociedad donde llegara a hacerse familiar una forma lingüística en la que un gobierno despótico se llamara «democrático», en la que las elecciones dirigidas se llamaran «libres» y en la que un partido que trabajara en favor del capitalismo se llamara «socialista».

El campo de la economía ofrece asimismo cumplidos ejemplos de manipulación del lenguaje, empezando por la propia denominación de sistema económico, empleada para designar al que sería (en el sentido ordinario del término) el sistema de gestión más antieconómico que ha conocido la humanidad. El libro *La economía en evolución*[2] apunta a relativizar la idea usual de sistema económico, que tomó cuerpo en el siglo XVIII: hasta bien entrado ese siglo ni siquiera existía la palabra economía en su acepción actual, ni menos aún los otros términos vinculados a ella *(producción, mercado...)*.

Repasemos la función mixtificadora de las ideas arriba mencionadas. Al incluir indiscriminadamente las actividades más variopintas en ese «cajón de sastre» de la *producción* se cerraban los ojos al hecho de que el grueso de las actividades propias de la moderna civilización industrial se apoya en la *adquisición* de riquezas preexistentes. Ello no sólo porque tales actividades se articulan preferentemente sobre la extracción de los depósitos minerales de la corteza terrestre y no, como ocurría anteriormente, sobre el flujo solar y sus derivados, sino también porque se está inflando enormemente la esfera de las actividades financieras, es decir, basadas en la emisión y trasiego inmaterial de derechos, cuyo manejo otorga a las metrópolis del capitalismo una creciente capacidad de compra sobre el mundo. El discurso económico dominante, al centrarse en el universo cerrado de la *producción*, plasmado en los agregados de producto de los actuales sistemas de Cuentas Nacionales, deja en la penumbra su relación con los dos campos de *adquisición* de riqueza a los que acabamos de referirnos: los tocantes a los recursos naturales y los recursos financieros. Cuando ambos están llamados a ejercer una importancia creciente en el reparto del poder mundial y a albergar, por ende, el grueso de los conflictos.

El imperialismo ejercido por la noción de *producción* no sólo en el lenguaje especializado, sino también en el ordinario, ofrece un ejemplo modélico de los mecanismos de manipulación: la simple utiliza-

---

[2] Siglo XXI Editores, 2ª edición, Madrid, 1997.

ción del término lleva a destacar inapelablemente lo positivo de la creación de valor (y de utilidad), haciendo caso omiso de todos los conflictos y deterioros ocasionados a lo largo de procesos que se apoyan cada vez más masivamente en la adquisición y «valorización» de riquezas preexistentes. Lo mismo ocurre con todos los términos relacionados con el de *producción*. Siendo el más importante de ellos el objetivo del «crecimiento» o «desarrollo» (de la *producción*). Curiosamente, cuando la ciencia puso en entredicho las ideas creacionistas vinculadas a la antigua visión organicista del mundo, cuando se confirmó que ni los minerales crecían en el seno de la tierra, ni los continentes dilataban sus límites..., la ciencia económica continuó abrazada al objetivo del crecimiento indefinido. Y cuando la conciencia del deterioro «ambiental» ocasionado empieza a poner coto a ese propósito, se le trata de apuntalar con el adjetivo «sostenible», imponiéndose como jaculatoria incesantemente repetida el objetivo del «crecimiento» o el «desarrollo» *sostenibles,* ejemplificando el recurso a la adjetivación antes indicado cuando se resquebraja la aceptación acrítica y generalizada de los sustantivos clave que acostumbra a imponer el lenguaje del «pensamiento único».

La «mano invisible» no funciona

La idea abstracta del mercado como panacea que se supone facilita el crecimiento de la producción, complementa a las dos anteriores para hacer del dominio de lo económico un sistema que se supone sujeto a automatismos a respetar. La creencia en el carácter benéfico del *laissez faire* vino a sustituir a la depositada en la Divina Providencia: ambas prometían llevar al hombre por el buen camino, siempre que se respeten sus reglas. La fe en el mercado como panacea dio lugar, al decir de Polanyi (1944) a «*la más violenta y extendida de las explosiones de fervor religioso que ha conocido la humanidad*». El universo de lo económico podía, e incluso debía, escapar a las reglas morales ordinarias, puesto que se suponía que la «mano invisible» del mercado transmutaría los vicios del egoísmo privado en beneficio del conjunto social, justificándose la desigualdad en aras de una presunta eficacia.

Por otra parte, salta a la vista que la «mano invisible» no ha funcionado para enderezar los deterioros sociales y ambientales ocasionados. Es más, la destrucción de ecosistemas y culturas torna irreversibles muchos de esos deterioros. Una vez admitido que el propósito del proceso económico es acrecentar, tanto a nivel individual como agregado o social, los «valores añadidos» o márgenes pecuniarios obtenidos, hemos de admitir también que tal finalidad está llamada no sólo a *producir* valor, sino también «externalidades» negativas a una escala sin precedentes. Pues individuos, empresas y Estados tratan de mejorar la eficiencia y la rentabilidad de los procesos parciales en los que se encuentran interesados, recurriendo al camino más fácil de cargar sobre terceros o sobre esa tierra de nadie de los «bienes libres», la mayor parte posible de los costes relacionados con dichos procesos. De esta manera, junto a los saldos positivos deseables de «valores añadidos» y beneficios pecuniarios que los economistas trataban de acrecentar, aparecían otros de deterioros o pérdidas físicamente apreciables que permanecían ajenos a los procedimientos contables ordinarios y que hoy se acostumbra a calificar de «externalidades» negativas. El proceso económico, movido por los sistemas de valoración y por los medios técnicos propios de la civilización industrial, apareció así como una máquina potentísima de generación de «daños sociales y ambientales». Se acentúa el conflicto entre las racionalidades parciales y a corto plazo, esgrimidas por el «pensamiento único», y las irracionalidades globales que origina.

Sin embargo, el «pensamiento único» atrincherado en su nociones de *sistema económico*, y de *sistema político*, sigue cerrando los ojos a los crecientes deterioros que ocasiona. Los políticos y empresarios de nuestro tiempo, como los griegos del siglo IV a.C. y los romanos del siglo IV d.C., no parecen percatarse del estado cada vez más crítico en el que se encuentra la presente civilización. Continúan manteniendo la ficción de la «soberanía del consumidor» y del «elector» que proponía la utopía liberal, sin apreciar que los resultados de los actuales plebiscitos electorales, así como los patrones de consumo, vienen condicionados de antemano por esas dos organizaciones jerárquicas, centralizadas y coercitivas que son las empresas y los partidos políticos. En la idea de que el fin justifica los medios, los fines de la utopía liberal se ven así diariamente traicionados por unas organizaciones que, por naturaleza, los contradicen. Siendo esa «empresa nómada», de la que hablaba Veblen, la que trabaja en la *adquisición* de la riqueza y no en la *producción* de la misma, acumulando con ello un poder que escapa y supera al de los propios Estados y estableciendo las reglas del juego en las que se ha de desenvolver un *laissez faire* propicio a sus intereses. Pues tras la mano invisible del mercado subyace la mano bien visible de las instituciones que condicionan sus resultados o, también, tras el mercado como panacea aparece el mercado como instrumento. La incapacidad de los ciudadanos para incidir sobre el *statu quo* con los medios que éste ofrece (empresas y partidos) es la que explica su creciente sensación de impotencia, que apuntaba la cita inicial de Ramonet.

Ampliemos, pues, el razonamiento haciendo que el mercado, con sus móviles rentabilistas, deje de ser la panacea que se suponía debería garantizar por sí sola el «óptimo económico», para convertirse en simple instrumento utilizable sobre bases controladas para conseguir soluciones que se adapten a determinados objetivos o estándares socialmente acordados. Lo que empujaría a abrir el universo, hasta ahora aislado, de lo económico a la realidad física, a sus modelos predictivos, a las opciones tecnológicas y a los procesos de negociación y validación social, trasladando el centro de discusión económica desde el interior del mercado hacia informaciones, valores e instituciones exteriores al mismo, con el consiguiente cambio de estatuto de la propia economía. La noción misma de *sistema económico*, con sus *valores añadidos* y *beneficios*, perdería el carácter absoluto que hasta ahora se le ha venido atribuyendo, para dar paso a planteamientos más modestos y flexibles: ya no se trataría de describir y completar *el sistema* que —se suponía— rige en cada uno de esos mundos separados —físico, económico, etc.—, sino de estudiar *los sistemas* que podrían representarlos para utilizar los que resulten más adecuados a los contextos y finalidades en que se enmarque su aplicación. Reintroducir la complejidad en el razonamiento económico no sólo es condición necesaria para trascender el pensamiento único en economía, sino para desmantelar el pensamiento único en general.

El texto es un extracto de la intervención del autor en el acto público de presentación del libro «La economía en evolución» (F.C.E, 1996, 2ª Ed. revisada). Véase asimismo la reseña crítica realizada por Guillermo Candela, *Le Monde diplomatique, edición española*, nº 11, septiembre de 1996.

Capítulo 2

LA ERA DE LA GLOBALIZACIÓN

La globalización ha llegado casi a su punto culminante. Y lo hace coincidiendo con una fase alcista del ciclo económico de los países más avanzados. Una suerte para ellos, sin duda. No ocurre lo mismo con algunas zonas del planeta que se están viendo sacudidas por movimientos de envergadura. El fin del pasado año trajo consigo «el susto asiático» del que apenas nadie habla ya porque no se vislumbran traslados de problemas de aquella zona hacia la avanzada industrialmente, y se constata que el ajuste de la crisis lo están soportando las poblaciones de aquellos países. Millones de personas han sido desplazadas de sus zonas de trabajo y obligadas a abandonar el país en el que habían encontrado un empleo precario. Pero eso apenas importa, ya que los índices bursátiles siguen escalando niveles máximos.

La nueva religión del mercado sigue siendo la libre circulación de capitales, pero se empieza a materializar en un nuevo mensaje cada vez más concreto y peligroso: hay que hacerlo todo buscando «el mayor valor para el accionista», por el crecimiento del valor de las acciones. Esta se pretende que sea la manera de medir a apartir de ahora la salud de las empresas y la valía de los equipos de gestión al frente de ellas. El concepto del dividendo, tradicional forma de medir el valor de las compañías, se ha vuelto anticuado. Ahora ya sólo se quiere hablar de lo que se espera que valga una compañía en función de unas expectativas futuras. Se quiere entregar todo el poder a los accionistas coyunturales. Es el cierre del concepto de globalización que impregna la nueva cultura.

Doscientas sociedades controlan el mundo

Frédéric F. Clairmont

Sería un pérdida de tiempo buscar en los discursos electorales o entre los defensores de la teoría neoclásica en economía la menor alusión al hecho de que las concentraciones de empresas se han convertido en el principal motor de la acumulación del capital. Ciertamente, eso fue una constante en la historia del capitalismo, e incluso condición de su supervivencia como modo de dominación de clase; pero nunca se había producido a un ritmo tan rápido.

Desde mediados de los años setenta la acumulación de capital se realiza esencialmente por el método de las anexiones de empresas, compras y fusiones. Combinado con la expansión colosal de los flujos financieros, especulativos o no, actúa directamente sobre las decisiones de inversión: pero nada de eso se explica claramente a los trabajadores, cuya suerte se encuentra, sin embargo, en juego. En lugar de eso, se pone por delante el papel dinámico del «mercado», que se encarga de guiar las decisiones de las grandes sociedades. Pero siete años después del desmembramiento de la Unión Soviética, ante la colonización masiva de la Europa del este, la disminución del crecimiento y el agravamiento de los antagonismos en el interior de las naciones e incluso en el interior del mundo imperialista, ¿dónde están las gloriosas promesas del «mercado libre»? [1]

Vislumbrado por un momento a fines de los años ochenta, el «relanzamiento» económico del que tanto se habló no se ha cumplido. Las industrias manufactureras mundiales (menos las de China) funcionan sólo con un 70 por 100 o un 75 por 100 de su capacidad.

La deuda mundial (incluyendo la de las empresas, los gobiernos y

---

[1] Cf. Frédéric F. Clairmont y John H. Cavanagh, *The World in their Web: the Dinamics of Textile Multinationals*, Zed, Londres, 1981.

la de los ciudadanos normales) sobrepasa ya los 33,100 billones de dólares, que equivale a un 130 por 100 del Producto Interior Bruto (PIB) mundial, y progresa con una tasa de un 6 por 100 a un 8 por 100 anual, más de cuatro veces el crecimiento del PIB mundial. Esas disparidades en las tasas son insoportables y sus consecuencias desastrosas[2].

En todas partes y en todos los sectores, los salarios reales caen bajo los golpes de las reducciones de efectivos, cierres de fábricas y deslocalizaciones. Sólo en las economías capitalistas «avanzadas», el número de parados sobrepasa los 41 millones y eso no ha terminado...

Sin embargo, las empresas multinacionales escapan a la crisis que alcanza a centenares de millones de víctimas. Al hacer el elogio de las realizaciones de las quinientas empresas censadas en la revista *Fortune*, los autores del estudio se complacen en señalar que esas empresas *«han arrollado fronteras para hacerse con nuevos mercados y tragarse a los competidores locales. Cuantos más países, más beneficios. Las ganancias de las quinientas empresas más grandes han crecido un 15 por 100, mientras que el crecimiento de sus rentas alcanzaba justo el 11 por 100»*[3]. A principios de los años noventa, unas 37.000 firmas transnacionales, con sus 170.000 filiales, abarcaban la economía internacional entre sus tentáculos. Sin embargo, el lugar del poder se sitúa en el círculo más restringido de las «doscientas primeras»: desde el comienzo de los años ochenta han conocido una expansión ininterrumpida[4] a través de fusiones y compras de empresas.

Así, la parte del capital transnacional en el PIB mundial pasó del 17 por 100 a mediados de los años sesenta al 24 por 100 en 1982 y a más del 30 por 100 en 1995. Las «doscientas primeras» son conglomerados cuyas actividades planetarias cubren sin distinción los sectores primario, secundario y terciario: grandes explotaciones agrícolas, producción manufacturera, servicios financieros, comercio, etc. Geográfi-

---

[2] Por ejemplo, la deuda del Gobierno federal norteamericano (lo que el Gobierno ha pedido prestado para sufragar sus gastos) creció de 910.000 millones de dólares en 1980 a 3,21 billones de dólares en 1990 y a 4,97 billones de dólares en 1995. La deuda alcanzó unos 6,2 billones de dólares a fines de 1997.

[3] *Fortune*, Nueva York, 5 de agosto de 1996.

[4] Las «doscientas primeras» no comprenden firmas gigantes privadas (que no cotizan en Bolsa) como Cargill, Koch, Mars, Goldman Sachs, Marc Rich, etc.

camente, se reparten entre diez países: Japón, Estados Unidos, Alemania, Francia, Gran Bretaña, Suiza, Corea del Sur, Italia y Holanda.

Si se hace abstracción de sociedades angloholandesas con capitales mixtos (grupos Shell y Unilever) no quedan más que ocho países en la carrera, que concentran el 96,5 por 100 de las «doscientas primeras» y el 96 por 100 de su cifra de negocios. En realidad la concentración es todavía más avanzada de lo que dejan suponer tales estadísticas. Porque todas las firmas pertenecientes a la categoría de las «doscientas primeras» no son firmas autónomas, como lo prueban ejemplos muy conocidos como Mitsubishi, Sumitomo y Mitsui, por no citar más que algunas. Existen cinco empresas Mitsubishi entre las «doscientas primeras», cuya cifra de negocios sumada sobrepasa los 320.000 millones de dólares. Esas entidades en el seno del imperio Mitsubishi, aunque tienen un alto grado de autonomía, están estratégicamente imbricadas las unas en las otras en materia de administración, de precios, de comercialización y de producción. Cabe decir lo mismo respecto de sus redes comunes económicas, políticas y de espionaje. Tienen por agente político al Partido Liberal-Demócrata (PLD), del que el 37 por 100 de sus gastos de funcionamiento provienen del imperio Mitsubishi [5].

En el seno de las «doscientas primeras», las disparidades de poder no han cesado de acentuarse al ritmo de la expansión que conocieron estos dos últimos decenios y eso como consecuencia, especialmente, de la guerra que libran entre ellas para apropiarse de partes más grandes del mercado mundial. De hecho, entre 1982 y 1995, el número de empresas norteamericanas cayó de 80 a 53, mientras que las japonesas aumentaron en el mismo tiempo de 35 a 62. Primera potencia imperial en el pasado, Gran Bretaña ha visto caer el número de las suyas de 18 a 11; en cambio, ha surgido un enano geográfico y demográfico: Suiza. Lo más sorprendente ha sido el rápido desarrollo de sociedades surcoreanas, cuyo número ha pasado de 1 a 6 en un tiempo relativamente corto. En cabeza está Daewoo, uno de los grupos transnacionales más agresivamente expansionista, puño de hierro del imperialismo coreano. Con una cifra de negocios que sobrepasa los 52.000 millones

---

[5] Léase a Frédéric F. Clairmont, «Sous les ailes de capitalisme planétaire», *Le Monde diplomatique*, marzo de 1994.

de dólares, se adelanta a colosos tales como Nichimen, Kanematsu, Unilever o Nestlé.

La expansión planetaria de Daewoo es bastante sintomática de la potencia de los *chaebols*, los conglomerados coreanos. Los activos de los treinta primeros *chaebols* crecieron de 223.000 millones de dólares en 1992 a 367.000 millones de dólares en 1996 y representan más las cuatro quintas partes del PIB surcoreano [6]. Más aún, los cuatro primeros —Daewoo, Sandgong, Samsung y Hyunday— se reparten la mitad de esos activos (184.000 millones de dólares). La revuelta obrera de enero de 1997 hizo saltar en pedazos el mito del «milagro» coreano; pero es dudoso que signifique una desaceleración de la expansión de esos gigantes en el interior y en el exterior del país.

Nada de eso habría sido posible sin los miles de millones de dólares proporcionados por Estados Unidos durante la fase de crecimiento coreano de los años 1947-1955, después de los cuales el relevo se realizó con decenas de miles de millones de subvenciones públicas. Al igual que en Japón, en Corea del Sur no hay una línea de separación bien definida entre los *chaebols* y el Estado [7]. A las subvenciones públicas habría que añadir la represión feroz sobre la clase obrera y la liquidación de los derechos humanos. Todos los políticos, sin excepción, así como los miembros de la alta jerarquía militar son accionistas de primera fila que se sientan en los consejos de administración de las grandes empresas. En la cofradía de los *chaebols*, todo el mundo se conoce y se casa entre sí. ¿Quién no se acuerda de la frase del gran industrial alemán Walter Rathenau en 1909: «*Trescientos hombres, que todos se conocen, dirigen los destinos de Europa y cooptan entre sí a sus sucesores*»? [8]

---

[6] Cf. *The International Herald Tribune*, 18-19 de enero de 1996. Léase también, «Los trabajadores coreanos se enfrentan al «dragón», *Le Monde diplomatique, edición española,* febrero de 1997.

[7] La ligazón entre el Estado y la oligarquía financiera ha sido una vez más puesta en claro por la decisión del Ministerio de Finanzas de inyectar 7.200 millones de dólares (dinero de los contribuyentes) para poner término a la quiebra provocada por el hundimiento del grupo Hambo (acero y construcción).

[8] Neuen Freien Press, diciembre de 1909, citado en *Tilman Buddensieg, Ein Mann Vieler Eigenschaften*, Verlag Klaus Wagenbach, Berlín, 1990. Léase también *The German great Banks and their Concentration*, documentos del Senado norteamericano, Vol. XIV, n° 503, Washington D.C., 1911.

Helmut Maucher es director general de Nestlé, pero es también «empresario» del fórum de Davos y preside la Mesa Redonda Europea de los Industriales, el club de élites que forman parte de cuarenta y siete empresas de las «doscientas primeras». Es un adversario implacable de la Carta Social Europea y activo militante de la flexibilidad en el trabajo, como todos los de su casta.

De 1986 a 1996 las uniones de empresas se multiplicaron a un ritmo de un 15 por 100 anual y no hay indicios de una próxima desaceleración. Si no cambia nada de aquí al 2000, el coste acumulado de tales transacciones alcanzará aproximadamente diez billones de dólares (en comparación, el PIB en Estados Unidos, en 1996 y en precios corrientes, fue de 7,6 billones de dólares). Es muy evidente que en este período, caracterizado por la deflación, la desaceleración del crecimiento, el subempleo y el endeudamiento, las sociedades transnacionales apenas tienen otros medios para promover su expansión que absorber a sus competidores, como manera de conquistar nuevos mercados.

La unión de empresas permite también economías de escala del mercado mundial. De ello se valen muchas firmas transnacionales, como Boeing y los tres grandes del automóvil en Estados Unidos, o en Japón y Corea del Sur, los gigantes del automóvil, de la electrónica y de la construcción naval. Cinco empresas, entre las más grandes transnacionales, han ocupado más de la mitad del mercado mundial en sectores claves del aerospacial, del equipamiento eléctrico, de los componentes electrónicos y del *software*; otras dos lo han hecho igualmente en la restauración rápida; y cinco en los sectores de bebidas no alcohólicas, tabaco y bebidas alcohólicas...

El auge de las transnacionales está animado no sólo por sus propios gobiernos, sino además por las enormes subvenciones y privilegios fiscales que les otorgan los países de acogida, como el Reino Unido e Irlanda, al igual que por los gobiernos de Europa del este, que están dispuestos a vender a precio de saldo el patrimonio nacional a golpe de privatizaciones y de incentivos fiscales de todo tipo.

Fusiones y alianzas de todo género (como la alianza entre Shell y BP) contribuyen a la edificación de un complejo económico totalitario. «Liberalización», «privatización», «desregulación», «sistema de libre comercio internacional» son otros tantos argumentos racionales considerados para justificar esa evolución. En ese movimiento de con-

44

centración, los grandes bancos de inversión, los fondos mutualistas y los fondos de pensiones desempeñan un papel preponderante. Igualmente, Wall Street presiona para hinchar los beneficios de los «valores de cartera». Los bancos de inversión sacan provecho de esto.

El caso de Goldman Sachs, uno de los principales bancos de inversión, en primera línea mundial para la consolidación de sociedades transnacionales, es ejemplar a este respecto. Sus beneficios se duplicaron en un año, pasando de 931 millones de dólares en 1995 a 1.900 millones en 1996. Aplicando sus propias recetas, ha reducido sus efectivos un 20 por 100 estos últimos años para no tener desventajas por «costes de trabajo demasiado elevados». Lo que no le impide pagar más de 200.000 dólares de bonificación anual a cada uno de sus 175 asociados, además de los beneficios que logran sobre su capital.

En la empresa Morgan Stanley[9], su presidente ha percibido más de 14 millones de dólares de bonificación en 1996, lo que significa un aumento de un 30 por 100 sobre el año precedente. Pero esos bancos no se contentan con animar a la realización de fusiones de empresas: se comprometen también en la vía de los reagrupamientos. Así, la fusión de Morgan Stanley y Dean Witter ha dado lugar a una de las más grandes firmas de inversión y de títulos que hay en el mundo, con un valor de mercado de más de 24.000 millones de dólares[10]. Y esto ha desencadenado una reacción en cadena entre los otros bancos de inversión y las firmas de corretaje.

Estructuras totalitarias

¿Cuánto tiempo va a durar este juego? «*Francamente, nadie lo sabe*, declara un interventor de cuentas de la City. *Los bancos comprometen gruesas sumas. Estamos empujando a las fusiones como locos, y nos alimentamos...*» Y este experto, altamente cualificado, tiene que reconocer sin ambages que este exceso de anexiones de empresas se financia por medio de endeudamientos. Lo mismo que la economía mundial.

[9] Cf. *Financial Times*, Londres, 6 de febrero de 1996.
[10] *Ibíd.*

La empresa Novartis, nacida en 1996, es el segundo gigante de la farmacia. Esta firma es el producto de la fusión entre Sandoz y Ciba-Geigy, la mayor operación de ese género en la historia de las transnacionales. En comisiones y honorarios legales ha proporcionado unos 95 millones de dólares, que se repartieron J. P. Morgan Stanley y la Unión de Bancos suizos (UBS). De un día para otro, la capitalización de Novartis saltó de 63.000 millones de dólares a 82.000 millones de dólares. Cuando un maná semejante cae en las arcas de un pequeño puñado de financieros, ¿quién osaría hablar de crisis del capitalismo? La medalla tiene, sin embargo, su reverso: el nacimiento de Novartis ha entrañado masivas liquidaciones de empleos, realizadas rápidamente en nombre de las habituales «reducciones de costes» y «reestructuraciones». De golpe, las acciones de las dos sociedades han conocido alzas sin precedentes. En un primer momento se suprimirá el 10 por 100 de la fuerza de trabajo. La miseria puede continuar avanzando, la operación se ha presentado en los medios financieros como una victoria del racionalismo del mercado.

La misma euforia se produjo en Wall Street y en todos los mercados financieros, cuando Boeing absorbió a McDonnell Douglas (14.000 millones de dólares). Esta vez, sin embargo, hubo una diferencia en la estrategia de la anexión, puesto que esa adquisición no dependió sólo de la decisión del Consejo de Administración de Boeing. Había sido enérgicamente fomentada por el Pentágono y el Departamento de Comercio, deseosos de favorecer la penetración del sector norteamericano del aerospacial en los mercados internacionales. Las liquidaciones de empleos han sido masivas. Por otra parte, desde 1992, el número de establecimientos que trabajan para Defensa cayó de 32 a 9, y se perdieron más de un millón de empleos.

En este último ejemplo, las consideraciones estratégicas son indisociables de la búsqueda del beneficio, porque los patronos de Boeing y los departamentos de Defensa y de Comercio de Estados Unidos apuntaban a algo más que una extensión de las cuotas de mercado abiertas a las exportaciones de Estados Unidos. Para ellos había llegado la hora de marginar o incluso liquidar a Airbus.

Con la aportación de McDonnell Douglas, Boeing controla ahora el 64 por 100 del mercado. La firma se beneficiará también de los pedidos de Defensa que antes iban para McDonnell Douglas; igualmente, su acceso a los canales de financiación en el sector público se va a ver reforzado. Para 1997, Boeing preveía 51.000 millones de dólares de ingresos, de los que un 40 por 100 provendrían de pedidos de Defensa[11].

¿Dónde están los criterios de mercado en todo esto? Cuando Boeing adquiere McDonnell (y otras adquisiciones seguirán inevitablemente en la estela de ésta) se asegura enormes subvenciones. La firma vende sus bienes y servicios muy por encima de los costes de mercado. Sus actividades de investigación-desarrollo son subvencionadas por el Pentágono desde el fin de la guerra, a golpe de decenas de miles de millones de dólares, así como gracias a las compras de aviones.

Por el momento, el peso aplastante de las sociedades transnacionales en la economía mundial no tiene su equivalente en el campo político. ¿Qué pasará el próximo siglo? ¿Podrán conservar sus estructuras totalitarias de dominación y de explotación? No puede haber un crecimiento infinito en un mundo finito: al menos esa ley vale para todos, y puede aplicarse también a las megaempresas. Nadie puede decir dónde se detendrá el movimiento de concentración capitalista, ni siquiera si encontrará su límite. Pero los daños sociales y políticos causados por las fusiones y las nuevas compras en serie están ya en vías de agrietar el edificio...

---

[11] *The Economist*, 21 de diciembre de 1996.

Sobre el rumbo del mundo (a propósito del libro de Ignacio Ramonet *Un mundo sin rumbo*)

José Manuel Naredo

La lectura de *Un mundo sin rumbo* resulta a la vez sugerente e inquietante. Sugerente, porque nos ofrece un diagnóstico inusualmente amplio e integrado de los problemas del mundo en que vivimos. Lo que se revela especialmente valioso cuando, pese a tanto hablar de globalización, sigue siendo moneda común en los análisis el recurso a enfoques sectoriales, unidimensionales y parcelarios. Y resulta inquietante, porque a la vista de la amplia documentación manejada en ese diagnóstico, sorprende la magnitud de los cambios que se están produciendo, así como el horizonte de deterioro social y ecológico hacia el que apuntan y la dificultad de ponerle coto. Así, una vez leído el libro surge la duda si más que un mundo sin rumbo no se trata más bien de un mundo descarriado, que avanza hacia un naufragio posiblemente lento, pero difícilmente reversible.

No es que el autor entre en el resbaladizo campo de la prospectiva, ni tome partido explícito en la distinción arriba mencionada, entre la simple deriva y el rumbo equivocado. Pero tal vez apoye el título de la obra en la siguiente cita que transcribe de Edgar Morin: «*El mundo está en una fase particularmente incierta porque las grandes bifurcaciones históricas no se han tomado aún. No se sabe hacia dónde va. No se sabe si habrá grandes regresiones o si van a desarrollarse guerras en cadena. No se sabe si un proceso civilizador conducirá a una situación planetaria más o menos cooperativa. El porvenir es muy incierto*». El porvenir es sin duda incierto, pero no me parece que lo sea porque no se hayan tomado aún las grandes bifurcaciones históricas. Antes al contrario, creo que la civilización industrial las ha tomado ya y las sigue tomando con ahínco siguiendo un camino bien delimitado.

48

El problema estriba en que el camimo, que se presentaba apuntando inequívocamente hacia un horizonte de progreso y bienestar generalizados, está originando sufrimientos y destrucciones a una escala no prevista. Y ello no sólo porque se agrave el deterioro ambiental, se agudice el conflicto norte-sur, o porque resurjan con inusitada fuerza los enfrentamientos nacionales, étnicos y tribales, sino porque, como se indica en la obra objeto de estos comentarios, «por primera vez, los propios estadounidenses no estan seguros de poder ofrecer a sus hijos una vida mejor que la suya» (como también ocurre en Europa).

El progreso prometido se va oscureciendo día a día. Lo cual se traduce en un aumento de la frustración y la desesperanza, pero no en una revisión crítica generalizada del modelo de sociedad en el que ha desembocado la civilización industrial, ni de las ideas-fuerza que lo gobiernan. Los gestores e ideólogos del sistema permanecen indiferentes a los males que se derivan del instrumental por ellos aplicado. Y continúan utilizando. Así, para combatir los problemas del presente, mayores dosis de los mismos (re)medios que los habían generado. Haría falta así una nueva bifurcación, un serio cambio de rumbo, que tendría que apoyarse primero en el descrédito generalizado de los instrumentos y las metas del llamado «pensamiento único» o dominante, y este descrédito todavía no se ha producido.

Cuando se ha desmoronado el «radiante porvenir» que prometía el socialismo soviético cerrando los ojos a los aspectos más degradantes y opresivos del «socialismo real», el actual sistema democrático-mercantil lo sigue igualmente prometiendo, a la vez que hace caso omiso a los tintes opresivos y a la sociedad cada vez más polarizada y ecológicamente degradada que nos depara. En ambos casos se prometía salvar a la especie humana de la necesidad económica, a base de acrecentarla previamente y acentuar su dependencia del trabajo, como también se le ofrecía ampliar su libertad, si se sometía primero a la disciplina de esa «servidumbre voluntaria», ya denunciada tempranamente por La Boétie.

Uno de los análisis más interesantes es el que hace Ramonet sobre las mutaciones que en los últimos tiempos se están produciendo en el poder, a escala mundial. En el libro se otorga a esta mutación una trascendencia que a mi juicio había pasado todavía bastante desapercibida. Aunque muchos fuéramos en cierta medida conscientes de tal mutación, la novedad del análisis estriba en que deja entrever que estamos asistiendo, de forma sorda y paulatina, a un cambio sin precedentes: el que desplaza el poder desde las organizaciones estatales hacia las organizaciones empresariales, haciendo que, por primera vez en la historia, estas últimas tengan más peso que las primeras. Cambio que altera las bases sobre las que venían razonando las principales corrientes opositoras al sistema: tanto el marxismo como el anarquismo vinieron poniendo en su punto de mira al Estado, como bastión de la autoridad y del poder más supremos, ya fuera con ánimo de utilizarlo o de destruirlo. Pero en los últimos tiempos se observa que el poder de los Estados se está socavando, sin revoluciones ni levantamientos que lo anuncien, en favor del de esas otras organizaciones igualmente centralizadas, jeráquicas y burocráticas, que son las empresas capitalistas. Las empresas, que en principio necesitaron todo el apoyo del Estado para implantarse, tratan ahora de doblegar su soberanía y de recortar sus competencias, haciendo que hasta en campos otrora tan específicos del Estado como el de la seguridad, proliferen ahora las policías y los mercenarios privados. Proceso éste que, si bien se apoya en la ideología liberal del «Estado mínimo», atenta de lleno contra los postulados de la propia utopía liberal, al dejar a los individuos inermes a la coacción que sobre ellos ejercen las organizaciones empresariales, que alcanzan hoy dimensiones supraestatales y gobiernan sin necesidad de someterse a sufragios más o menos universales.

El comercio, sustituto de la guerra

«La Tierra, dice Ramonet, como en el siglo xv, está ahora disponible para una nueva era de conquista. En la época del Renacimiento, los Estados eran los principales actores de la expansión colonizadora. Hoy son empresas y holdings *privados los que se plantean dominar el mundo, lanzan sus razias y amasan un botín inmenso. Nunca los amos de la Tierra han sido tan poco numerosos, ni tan potentes.»* Autores como Benjamín Constant y Thorstein Veblen ya vieron que el comercio estaba llamado a sustituir a la guerra como medio de apropiación de las riquezas en el mundo y que el instrumento para ejercerla sería, al decir de este último, el actual modelo de «empresa nómada». Pero

para conseguirlo plenamente hubo que esperar a que la actual «revolución de las telecomunicaciones» rematara la llamada «revolución del transporte» que se inició el siglo pasado. A la vez que la idea de mercado como panacea cobró nuevos vuelos, los mercados se extendieron de hecho por encima de los Estados. Con el apoyo de miles de satélites girando alrededor de la Tierra, el maridaje entre informática y telecomunicaciones está permitiendo una verdadera «globalización» de los mercados, e incluso convierte la información misma en una mercancía más que escapa al control de los Estados, constituyendo un importante campo de negocio y de conflictos en el reparto de poder mundial (como bien se ha evidenciado en nuestro país).

La globalización conjunta de los mercados y de la información está dando lugar a un «nuevo totalitarismo, con sus dogmas y sus oficiantes». Un totalitarismo que convierte ese antiguo vehículo de libertad que fue la información en instrumento de tiranía y de superstición. La contaminación informativa y la redundancia de mensajes que origina este «imperialismo comunicador» se traduce en una auténtica opresión para los ciudadanos, de la que se empieza a tomar conciencia. No es cuestión baladí, al respecto, que, como precisa Ramonet, el porcentaje de estadounidenses que sigue con regularidad los telediarios haya decaído sensiblemente y que más de la mitad duden de la veracidad de las informaciones divulgadas por los *media*. Por otra parte, la razón económica, en vez de servir a la mayoría de los ciudadanos, se está volviendo en contra de ellos, gobernando por encima de la política. Nuestro autor observa que, si bien «el Estado ha dejado de ser totalitario, la economía tiende cada vez más a serlo». Pues las empresas transnacionales no sólo gozan de gran libertad y escapan fácilmente al control social, sino que llegan a subordinar a los propios políticos. En aras de la globalización de los mercados y del respeto a los equilibrios económicos se están generando, así, desequilibrios sociales y ecológicos sin precedentes. En suma, que, para Ramonet, los antiguos regímenes totalitarios se han transmutado en los por él denominados «regímenes globalitarios», en los que la opresión adopta formas más sutiles y completas. En ellos las coartadas de la modernidad telemática y de la globalización mercantil están originando una estéril uniformidad de culturas, paisajes y modos de vida. Tras la imagen de una modernidad posindustrial se oculta, según nuestro autor, una evolución política claramente reaccionaria, que solicita, en aras de la «competitividad», el abandono de las conquistas sociales y democráticas, forzando el regreso hacia situaciones comparables a las del paleocapitalismo más descarnado.

Con el afianzamiento y las realizaciones del «pensamiento único» está culminando la agonía de las culturas que acompañaron al desarrollo de la civilización occidental. Agonía que se ha revelado consustancial a la «muy marcada intolerancia» de esta civilización frente a otras diferentes, subrayada ya hace tiempo en estudios antropológicos. La incapacidad de la civilización occidental para aceptar la validez de otras formas de vida y de cultura hizo que *«sus encuentros con las sociedades llamadas primitivas tuvieran lugar casi siempre con violencia (grosera o sutil)...»* —señala Pierre Clastres—. *«En otros términos, descubrimos en el espíritu mismo de nuestra civilización la proximidad entre la violencia y la Razón... La Razón occidental reenvía a la violencia como su condición y su medio, pues lo que no es ella misma se considera en "estado de pecado" y cae entonces en el campo insoportable de la sinrazón... Todo ocurre como si nuestra cultura no pudiera desplegarse más que contra aquello que reputa de irracional.»* Siendo hoy la razón económica el principal baluarte desde el que el «pensamiento único» irradia la violencia que requiere la extensión y el mantenimiento de los actuales «regímenes globalitarios», rematando la catástrofe cultural ocasionada, que corre pareja con la pérdida de diversidad biológica.

Así las cosas, Ramonet analiza los elementos de contradicción y fractura que origina el sistema descrito. Se aprecia una concentración de la riqueza y un aumento de la polarización social sin parangón. Las principales doscientas empresas controlan un cuarto de la actividad económica mundial, utilizando sólo el 0,75 por 100 de la mano de obra. Lo mismo que cerca de cuatrocientos millonarios reciben un ingreso equiparable al del 40 por 100 de la población mundial más pobre compuesto por varios miles de millones de habitantes. Y viendo que el aumento del paro y la precariedad del empleo son consustanciales al aumento de la productividad perseguido por las empresas señala como novedad harto singular los veinte millones de parados y los treinta y ocho de pobres hoy presentes en Europa occidental. A escala planetaria, se cifran unos quinientos millones de personas que cuentan con una existencia más o menos cómoda y garantizada, frente a los cerca de cinco mil millones restantes, que, *grosso modo,* pueden considerarse «náufragos de la competitividad».

Por otra parte, junto a la desregulación de los mercados se aprecia un desplazamiento de la economía hacia lo que el autor llama una «economía-casino», en la que las actividades más especulativas y financieras cobran una importancia inusual, escapando cada vez más al control de los Estados y organismos internacionales. Por ejemplo, el volumen de las reservas de divisas en poder de las administraciones en el mundo apenas corresponde al que se intercambia diariamente en el mercado de divisas. A la vez que las transacciones financieras, muchísimo más importantes que las derivadas del comercio de mercancías, son la clave de los equilibrios económicos que reparten la capacidad de compra sobre el mundo. Pero esta «economía-casino» ocasiona también riesgos y bancarrotas sin precedentes, de las que se ofrecen cumplidos ejemplos. Muchos de los más conocidos «magos de las finanzas», cuyo enriquecimiento explosivo maravilló al mundo en la última década, acabaron apareciendo como impostores e incluso dando con sus huesos en la cárcel, al igual que pasó con algunos de nuestros más emblemáticos y exitosos empresarios. Y estas bancarrotas pueden arrastrar a países enteros, como ocurrió con el «efecto tequila», en México.

Esta situación ofrece un terreno abonado al «ascenso de lo irracional», a la evasión del *panem circensis,* al despertar de enfrentamientos «tribales» y de «futuras rebeliones» y conflictos, a la vez que las ciudades se lanzan «al asalto del Planeta», ocasionando un deterioro del medio ambiente y de las condiciones de vida de buena parte de la población, también sin precedentes. Descubriendo un panorama que ofrece interesantes parecidos con esa penúltima fase de deterioro que Lewis Mumford vaticinó en el caso de que nuestra civilización prosiguiera, sin cambio de rumbo, por el camino que había emprendido, pensando entonces en los fascismos. Fase que había denominado «tiranápolis» y que se caracterizaba, entre otras cosas, por la *«extensión del parasitismo por toda la escena económica y social... La conversión de la política en una competencia entre varios grupos para explotar el tesoro municipal y del Estado... El desarrollo de procedimientos de rapiña como sustitutos del comercio ordinario... La inten-*

sificación de los ciclos de depresión comercial como consecuencia del exceso de auge en negocios especulativos... El fracaso de los gobernantes económicos y políticos para mantener la rectitud administrativa... (a lo que se suman) deportes cada vez más violentos para las masas... y dominio de gentes respetables que se conducen como criminales y de criminales que, pese a sus actividades, logran conservar la apariencia de respetabilidad...»

¿Qué salidas plantea Ramonet a esta situación? Como ya he indicado, no es su propósito hacer prospectiva. Tampoco lo es adoctrinar ni plantear recomendaciones explícitas para la acción. Su diagnóstico se ve acompañado a veces de sugerencias abiertas en forma de preguntas que traslucen sus puntos de vista. Por ejemplo, confía en que, tras los años de *«euforia financiera, de descaro y de supercherías, los ciudadanos vuelvan a sentir el deseo de retorno hacia actividades virtuosas: la honestidad, el trabajo bien hecho... orientadas también a proteger la naturaleza y a salvar al hombre»*. Postula para ello la necesidad de conquistar nuevos derechos para la especie humana y para la naturaleza y de repensar una Organización de Naciones Unidas más pendiente del sufrimiento humano y menos dependiente de Estados Unidos (país que pasa por ser a la vez el más rico y el más endeudado de la Tierra, el que más celo pacificador demuestra y el que más armamentos exporta... y que acostumbra a liderar la «tríada» [EE UU, UE y Japón]) que, según Ramonet, gobierna la economía y la política mundiales.

De las «seudo-matemáticas» al cibermercado

Samir Amín

Es un rasgo clásico de todos los totalitarismos conferir estatuto científico a una ideología. La economía que se denomina «pura» permite dar un barniz universitario al ultraliberalismo. Importa poco que esté desconectada de la realidad: como toda fábula, no sirve más que de pretexto. El mito del mercado perfecto que la sustenta acaba de encontrar un nuevo impulso rejuvenecedor con el proyecto de Clinton de transformar Internet en un ágora mercantil a escala planetaria al servicio de los intereses norteamericanos.

En las universidades está enseñándose una curiosa disciplina, llamada economía «pura» o «económica». Económica, como podríamos decir física. Pero, mientras que el ámbito científico se desarrolla partiendo de la realidad, lo económico, para sus fundamentalistas, se construye a partir de una posición de principio que da la espalda a la realidad: imagina a la sociedad reducida a la suma de los individuos que la componen. Opta de este modo por ignorar que la sociedad real es una construcción infinitamente más compleja, en la que se enfrentan grupos sociales, naciones, Estados, grandes compañías, proyectos de sociedad, fuerzas políticas, religiosas e ideológicas, etc.

¿Podemos imaginar una medicina que quisiera reconstruir el funcionamiento del cuerpo humano únicamente a partir de los elementos fundamentales que lo constituyen —las células— ignorando la existencia de órganos como el corazón o el hígado? Por suerte para nuestra salud física, los médicos no han fabricado una medicina «pura». Para los modelos más complejos que expresan la interacción de las células, la probabilidad de producir algo semejante a un cuerpo humano es, en efecto, casi tan remota como la de ver a un mono colocado delante del teclado del ordenador escribiendo las obras completas de Víctor Hugo. La probabilidad de alcanzar un equilibrio general en virtud de las confrontaciones en el mercado de casi seis mil millones de seres humanos, tiene la misma magnitud de improbabilidad. Así pues, en vez de buscar una explicación racional de la realidad económica, se opta desde el principio por la construcción de una racionalidad mítica.

La economía no ignora que el ser humano es inteligente, y que determinará sus comportamientos en función de lo que cree que serán las reacciones de los demás. Por consiguiente, debe construir su modelo, no a partir de las exigencias de una racionalidad simplista e inmediata —compro con ventaja si el precio baja—, sino de una realidad que mediatiza la previsión sobre las reacciones de los demás: me abstengo de comprar si creo que el precio va a continuar bajando. Al pretender ignorar que —lejos de ser fabricada por fuerzas exteriores— la sociedad se produce a sí misma, la economía «pura» que practican ciertos universitarios se inflige así su propio desmentido al introducir el concepto de anticipación. Lo que lleva a admitir que el individuo, al ser tratado por ésta como una realidad objetiva, es él mismo sujeto activo de su historia.

De ahí el lío provocado por esta opción a favor de un individualismo metodológico: ¿cómo demostrar que la interacción de los comportamientos de los individuos —integrando, además, la anticipación— produce un equilibrio constatable (por los precios, el reparto de los beneficios y el índice de paro) y sólo uno? Con este fin se echa mano de la herramienta matemática.

¡Lástima! Las matemáticas prueban que un sistema de ecuaciones de ese tipo no admite solución. Con un buen haz de hipótesis adicionales, existen algunas posibilidades de una conclusión indeterminada (soluciones infinitas) y, con muchas más hipótesis aún, de ser determinado (una sola y única solución). Así pues, los economistas «puros» elegirán hipótesis «a medida» para llegar a la conclusión deseada, y, con objeto de franquear cada una de las etapas de su seudo-demostración, inventarán la fábula adecuada. Las fábulas, efectivamente, atribuyen —generalmente a los animales— comportamientos plausibles imaginados para un fin muy preciso: deducir la moraleja. La económica está construida, en su totalidad, según ese modelo.

La fábula central, necesaria para su demostración, es la de la competencia perfecta, que implica la centralización de todas las ofertas y demandas. Curiosamente, en ese modelo todo sucede como si el planificador central, conociendo perfectamente los comportamientos de sus cinco o seis mil millones de administrados, pudiera tomar las decisiones produciendo el equilibrio buscado. ¡No deja de ser chocante que la economía «pura» de los liberales lleve a la conclusión de que Big Brother sería la solución de los problemas! Pero, a falta de ese planificador, el sistema se modifica a cada momento según los resultados producidos por las acciones efectivas de los individuos sobre los mercados. El equilibrio —imposible— sería tanto el resultado de la marcha, es decir, del azar, como de los caracteres que definen la racionalidad de los actores.

Recordando el teorema de Sonnengchein [1], los matemáticos —los verdaderos—, por ejemplo, Giorgio Israel y Bernard Guerrien [2], han desmontado el engaño fundamental de la economía «pura». En particular, en lo relativo a la cuestión prioritaria de nuestra época —el nivel del empleo—. El equilibrio general, suponiendo que un milagro permita esperarlo, no nos aportaría estrictamente ninguna respuesta. Al imputar de oficio el paro al coste pretendidamente elevado del trabajo, los economistas «puros» ignoran arrogantemente que, en la propia lógica del sistema, cualquier modificación de los salarios transforma todos los factores del equilibrio general.

Desde la misma atalaya, el monetarismo —último grito de la economía «pura»— decreta que el montante de oferta de moneda puede fijarse libremente por el banco central. Sin embargo, un análisis elemental de la emisión monetaria revela que la moneda no es una mercancía como las demás, en la medida que su oferta está determinada por su demanda, que a su vez depende, en parte, de los tipos de interés.

Por lo demás, los bancos centrales, de los que se desearía una gestión «independiente» (¿de quién?), con el pretexto de que poseen el poder mágico de fijar la oferta de moneda, se revelan incapaces de desempeñar ese papel. Simplemente porque está fuera de su alcance: a través de la elección del tipo de interés sólo pueden actuar —y eso de manera parcial e indirecta— sobre la demanda de moneda, pero no

---

[1] El teorema de Sonnengchein demuestra la imposibilidad de deducir las formas de las curvas de oferta y demanda a partir de comportamientos maximizadores.

[2] Giorgio Israel, *La Mathématisation du réal*, Le Seuil, París, 1996. Daniel Guerrien, *L'Economie néoclassique*, La Découverte, col. «Repères», París, 1996.

sobre su oferta. Mas, en ese caso, ¿cómo ignorar que esa elección incide a su vez en el nivel de actividad (por las inversiones, los consumos diferidos, etc.) y, por tanto, en todos los factores del equilibrio? Sin embargo, semejantes pamplinas monetarias le valieron el premio Nobel a Milton Friedman.

Mañana se afeita gratis

Se descubre que la economía «pura» no es más que una para-ciencia, tan alejada de la ciencia social como la parapsicología lo está de la psicología. Al igual que las otras para-ciencias, puede probar todo y su contrario: «Dime lo que quieres, y yo te fabricaré el modelo que lo justifique». Su fuerza reside en suministrar un biombo detrás del que un poder pueda ocultar sus objetivos reales —sufridos o elegidos— como el agravamiento del paro y la desigualdad creciente en el reparto de la riqueza. Como no se pueden pregonar semejantes objetivos, conviene «demostrar» que éstos constituyen tan sólo los medios de una transición que conduce al crecimiento, al pleno empleo, etc. Mañana te afeitarán gratis.

Como carece de todo fundamento científico, este tipo de economía sólo moviliza a su servicio a matemáticos aficionados, como la parapsicología lo hace con psicólogos de poco fuste. ¿Acaso no resulta significativo que esta «ciencia» emplee a tantos matemáticos mediocres que rechazaría cualquier laboratorio de física que se precie? En este punto, se impone el paralelismo con la magia.

También el mago avanza sus conclusiones revistiéndolas de una fraseología de apariencia razonable. Para ser convincente, debe decir, de pasada, un mínimo de cosas sensatas y admisibles. El gran mago, dotado de una inteligencia superior, sabía exactamente lo que el rey esperaba de él, y lo hacía. La economía «pura» cumple funciones análogas en las sociedades alienadas por lo económico. Y lo hace con métodos idénticos, en primer lugar, el esoterismo de la lengua: el de las matemáticas de pacotilla para uso exclusivo de no-matemáticos. Y como en la brujería, las sectas ocupan el terreno. Los pequeños brujos se agrupan detrás de los gurús que se encargan de organizar la promoción de sus discípulos. Desde luego, no es una casualidad que proliferen simultáneamente las sectas de economistas que elaboran un discurso neoliberal arrogante y las de charlatanes de la paraciencia parapsicológica. En ambos casos, al precio de una auténtica estafa intelectual.

El proyecto de «tasa Tobin»

Ibrahím Warde

En 1972, mientras el mundo padecía tifones monetarios, el economista James Tobin propuso, durante una conferencia en la Universidad de Princeton, fijar impuestos para las transacciones de cambio, con el fin de permitir a los gobiernos lograr una cierta autonomía en materia de política macroeconómica. La idea fracasó, pero, como el monstruo del lago Ness, resurge periódicamente. En 1992 y 1993, con motivo de las crisis monetarias europeas, y a finales de 1994, con el hundimiento del peso mexicano, el «impuesto Tobin» salió a la superficie. En 1994, durante el encuentro social en Copenhague, el presidente François Mitterrand relanzó la idea; en los pasillos del G-7 en Halifax, en 1995, el impuesto se sugirió de nuevo. En cada ocasión, el proyecto se descartó rápidamente y parecía condenado a verse tachado irremisiblemente de «idealista» e «irrealista».

En octubre de 1995, un grupo de expertos emprendió el primer gran estudio del «impuesto Tobin» a la luz de los conocimientos en materia de movimientos de capitales y de las experiencias de algunos países en el terreno del control de los flujos financieros. Algunos de los mejores especialistas de la economía y las finanzas internacionales —entre ellos los profesores Peter Kenen, de la Universidad de Princeton, Jeffrey Frankel y Barry Eichengreen, de la Universidad de Berkeley— analizaron el impacto de tal impuesto sobre los flujos financieros y las políticas monetarias, en particular su capacidad de dar estabilidad a éstos, para permitir una mayor autonomía en materia de política económica y para generar importantes beneficios. En julio de 1996, Prensa Universitaria de Oxford publicó una colección de artículos [1]. Sorpresa: salvo para algunos escépticos, el impuesto Tobin aparecía como bien considerado. A pesar de algunas reservas manifestadas en distintos lugares, la mayor parte de los expertos concluían que este impuesto iba a ser estudiado seriamente o, como mínimo, más a fondo. Con posterioridad, lejos de ser considerado como «irrealista», ha recibido el apoyo de personalidades tan diversas como Jacques Delors (presidente de la Comisión Europea, de 1985 a 1994), Butros Butros-Ghali (secretario general de Naciones Unidas de 1992 a 1996) o Barber Conable (presidente del Banco Mundial de 1986 a 1991). Sin embargo, una conspiración de silencio rodea el proyecto. La profesión económica no le presta ninguna atención. A los funcionarios que intervinieron en él se les ha pedido que no hablen. Desde la publicación de la obra, ningún órgano de la prensa anglosajona —incluida la prensa de negocios— ha dicho una palabra.

Hay que decir que Tobin no es un economista de moda. Contra viento y marea se declara keynesiano, apelando, en plena revolución conservadora, a una intervención activa del Estado en la economía. Mientras que los adeptos a la «nueva macroeconomía clásica» quieren acelerar la mundialización financiera y neutralizar los beneficios de los gobiernos derrochadores [2], él intenta restaurar la autonomía de los Estados. Sus preocupaciones, en particular sus trabajos sobre las relaciones entre el sector financiero y el sector real de la economía —por los que obtuvo el premio Nobel de Economía en 1981— parecen anticuados en una época en que es de buen tono extasiarse ante «la eficiencia del mercado». Cuando denuncia los horrores de la especulación y propone *«echar un poco de arena»* en los rodamientos, bien

---

[1] Mahbub Ul Haq, Inge Kaul, Isabelle Grunberg, *The Tobin Tax: Coping with Financial Volatility,* Oxford University Press, Oxford, 1996.

[2] François Chesnais (bajo la dirección de), *La mondialisation financière, Genèse, cout et enjeux,* Syros, París, 1996.

engrasados, de las finanzas internacionales, los guardianes del templo de lo «económicamente correcto» se sienten horrorizados [3].

Sin embargo, algunas cifras resultan elocuentes. Según el Banco de las Regulaciones Internacionales, las transacciones alcanzaron el nivel de 1.300 millardos de dólares diarios en 1995 (contra 18 millardos a comienzos de los años setenta). A título de comparación, el total del comercio internacional de bienes y servicios no rebasa los 4.300 millardos. Además, el 80 por 100 de las idas y venidas de las transacciones tienen una duración de siete días o menos; en la mayor parte de los casos, estos movimientos tienen lugar en el transcurso de una sola jornada. Y en Londres (el lugar más importante del mundo en materia de cambio), más de las cuatro quintas partes de las transacciones no están directamente ligadas a operaciones de comercio o de inversiones.

El largo plazo dura... diez minutos

Frente a estas realidades, las objeciones al impuesto Tobin se basan en teorías agriamente defendidas por la mayoría de los economistas, aunque los hechos se encarguen de desmentirles. Por eso, después del hundimiento del sistema de Bretton Woods, el consenso de la profesión —apoyándose en las tesis del monetarista Milton Friedman— era que el sistema de tipos de cambio flotantes desanimaba la especulación, pues las corrientes reflejarían automáticamente los «fundamentos» de las economías subyacentes. Cuando se produjo lo contrario, se abrió camino otro axioma: los especuladores no hacen más que representar la voluntad del mercado, que es, por definición, racional y eficiente. Para James Tobin, por el contrario, los especuladores ejercen un efecto autónomo y ampliamente desestabilizador sobre el mercado. La jugada que, en 1992, permitió a George Soros ganar mil millones de dólares en un día especulando contra la libra esterlina demuestra que los especuladores pueden enriquecerse desestabilizando los mercados [4].

---

[3] Ibrahím Warde, «La tyrannie de l'économiquement correct», *Le Monde diplomatique*, mayo de 1995.

[4] Ibrahím Warde, «Chaos monétaire et enjeux politiques», *Le Monde diplomatique*, octubre de 1992.

Lo mismo que para la distinción entre economía real y economía financiera, la diferencia entre corto y largo plazo está en el centro de las preocupaciones de James Tobin. Imita a un operador sobre el mercado de cambios cuando declara: *«Mi largo plazo son los diez próximos minutos.»* Pero la realidad no apasiona a los teóricos, que de esta forma pueden ignorar un aspecto esencial del impuesto: no intenta reducir los intercambios internacionales, sino penalizar los flujos especulativos a corto plazo. De hecho, con una tasa del 0,2 por 100, los movimientos diarios sobre el mercado de cambios acabarían por costar un 48 por 100 al año; sin embargo, la misma tasa sólo tendría un impacto inapreciable sobre el comercio real o sobre las inversiones a largo plazo.

En cuanto al argumento que afirma que cualquier impedimento a la libre circulación de capitales sería factor de distorsión y de debilitamiento de las economías nacionales, la experiencia demuestra que no es importante. Chile, que ha establecido una serie de medidas para desanimar los flujos a corto plazo, ha tenido mayor estabilidad monetaria y más inversiones a largo plazo que los dos países de América Latina que han elegido eliminar todas las barreras a la circulación de capitales, y se han encontrado a merced de capitales, abundantes, sí, pero caprichosos. México, por ejemplo, al pasar sin escalas del estatuto de mejor alumno de los mercados al de cáncer, ha sufrido el contragolpe de la violencia de los flujos monetarios. A pesar de todas las promesas de prosperidad, la mayoría de la población ha visto cómo bajaba su nivel de vida. Como escribe James Tobin: *«El ejemplo de México, que padece hoy sanciones crueles por crímenes fiscales y monetarios que no ha cometido, debería bastar para desacreditar la idea de que los mercados son omniscientes.»*

En suma, al reducir las fluctuaciones de tipos y al permitir a los gobiernos una mayor autonomía de gestión, el impuesto Tobin tendría un efecto estabilizador sobre el mercado monetario. Faltan por determinar las modalidades prácticas de su aplicación: ¿Qué tasa establecer? ¿Qué transacciones imponer? ¿Cómo administrar la tasa? ¿Cómo repartir los beneficios? ¿Qué exenciones prever? ¿Cómo impedir el fraude y la evasión fiscal?

La tasa de imposición debe ser lo suficientemente elevada para que produzca los efectos esperados, pero lo suficientemente baja para evitar que cunda el pánico y desanimar a los que buscaran los modos de evitarla. La tasa sugerida sería del orden del 0,25 por 100 o 0,15 por 100 (incluso de 0,05 por 100) y se impondría tanto sobre las transacciones simples como sobre los productos derivados —transacciones a término, *swaps*, opciones— ligados a operaciones de cambio. Con la tasa de 0,25 por 100 se conseguirían más de 290 mil millones de dólares; con la tasa 0,1 por 100, se podrían generar 166 mil millones de dólares en un año; incluso una tasa tan baja como el 0,05 por 100 dejaría unos 100 mil millones de dólares. Las cifras, se entiende, están rodeadas de incertidumbres, pues, por definición, el montante global de las operaciones de cambio debería bajar. Queda por saber en qué proporciones.

¿Sería necesario crear un nuevo organismo encargado de administrar la tasa? Tobin sugiere que los gobiernos, trabajando en estrecha colaboración con el Fondo Monetario Internacional, fueran los principales gestores. Por lo que respecta a los beneficios, los países industrializados, que se estima que recibirían un 85 por 100 del total, dedicarían una parte a los organismos internacionales que se servirían de ella para financiar operaciones de mantenimiento de la paz, lucha contra la pobreza y contra la degradación del medio ambiente u otros «bienes públicos». Los países en vías de desarrollo podrían conservar el conjunto de los beneficios de la tasa para uso propio.

En cuanto a la objeción según la cual las transacciones de cambio se desviarían hacia los paraísos fiscales —«*las islas Caimán reemplazarían a Londres*»—, no resiste el análisis. Se ha visto ya, con motivo de la lucha contra el blanqueo del dinero de la droga o en el terreno de los delitos ligados a la «ingeniería financiera»: los países miembros de la Organización de Cooperación y Desarrollo Económico (OCDE) disponen siempre de los medios para obligar a los paraísos fiscales a modificar sus legislaciones. Por otra parte, al estar muy centralizada la transferencia de fondos a nivel internacional, y estrechamente controlada por los bancos centrales, los mercados organizados, tales como LIFE (London International Financial Futures [and Options] Exchange) y un puñado de instituciones de regulación, tales como Fedwire o Clearing House Information Payment System (Chips), una cooperación entre estos organismos reduciría el papel de los «paraísos fiscales Tobin» a su justa medida. Finalmente, son posibles otros sistemas de animación y de disuasión, particularmente una reforma del estatuto del Fondo Monetario Internacional, que prohibiera a los recalcitrantes el acceso a los préstamos multinacionales.

La aplicación del impuesto Tobin, como se ha visto, no es nada irreal. El principal obstáculo es, sin embargo, de orden político, ya que la idea va en contra de todos los grandes principios neoliberales —reducción de impuestos, consecución de la liberalización financiera, retirada de los poderes públicos de la gestión económica— que son el objeto de un amplio consenso y ardientemente defendidos por los gobiernos, las grandes instituciones financieras privadas y el *establishment* de la profesión económica. Todos tienen interés en subrayar la carencia de soluciones de recambio y la imposibilidad de otra política en materia de flujos financieros. Así, se comprenden mejor los esfuerzos desplegados para enterrar el impuesto o, como mínimo, para presentarlo de forma tendenciosa.

Paradójicamente, no son los objetivos iniciales del impuesto —autonomía macroeconómica de los gobiernos, estabilización monetaria— los que podrían suscitar un poco de interés, sino su capacidad para crear beneficios en el momento en que todos los gobiernos tienen que reducir sus déficit presupuestarios y cuando las organizaciones internacionales se enfrentan a un peligroso descenso de sus recursos. Incluso con una tasa tan débil como el 0,05 por 100, los beneficios serían sustanciales: 26,6 millardos de dólares de ingresos suplementarios anuales para el Reino Unido, 14 mil millones de dólares para Estados Unidos y 3,3 mil millones de dólares para Francia. Mientras continúe la crisis fiscal de los países más ricos, continuará flotando el cadáver del impuesto Tobin.

Un giro en la historia de la globalización

Philip S. Golub

John Kenneth Galbraith escribió que *«el mundo de las altas finanzas puede comprenderse sólo si se tiene conciencia de que el máximo de admiración se dirige a quienes abren el camino a las más grandes catástrofes»* [1]. El economista americano, al reflexionar sobre las tragedias de los años treinta, se refería a las ilusiones de los años veinte, a la especulación bursátil y a la inflación de los activos financieros que entonces se tomó por creación de riqueza. Pero, ¿no es también ésta la manera más adecuada de caracterizar las ilusiones de la época reciente sobre la extensión de la globalización financiera? *«El hundimiento del comunismo y la difusión de las ideas liberales en los países en vías de desarrollo iban a hacer de los años noventa la segunda gran época del capitalismo mundial desde el final del siglo XIX»* [2]. Y he aquí que esos años se acaban en medio de convulsiones y se va abriendo camino un retroceso que se anuncia por medio de la amplitud de las crisis financieras, y que arruina las perspectivas de crecimiento de los países en vías de desarrollo.

La globalización financiera, apadrinada por la «revolución conservadora» norteamericana y británica del comienzo de los años ochenta, ha autonomizado la esfera financiera, sometiendo la economía real a su lógica. Nunca fue tan grande en la historia contemporánea, incluidos los años veinte, la disociación entre el reino de los signos monetarios y la realidad económica de la que se supone es expresión. Desde 1970, el alza vertiginosa del volumen de los flujos internacionales de

---

[1] John Kenneth Galbraith, *The World Economy Since the Wars*, Mandarin, Londres, 1995.

[2] David Hale, *The World Economy After the Russian Revolution or Why the 1990's Could Be the Second Great Age of Global Capitalism Since the 19th Century*, Kemper Financial Companies, Chicago, 1991.

capitales no va acompañada por un aumento correlativo del valor de los bienes y de los servicios intercambiados [3].

Al dimitir los Estados de sus principales responsabilidades y permitir una severa mutilación de su soberanía, no sólo han reducido el espacio democrático, por la sumisión de la evaluación social, económica y política a la contingencia de los intereses particulares, sino que se han privado a sí mismos de los medios de influir sobre el sistema internacional. De este modo, en un universo financiero caracterizado, no por la autorregulación, como pretende la teoría neoliberal, sino por el caos monetario, la globalización ha engendrado un grave peligro sísmico y no van en absoluto desencaminadas las referencias al léxico de las enfermedades infecciosas y al de las catástrofes naturales —temblor de tierra, tifón, marejada— para designar los fenómenos de reacción en cadena de crisis financieras.

El actual seísmo financiero, provocado por las retiradas masivas de capitales especulativos, es incontrovertiblemente el más grave desde 1982 cuando México y otros países latinoamericanos se vieron constreñidos a declarar una moratoria unilateral a sus deudas exteriores. Ya no se puede calificar propiamente de crisis «asiática», si entendemos por tal un fenómeno limitado a la región Asia-Pacífico. De Tailandia, la onda expansiva se ha propagado a los países vecinos y su intensidad no ha dejado de crecer. Asia del sureste se vio sumergida en ella en el mes de octubre de 1997, Corea del Sur —undécima potencia mundial— y las plazas financieras más periféricas como las de Brasil y Rusia, lo fueron poco después. Podría derivar hacia Japón, segunda economía del mundo, pero sobre todo primer acreedor del planeta. Como una mariposa en la teoría del caos, Tailandia sólo ha sido la causa aparente de este desastre que va ampliándose.

Las técnicas tradicionales de gestión de las crisis (intervención de los bancos centrales, suspensión automática de las cotizaciones, etc.) no han supuesto ninguna ayuda. Todos los países involucrados en la tormenta han conocido devaluaciones salvajes y compresiones drásticas de sus mercados bursátiles. Tailandia, Filipinas, Indonesia y Corea

---

[3] Baste recordar que un billón y medio de dólares se intercambia diariamente en el mercado internacional de divisas, frente a 18 mil millones a comienzo de los años setenta. Sólo el 2 por 100 corresponde al valor de los bienes y servicios intercambiados realmente.

del Sur, para evitar un hundimiento de sus sistemas bancarios, se han visto constreñidos a recurrir al Fondo Monetario Internacional (FMI) y a aceptar durísimos programas de reestructuración, con efectos inevitablemente recesivos.

A diferencia de la experiencia mexicana de 1994-1995, el compromiso financiero más importante de la historia del FMI [4] no ha logrado, empero, detener ni siquiera atenuar la fuerza de la tempestad llegada de Oriente. La crisis coreana no dejó de ampliarse a lo largo de la segunda semana de diciembre de 1997, sólo algunos días después de que el Fondo anunciase, el 4 de diciembre de 1997, su programa de ayuda de urgencia. Entre el 8 y el 13 de diciembre, una nueva ola especulativa particularmente violenta, desencadenada por una serie de grandes bancarrotas del sector privado, llevó a un hundimiento espectacular de los mercados financieros [5]. Corea del Sur, con sus reservas de divisas prácticamente agotadas, vuelve a hallarse al borde del abismo.

De hecho, a pesar de las garantías ofrecidas por el FMI y el compromiso del ministro de Economía, Lim Chang-yuel, de hacer honor a los compromisos internacionales de Corea, la crisis especulativa desencadenó una espiral deflacionista, agravada por las condiciones restrictivas exigidas por el Fondo, que provocan una brutal rarefacción del crédito [6]. El sistema bancario, obligado a pagar primas de riesgo prohibitivas en el mercado interbancario internacional, ya no puede suministrar a las firmas superendeudadas la liquidez que necesitan vitalmente: a mediados de diciembre de 1997, los tipos de interés a corto plazo alcanzaron el 25 por 100, el nivel más elevado desde hacía dieciséis años. Como no disponían de fondos propios suficientes, se

---

[4] Después de haber concedido 23 mil millones de dólares a Indonesia y 17 mil millones a Tailandia, el FMI anunció, el 4 de diciembre pasado, un programa de ayuda a Corea por un montante total de 57 mil millones de dólares, de los que 21 procedían del propio Fondo. El FMI y el Tesoro norteamericano concedieron 50 mil millones de dólares a México en 1995.

[5] En el término de una semana, el won, la moneda coreana, perdió el 30 por 100 de su valor, y el mercado bursátil experimentó una caída equivalente. El won perdió cerca del 85 por 100 de su valor respecto al dólar desde el comienzo del año, y los valores bursátiles, un 75 por 100.

[6] El FMI ha exigido que el índice de inflación coreana (5 por 100) permanezca inalterable, pese a la enorme depreciación del won.

vieron arrastradas a la quiebra, incrementando todavía más el volumen de las deudas no cobrables de los bancos.

Someterse al FMI

En semejante contexto, las condiciones impuestas por el FMI para la concesión de su ayuda amplifican la deflación al comprimir la creación del crédito, en el momento justo en que es requerida de forma dramática. Seúl debe de elegir entre dos males: plegarse a las prescripciones del FMI, para responder a la «expectativa» de los inversores extranjeros, cualesquiera que sean las consecuencias económicas y sociales, o salvaguardar el sistema bancario asumiendo su deuda, con el riesgo de acentuar la fiebre especulativa [7].

Si su gobierno se niega a acudir en socorro de los bancos se producirá probablemente la imposibilidad de garantizar el pago de la deuda externa, lo que provocará reacciones en cadena incontrolables en el mercado interbancario internacional. La deuda extranjera a corto plazo exigible entre el 15 de diciembre y el fin del año 1997 alcanzó entre 14 y 15 mil millones de dólares, para llegar a los 100 mil millones de dólares como mínimo en 1998.

Por consiguiente, el peligro de que el sistema bancario japonés se vea implicado, a su vez, aumenta de un día para otro. Japón, que es el primer arrendador de fondos de Corea (24,3 mil millones de dólares de créditos), ya se ha visto fragilizado por el hundimiento financiero de Asia del sureste y por sus propias dificultades bancarias internas [8]. A pesar de ser poco dado a dejarse dominar por el pánico, el *Financial*

---

[7] El Gobierno coreano tomó el 12 de diciembre la tardía decisión de inyectar liquidez en el sistema bancario (6,6 mil millones de dólares). Anunció, asimismo, que recompraría el capital de varios bancos comerciales y ha recomprado el Korea First Bank y el Seul Bank, que se hallaban al borde de la bancarrota.

[8] Según el *Nithon Keizai Shimbun* del 8 de diciembre, la deuda no recobrable, o difícilmente recobrable, del sistema bancario se eleva a 612 mil millones de dólares. Esta cifra es objetada por el ministro de Economía que avanza la cifra de 168 mil millones. La crisis del sector está simbolizada por la declaración de quiebra, el 24 de noviembre de 1997, de Yamaichi Securities, una de las cuatro primeras casas de títulos de Japón.

Times del 11 de diciembre de 1997 señalaba que «*bancos de toda una serie de países emergentes podrían verse arrastrados por la crisis, agravando más si cabe la zozobra que puede experimentarse por los bancos japoneses. Las consecuencias que esto tendría para el sistema financiero [internacional] serían muy severas. La fraternidad de los bancos centrales debe de estar dispuesta para afrontar la eventualidad de problemas graves en el mercado interbancario, que se propagarán a partir de Corea*».

Sin embargo, la miopía de que dio pruebas en el pasado esta «*fraternidad*» no deja mucho lugar para la seguridad. En agosto de 1997, el director general del FMI, Michel Camdessus, se felicitaba por que «*los países [de Asia del sureste] hayan sido capaces de poner a punto estrategias para prevenir el contagio*»[9]. Asimismo, el presidente de la Reserva federal norteamericana, Alan Greenspan, en un discurso del 24 de octubre de 1997 último sobre el futuro de la economía mundial salía airoso del envite de no aludir ni una sola vez a la crisis que está produciéndose. Cuatro días más tarde, el secretario estadounidense del Tesoro, Robert Rubin, insistía de manera ritual en el hecho de que «*los fundamentos asiáticos siguen estando sanos*». El FMI lo ha hecho todavía mejor al saludar «*los resultados macroeconómicos impresionantes de Corea*» en su informe anual de 1997, y felicitando «*a las autoridades* (coreanas) *por su envidiable balance fiscal*».

Nadie descarta el fenómeno catastrófico de una verdadera crisis de pagos internacional. La contracción del sistema bancario nipón se traducirá, efectivamente, en la fragilización del dispositivo interbancario, un agotamiento de la liquidez mundial y una brutal alza mecánica de los tipos de interés en todos los mercados de obligaciones. Si Japón llegase a desinvertir en el mercado norteamericano para cubrir sus necesidades de financiación interior y relanzar una economía que vuelve a sumergirse en la recesión, la situación se tornaría insostenible: Japón posee unos 320 mil millones de dólares de obligaciones del Estado federal (8,5 por 100 del total) y, merced a esto, es el principal acreedor de Estados Unidos desde los años ochenta. De ahí la posibilidad de provocar en los mercados occidentales un *crash* estructural sin parangón alguno con las crisis del pasado reciente.

---

[9] Entrevista en *Le Monde*, 23 de agosto de 1997.

Se observa un rebrote de las tensiones comerciales nipo-norteamericanas. Tensiones que podrían agravarse en el futuro a causa de la inevitable y continua depreciación del yen y del aumento de la competitividad de las exportaciones japonesas [10]. Desde mediados de noviembre, Washington acentúa sus presiones sobre Japón para que adopte medidas enérgicas con el fin de disminuir su superávit comercial y abrir su mercado interior. El 12 de diciembre de 1997, el secretario norteamericano de Comercio, William Daley, advirtió a Tokio que un incremento del déficit comercial norteamericano provocaría *«problemas políticos»*. Estados Unidos, precisó, entendería que Japón *«sale de* (la recesión) *por factores de crecimiento endógeno»*.

Reservas mentales norteamericanas

Tales exigencias no tienen demasiado en cuenta la realidad asiática del momento. De ahí el sentimiento, ampliamente extendido en las capitales de la región, de que Estados Unidos intenta instrumentar la crisis para obtener de ella un beneficio estratégico y ventajas comerciales y financieras unilaterales. De Kuala Lumpur a Tokio pasando por Bangkok, se dice que Washington actuó con prontitud para controlar la crisis mexicana de 1994, mientras que no ha hecho nada o casi nada cuando se ha tratado de Asia.

Cualesquiera que sean las segundas intenciones estratégicas, la Administración del presidente William Clinton trata de que Japón y Asia del este soporten el peso esencial de la carga financiera, económica y social del gran trastorno actual. Como no deseaba afrontar un Congreso donde predominan las tesis neo-aislacionistas, Clinton se negó el 12 de diciembre de 1997 a desbloquear los fondos de urgencia reclamados por Corea del Sur, su aliado de siempre. El Congreso ha tratado incluso de imponer sanciones comerciales a los países de Asia del este y a Japón para incitarles a reducir sus superávit. Tales medidas

---

[10] El yen ha caído a su nivel más bajo desde hace cinco años en relación con el dólar (130 yenes por un dólar). El superávit comercial de Japón se triplicó en octubre de 1997, mientras que el déficit comercial de Estados Unidos con Corea del Sur, Singapur, Taiwan y Hong Kong se duplicó en el mes de septiembre último.

de retorsión harán doblar, sin duda, las campanas por el «partenariado del Pacífico».

Pero, aun en el caso de que no se llegue a esos extremos, susceptibles de tener efectos idénticos a los de la ley proteccionista Smoot-Hawley de junio de 1930 sobre el comercio exterior, que abrió el camino a la depresión de los años treinta, las relaciones entre Estados Unidos y Asia están a punto de deteriorarse. Ya que las consecuencias de la deflación financiera se harán sentir en la economía real en los próximos meses; Asia está en el umbral de una de las peores crisis sociales de su historia reciente, con una elevación brutal del paro —en Corea, su índice se triplicará en los próximos doce meses y alcanzará el 9 por 100—. Es lógico suponer que la cólera de la gente se canalizará en un nacionalismo antioccidental muy presente ya. Se vislumbra, en Corea sobre todo, una serie de protestas contra el programa de austeridad del FMI.

Esta politización marca un punto de inflexión en la historia de la globalización [11]. Ésta dependía de una sumisión universal a las normas y a los dogmas neoliberales, pero, también, dependía de un modelo de cooperación que empieza a resquebrajarse. Al tiempo que se evidencia que el mundo entra en una fase deflacionista, Estados Unidos parece inconsciente de los peligros de semejante situación.

Como ha escrito el historiador Charles Kindleberger, una de las lecciones centrales del *crash* de 1929 y de la depresión de los años treinta, fue que esta última, así como las tragedias que provocó, probablemente se hubieran podido evitar. Habría sido necesario que un prestamista, como último recurso, concediese a las zonas más afectadas préstamos con efectos contracíclicos, y que asumiera la responsabilidad de mantener la integridad y la liquidez del sistema internacional de pagos. La reacción de Occidente ante la crisis actual no revela en absoluto que esta lección se haya aprendido.

---

[11] Las devaluaciones competitivas contaminarán, tarde o temprano, a China, cuyo crecimiento, desde hace diez años, viene enteramente de las exportaciones de las zonas costeras y del empleo de una mano de obra sobreexplotada.

El nuevo «manifiesto» de los poderes multinacionales

Lori M. Wallach

TOTALITARISMO ECONÓMICO

El Acuerdo Multilateral sobre Inversiones (AMI) nos remite a los tratados coloniales más leoninos de la historia por la dominadora arrogancia con que expone los derechos imprescriptibles del más fuerte (las compañías transnacionales) y las draconianas obligaciones que impone a los pueblos. Hasta tal punto, que los negociadores han tratado de mantener en secreto este texto elaborado en el seno de la Organización de Cooperación y Desarrollo Económico (OCDE), según el cual «las reglas del AMI contribuirán a asegurar la solidez del marco jurídico de los intercambios».

Imagínese un tratado de comercio que autoriza a las empresas multinacionales y a los inversores a perseguir directamente ante la justicia a los gobiernos para obtener daños y perjuicios en compensación a cualquier política o acción pública que tuviera como efecto una reducción de sus beneficios. No se trata del argumento de un relato de ciencia ficción sobre el futuro totalitario del capitalismo. Es solamente una de las cláusulas de un tratado a punto de ser firmado y ampliamente desconocido: el Acuerdo Multilateral sobre Inversiones (AMI). El director general de la Organización Mundial del Comercio (OMC), Renato Ruggiero, ha descrito con toda justeza la naturaleza de este acuerdo: *«Nosotros escribimos la Constitución de una economía mundial unificada»*.

Poca gente sabe que el AMI se está negociando desde 1995 en el seno de la Organización para la Cooperación y el Desarrollo Económico (OCDE) en París. Los 29 países miembros, entre ellos los más ricos del mundo, quieren ponerse de acuerdo entre sí antes de presentar a los países en vías de desarrollo un tratado conminatorio.

El objetivo de este acuerdo es extender el programa de desregulación sistemática de la OMC a los pocos sectores económicos vitales

72

que todavía no están afectados por él. En particular, la localización y las condiciones de inversión en la industria y los servicios, la transacción sobre las divisas y otros instrumentos financieros, tales como las acciones y obligaciones, propiedad territorial y recursos naturales.

Mientras que, en los decenios precedentes, el mundo se vio convulsionado por una verdadera explosión de movimientos planetarios de capitales, la inversión atrajo menos la atención de la opinión pública, de la prensa y del poder político. Sin embargo, las empresas transnacionales y los grandes núcleos financieros le prestan particular atención y han sabido moverse de forma que las reglas generales en la materia satisfagan sus intereses particulares y aseguren la expansión y la consolidación de su poder sobre los Estados.

Legisladores y ciudadanos han sido mantenidos en la ignorancia respecto a las negociaciones mientras que el texto de la OCDE —190 páginas— ha sido cerrado en un 90 por 100. Únicamente cuando se agudizó la ofensiva de los movimientos ciudadanos americanos contra el procedimiento de negociación comercial llamado de la «vía exprés» (*fast track*)[1], en abril de 1997, el Congreso de EE UU se hizo eco de las negociaciones del AMI que llevaban a cabo desde hacía tres años el Departamento de Estado y el del Tesoro.

El muro de silencio va más allá de Estados Unidos. En Francia, el presidente de la Comisión de Asuntos Exteriores de la Asamblea Nacional, Jack Lang, declaraba en diciembre de 1997: «*Ignoramos quién negocia qué y en nombre de quién*»[2]. Los negociadores norteamericanos negaron la existencia del texto hasta el día en que una coalición internacional de movimientos ciudadanos consiguió hacerse con una copia. Para desgracia del Departamento de Estado, de sus socios y de la OCDE, es accesible por Internet[3].

---

[1] El procedimiento *fast track* consiste para el Congreso norteamericano en autorizar al presidente a firmar acuerdos comerciales sobre los que los diputados no pueden presentar después ninguna enmienda. Deben ratificar o rechazar los textos tal como están. El presidente William Clinton, constatando que no disponía de mayoría, ha renunciado a obtener esta prerrogativa para negociar una zona de librecambio de las Américas.

[2] Intervención de Jack Lang en la conferencia-debate sobre «Mundialización y democracia: los peligros del Acuerdo Multilateral sobre Inversiones», organizada por el Observatoire de la Mondialisation, en la Asamblea Nacional, el 4 de diciembre de 1997.

[3] Gracias al Movimiento de Defensa de los Consumidores, Public Citizen, fundado por Ralph Nader: www.citizen.org /

Aunque, como la mayoría de los tratados internacionales, el AMI establece una serie de derechos y obligaciones, se diferencia fundamentalmente de otros acuerdos: en él los derechos están reservados a las empresas e inversores internacionales, mientras que los gobiernos asumen todas las obligaciones. Además, innovación sin precedentes, una vez que los Estados entran en el AMI se encuentran irrevocablemente comprometidos por un período de veinte años. En efecto, una disposición les prohíbe plantear la salida del tratado antes de cinco años. Después de esta etapa sigue siendo obligatorio durante quince años suplementarios en cualquier caso.

El capítulo clave del tratado se titula «Derechos de los inversores». En él figura el derecho absoluto a invertir —comprar tierras, recursos naturales, servicios de telecomunicaciones u otros y divisas— en las condiciones de desregulación previstas por el tratado, es decir, sin ninguna restricción. Por su parte, los gobiernos tienen la obligación de garantizar el *«pleno disfrute»* de estas inversiones. Numerosas cláusulas prevén indemnizaciones para los inversores y empresas en caso de intervenciones gubernamentales que supongan una restricción a su capacidad para obtener beneficios de sus inversiones. En particular, cuando éstas tuvieran *«un efecto equivalente»* a una *«expropiación, incluso indirecta».* Así, en los términos del acuerdo *«la pérdida de una oportunidad de beneficio sobre inversiones sería un tipo de perjuicio suficiente para dar derecho a una indemnización al inversor».*

Las reglas relativas a *«expropiaciones e indemnizaciones»* son las disposiciones más peligrosas del AMI. Dan a cada empresa, o inversor extranjero, el derecho a denunciar cualquier política o acción gubernamental —de medidas fiscales a disposiciones en materia de medio ambiente. De la legislación laboral a las reglas de protección al consumidor— como otras tantas potenciales amenazas sobre los beneficios. Y así, mientras los Estados están recortando en todas partes sus programas sociales, se les pide que aprueben un programa mundial de asistencia a las firmas transnacionales.

El caso de la sociedad Ethyl es premonitorio. Esta empresa, domiciliada en Estados Unidos, se apoya en las disposiciones del Acuerdo de Libre Cambio Norteamericano (Alena) mucho menos favorables que las del AMI, para reclamar 251 millones de dólares al Gobierno de Canadá. En abril de 1997, Ottawa prohibió un aditivo de la gasolina llamado MMT —una neurotoxina sospechosa de neutralizar los dispositivos anticontaminación de los automóviles—. Ethyl, único productor, intentó una reclamación contra el Gobierno canadiense argumentando que una prohibición del MMT equivalía a una expropiación de los haberes de la compañía. Por increíble que pueda parecer, el asunto va a ser juzgado. Si Ethyl gana, los contribuyentes canadienses tendrán que pagar 251 millones de dólares a la firma privada. Uno imagina que tal mecanismo tendrá por efecto paralizar cualquier acción gubernamental dirigida a proteger el medio ambiente, preservar los recursos naturales, garantizar la seguridad y la equidad de las condiciones de trabajo u orientar las inversiones al servicio del interés colectivo.

Otro derecho a indemnización de los inversores es la «*protección contra los desórdenes*». Según esta disposición, los gobiernos son responsables ante los inversores de posibles «*desórdenes civiles*», por no hablar de «*revoluciones, estados de emergencia u otros acontecimientos similares*». Esto significa que tienen la obligación de asegurar las inversiones extranjeras contra todas las perturbaciones que pudieran reducir su rentabilidad, tales como movimientos de protesta, boicots o huelgas. Esto supone en la práctica animar a los gobiernos a restringir las libertades sociales con el pretexto de las normas del AMI.

En cambio, el AMI no prevé ni obligaciones ni responsabilidades para los inversores. Los gobiernos no pueden tratar de modo diferente a los inversores extranjeros que a los nacionales. Y, según el proyecto del tratado, es el impacto de una política y no las intenciones en el sentido literal de los textos legales lo que debe tenerse en cuenta. Así tendrán que ser abolidas leyes aparentemente neutras, pero de las que se pueda demostrar que tienen un efecto discriminatorio sobre el capital extranjero. Esto significa que los textos que fijan límites al desarrollo de las actividades extractivas, como las industrias mineras o forestales, podrán ser denunciados por su efecto discriminatorio respecto a los inversores extranjeros que intenten tener acceso a esos recursos respecto a los inversores nacionales que ya han accedido a ellas.

De la misma manera, podrán ser atacadas las políticas comúnmente practicadas de ayuda a las pequeñas empresas, o de trato preferencial en favor de ciertos tipos de inversores, como los programas de la Unión Europea en favor de regiones desfavorecidas. Existe el mismo riesgo para los programas de redistribución de tierras a los campesinos en los países en vías de desarrollo. Para ser admitido en el tratado Alena, que ha servido de modelo al AMI, México tuvo que suprimir las disposiciones de su Constitución relativas a la reforma agraria instituida después de la revolución, para que los inversores norteamericanos y canadienses pudieran comprar la tierra reservada hasta entonces a los mexicanos. Balance de los cuatro primeros años de aplicación del tratado: la destrucción masiva del pequeño campesinado, mientras que las multinacionales de la agroalimentación se hacen con inmensas explotaciones.

Las reglas del «*tratamiento nacional*» afectan igualmente a las privatizaciones. De esta forma, si una municipalidad francesa decide privatizar el servicio del agua —lo que la mayoría ha hecho ya, por otra parte—, los interesados del mundo entero deben disponer de las mismas condiciones de acceso que un inversor francés. Aunque se trate de una sociedad de economía mixta bajo control democrático. ¿Para cuándo la privatización de la educación o de los servicios de salud?

El AMI prohíbe también las medidas tomadas por muchos países para orientar las inversiones hacia el interés público, por ejemplo exigiendo el empleo de mano de obra local o de algunas categorías de personas, como los minusválidos. Igualmente, podrán denunciarse muchas leyes y normas sobre el medio ambiente. Caerán, en especial, bajo los golpes del AMI las medidas tomadas por varios estados de Norteamérica exigiendo que los embalajes de cristal o plástico incluyan un porcentaje mínimo de productos reciclados, y las tarifas preferenciales practicadas para los materiales fabricados con estos productos.

La amenaza pesa sobre la legislación de algunos países del sur orientada a promover un desarrollo económico nacional, por ejemplo exigiendo a los inversores extranjeros una asociación con empresas locales, o la captación y la formación de cuadros nacionales.

El acuerdo persigue asimismo de forma contundente la cláusula de «*nación más favorecida*», y requiere un tratamiento igual para todos los inversores extranjeros. A partir de ahora, los gobiernos no podrán practicar discriminaciones respecto a los inversores extranjeros en función de la posición de su gobierno en materia de derechos humanos, derecho del trabajo u otros criterios. Prohibición, igualmente, del trato preferencial acordado por la Unión Europea a las antiguas colonias de África, el Caribe o el Pacífico —los países ACP— por los acuerdos del Convenio de Lomé. Si el AMI hubiera estado en vigor en los años ochenta, Nelson Mandela estaría todavía en la cárcel, pues el acuerdo prohíbe el boicot a las inversiones o su restricción —tal como se practicaron con Pretoria en tiempos del *apartheid*—, salvo por motivos de «*seguridad fundamental*».

Finalmente, el AMI va a transformar el ejercicio del poder en todo el mundo, sometiendo a las directrices de las multinacionales un gran número de funciones ejercidas actualmente por los Estados, incluida la aplicación de los tratados internacionales. El acuerdo dará a las empresas y los inversores privados los mismos derechos y el mismo estatuto que a los gobiernos nacionales para hacer aplicar sus cláusulas. En particular, el de perseguir a los gobiernos ante los tribunales que prefieran, entre los que figura el Jurado Arbitral de Cámara de Comercio Internacional. Ante árbitros tan naturalmente parciales, los inversores están seguros de obtener las indemnizaciones compensatorias reclamadas por no haber obtenido todos los beneficios que se desprenden del tratado.

El texto contiene una disposición que impone a los Estados «*aceptar sin condiciones someter los litigios al arbitraje internacional*», obligación de la que hasta ahora estaban preservados en virtud de su privilegio de soberanía. Estas acciones están abiertas a las empresas y a los inversores, pero no a los ciudadanos ni a las asociaciones. El acuerdo prevé igualmente la resolución de conflictos de Estado a Estado por jurisdicciones internacionales sobre el modelo de las de la OMC. Procedimientos opacos, sin garantías judiciales.

Sobre los términos del acuerdo, los portavoces de los gobiernos y de los medios de negocios se limitan a las generalidades: «*No os preocupéis,* vienen a decir. *No hay nada nuevo en este tratado. Se trata únicamente de racionalizar las prácticas existentes*». Pero el AMI, como un «Drácula político», no puede vivir a plena luz. En Canadá, la mera revelación de su existencia ha levantado una tempestad política mayor que el Tratado de Libre Cambio con Estados Unidos, hace diez años. En Nueva Zelanda, cuando se conoció el texto, el Parlamento se enfrentó al Gobierno. En Estados Unidos ha sido ampliamente atacado en el Congreso.

Una tarta de estricnina

Curiosamente, los que deberían movilizarse más —los movimientos sindicales representados en el seno de la OCDE por las confederaciones sindicales internacionales— se han limitado a proponer, evidentemente sin éxito, que se agregue al AMI una «cláusula social», en lugar de denunciar los propios fundamentos del acuerdo. Una postura denunciada por los movimientos de consumidores, las asociaciones de defensa de los derechos humanos, de protección del medio ambiente, así como por un número creciente de sindicatos que consideran que la propuesta equivale a colocar una golosina azucarada sobre una tarta de estricnina.

Ni los representantes de los gobiernos, ni los de los medios de negocios, tienen intención de introducir disposiciones obligatorias, en materia de medio ambiente, de condiciones de trabajo o de derechos humanos en el AMI. Su táctica consiste en prever numerosas excepciones y reservas, poniendo así de manifiesto la amplitud de la amenaza. No es nada tranquilizador que se nos prometa envolver nuestros objetos de valor en papel, mientras que se derrama gasolina sobre nuestra casa en llamas. Por eso, los gobiernos canadiense y francés se dedican a obtener «excepciones culturales», mientras que los negociadores norteamericanos reciben sus órdenes de Hollywood, que intenta, gracias al AMI, ejercer su hegemonía, sin compartirla, sobre todas las industrias de la cultura.

Los años de experiencia del GATT, y luego de la OMC, así como otros tratados comerciales internacionales, han demostrado ampliamente que las excepciones no ofrecen en la mayoría de los casos ninguna garantía. Así, los cosechadores caribeños de bananas acaban de constatar que las cláusulas de acceso preferencial al mercado europeo, contenidas en el Convenio de Lomé, habían sido barridas por la ofensiva norteamericana ante la OMC: la Unión Europea ha sido condenada sin remedio. El AMI contiene disposiciones que prohíben a los Estados intervenir, en el futuro, en los sectores a los que afecta, con la obligación de abolir sistemáticamente todas las leyes no conformes a su texto.

¿Quién tiene interés en ir más allá en la desregulación de las inversiones y la abstención del Estado, en el mismo momento en que los resultados del modelo de mundialización en marcha se muestran cada vez más desastrosos? Cualquier gobierno que se esfuerce en responder a la demanda pública de solución a los grandes problemas económicos y sociales debe hacerlo en un contexto internacional de inestabilidad monetaria, especulación, movimientos masivos y erráticos de capitales y de inversiones sin fronteras. Una situación que no debería durar. Salvo para la pequeña minoría que tiene interés en que empeore.

Capítulo 3

DEMOLICIÓN SOCIAL

Por primera vez en las últimas décadas, los ciudadanos de las sociedades occidentales no están seguros de poder ofrecer a sus hijos una vida mejor que la suya.

Con las condiciones de la globalización como pretexto, se extiende la aplicación de normas desreguladoras, que significan un claro retroceso respecto a logros de dos siglos de luchas sociales, y hasta de progresos civilizadores hasta ahora incuestionables.

En aras de la «eliminación de rigideces en el mercado de trabajo», por poner un ejemplo, se difunde la precarización y el miedo al futuro, y se asiste a la paradójica simultaneidad de tecnologías potencialmente liberadoras con el retorno a situaciones, que, como recuerda Ignacio Ramonet, evocan las descritas por Dickens o Zola en los albores de la industrialización.

Frente a la catástrofe programada

(Conversación entre Günter Grass y Juan Goytisolo, «dos escritores que ensucian su propio nido») *

JUAN GOYTISOLO.— Quisiera empezar con una cita de uno de los artículos de opinión de Günter Grass en el que decía: «¿*Qué sentido puede tener la literatura cuando el futuro es una catástrofe programada profetizada por espeluznantes estadísticas? ¿Qué queda por narrar cuando vemos que cada día se confirma, y se pone a prueba mediante los pertinentes ensayos, la capacidad de la especie humana para destruirse a sí misma, y al mismo tiempo al resto de los seres vivos, de las maneras más diversas? Lo único que puede medirse con Auschwitz es la permanente amenaza de autoexterminio colectivo nuclear que imprime dimensión global a la solución final. El futuro está poco menos que gastado o, si se quiere, arruinado. Ya no es más que un proyecto con muchas posibilidades de ser abandonado*». Termina aquí la cita. Bien, los vencedores de la guerra fría están logrando algo inédito, creo yo, en la historia de la humanidad: el descerebramiento, o parasitismo, de la especie humana gracias a una hábil combinación de la tecnociencia y el tecnomercado. Nos estamos acercando a las utopías negativas, por vías absolutamente imprevistas. La pregunta puede parecer absurda: ¿qué puede hacer el ser humano para defenderse de esta catástrofe programada?

GÜNTER GRASS.— Siendo un joven escritor en lengua alemana me tuve que enfrentar muy pronto a esta pregunta. Cuando terminó la guerra tenía diecisiete años. Ya contaba con proyectos artísticos

---

* El texto publicado en las páginas de *Le Monde diplomatique*, a sugerencia de Juan Goytisolo, recoge un fragmento del debate que ambos escritores mantuvieron en el Círculo de Lectores de Madrid.

propios, pero en seguida noté que, para mi generación y para los autores de la nueva literatura alemana, que comenzaba después del final de la guerra, los temas ya estaban decididos. Estos eran la guerra criminal, que comenzó Alemania, la capitulación total, los crímenes y su larga sombra. Y al mismo tiempo viví, al principio de los años cincuenta, en la soberana República de Alemania Occidental —lo mismo ha pasado en la Alemania Oriental— la forma en que silenciaron el pasado. Construyeron leyendas, hablaban de un pobre pueblo alemán engañado por unos «flautistas de Hamelín». Sin embargo, yo he vivido en mi infancia y adolescencia que todo lo ocurrido sucedió a la plena luz del día. Las mentiras eran obvias, pero hubo un consenso: no hablar de ello, taparlo todo y dejar las cosas como estaban.

A esta situación es a lo que la joven literatura alemana buscaba una respuesta. Desde el principio estábamos en contra de esa actitud, a pesar de todo. Es la misma actitud que mantengo hasta hoy en día, porque siguen los intentos oficiales de sosiego, de mantener en pie el *status quo* y porque incluso la historiografía ha llegado luego a tapar y reconvertir el pasado, alejando de la verdad a las futuras generaciónes. Impedirlo es una de las tareas de la literatura. Heinrich Böll y yo nos negamos siempre a que nos llamaran «*la conciencia de la nación*». Esto es una tontería. Uno no puede ser la concienca de la nación como escritor para que la nación se irresponsabilice de su propia conciencia. Pero, a pesar de todo, los escritores rescatan para la memoria lo que se oculta, lo que se tapa con mentiras. Esta sigue siendo su tarea, aunque no se vea nunca el final de este proceso.

Tiempos de olvido pactado

JUAN GOYTISOLO.— Luego hablaremos de eso, porque en España está ocurriendo el fenómeno de la amnesia, del olvido que se pactó durante la transición. Pero quisiera tocar otro tema que me parece de una enorme importancia en estos momentos. Desde 1989, es decir, desde la caída del muro de Berlín, la humanidad está viviendo un vertiginoso salto atrás. Me explico: es la desintegración sistemática del Estado del bienestar, la atomización de la clase obrera que se manifiesta también en la pérdida de militancia en los sindicatos, etc.; en el abandono del republicanismo entendido como freno a la arbitrariedad y al abuso de la fuerza y el avasallamiento de un liberalismo que, en realidad, se limita a una serie de fórmulas que todos conocemos, como la desregulación, la flexibilidad laboral, la deslocalización, de la que habla Günter en la novela. En cierto modo, lo que se nos dice, en resumen, es que para defender la economía nacional hay que echar a la calle a la clase obrera nacional. La Unión Europea, de la que tanto se habla, es hasta ahora sólo una unión bancaria, una unión de monedas. Y lo más sorprendente es el silencio de los intelectuales posmodernos.

GÜNTER GRASS.— Hoy vivimos un capitalismo desatado, que, según parece, se autodestruye. Y los primeros en sufrirlo entre la población son los trabajadores, que dependen de tener un puesto de trabajo para no ser excluidos del sistema. Hay un cambio en la sociedad muy curioso. Teníamos una definición muy clara de lo que era una persona «asocial». En Alemania era una persona que no quería trabajar, que estaba con las manos en los bolsillos en las esquinas. Esto se acabó. La persona asocial de hoy en día conduce un Mercedes, es miembro del consejo de administración de Daimler Benz o Siemens y se jacta ante los accionistas de que este año la empresa no ha pagado impuestos en Alemania. Están orgullosos de su actitud asocial y explican que ha sido posible trasladar al extranjero ciertos departamentos de producción y contratar allí a trabajadores baratos, porque las condiciones de Alemania ya no son las más favorables para sus intereses. Esta parece últimamente la actitud preferida de la alta sociedad. He utilizado la expresión de los «nuevos asociales» varias veces. Se quejan un poco y se sienten malentendidos, pero los hechos confirman que lo que era la famosa *«moral alemana de pagar impuestos»* (curiosa expresión) pertenece al pasado.

Este lema ¡*enriqueceos*! no se usa sólo en los nuevos Bundesländer, que no se han adherido voluntariamente a la República Federal, como proponía el proceso de la unificación, sino que fueron anexionados mediante expropiaciones. El 90 por 100 del capital productivo de la antigua República Democrática Alemana pertenece hoy en día a gente de la Alemania Occidental. Y estos derechos así adquiridos se heredarán de una generación a otra. Al igual que los condes de Thurn und Taxis siguen siendo hoy dueños de las grandes posesiones en el sur de Alemania que estafaron en la época de los caballeros bandidos del siglo XIV. Esta es nuestra situación social: sufrimos una gran pérdida de sustancia democrática y de logros de la República Federal y de otros países —por ejemplo, los Países Escandinavos— para civilizar la bestia «capitalismo».

¿Qué se puede hacer? Tenemos que revalorizar los viejos y muchas veces mal utilizados ideales de la «Ilustración europea», que hablaban de solidaridad, de fraternidad. Tenemos que ser conscientes de que no podemos seguir así, y ya se hacen sentir las primeras reacciones: en las últimas elecciones en Gran Bretaña y Francia hubo una respuesta contundente de sustituir a los que «hacían su agosto». Una reacción similar se producirá probablemente el año que viene en Alemania y también en España, si tienen en las próximas elecciones la posibilidad de decidir si quieren seguir al capitalismo de explotación o implantar otra vez aspectos sociales dentro del sistema de la economía de mercado.

Lo mismo hay que decir respecto de la Unión Europea: Si esta Europa quiere merecerse el nombre que tanto reclama, tiene que ser algo más que la simple unión de fuerzas económicas. Aquí haría falta una «carta social», haría falta incluir la expresión de la cultura europea —y no en el sentido de nombrar de vez en vez una capital europea, financiarla y ya está; esto es pura decoración—. No, Europa es algo más de lo que se pueden imaginar los empresarios europeos. Ellos sólo quieren un mercado más amplio, que todo lo iguala, neutraliza... que suprime al individuo. Esta no puede ser la respuesta.

He hablado al final del silencio de los intelectuales. No sé cómo es en España, sólo lo sé de Alemania: le digo el curioso ejemplo de que a muchos compañeros míos, de mi edad, que en los años sesenta y setenta se tenían por mucho más izquierdistas que yo y que criticaban fuertemente desde el punto de vista izquierdista mi llamada actitud socialdemócrata; si les busco hoy, tengo que girar mi cuello hacia la derecha hasta que me cruje. Un cambio rarísimo, ¿no?

JUAN GOYTISOLO.— Creo que esto está bastante generalizado; se podría decir lo mismo de muchos intelectuales y escritores españoles. El problema es qué hacer frente a este capitalismo desenfrenado. Lo que vemos muy claramente es que deja de lado clases enteras en los países de Europa o en Norteamérica. Al viajar allí se ve que el número de excluidos es cada vez mayor; y que se deja de lado no sólo a clases enteras, sino países enteros y continentes enteros. ¿Qué porvenir tiene África dentro de este contexto, cuando sabemos que sigue la expoliación, que los préstamos que se les dan son una parte mínima, en comparación con lo que se les roba malpagándoles productos naturales? Esta situación entra dentro del *pensamiento único*...; está resurgiendo lo que Octavio Paz llamó, hace ya algún tiempo, con mucho acierto, «*la venganza de los particularismos*».

Nos encontramos primero con los fundamentalismos religiosos; se habla mucho en los periódicos del fundamentalismo islámico, que, desde, luego existe, y tiene en su cuenta una serie de crímenes, por lo menos una pequeña parte de los crímenes que se están cometiendo en Argelia. Pero hay, igualmente, otros fundamentalismos: el fundamentalismo hindú, del que se habla poco, y que persigue a las minorías musulmanas; el fundamentalismo extremista judío que vemos en los asentamientos de los territorios palestinos; el fundamentalismo católico en Croacia; y el peor de todos, o el más sangriento en los últimos tiempos, el de las Iglesias ortodoxas, como la de Serbia, que ha llamado hijo de Jesucristo al autor de un genocidio sólo comparable en Europa al cometido por los nazis contra los judíos y los gitanos. Al mismo tiempo que ese fundamentalismo religioso, están apareciendo fundamentalismos nacionalistas que dignifican el pasado y, fundándose en presuntas esencias, predican siempre un retorno mítico a una supuesta edad de oro, etc. Recientemente se publicaban en *El País* unos textos de Sabino Arana que eran realmente sobrecogedores. No puedo encontrar otra palabra. Era el racismo más duro que me recordaba absolutamente el lenguaje de la Falange en el año 36.

Encontramos ese mismo lenguaje, ese mismo habla, entre santones del genocidio en Bosnia. Y, repito, lo que vemos es, sobre todo, que se trata de restar...; lo importante para una cultura es sumar. Una cultura, en realidad, es una suma de todas las influencias exteriores que ha recibido. Intentar buscar una raíz única, una esencia única, conduce no sólo a la ruina de esta cultura, sino a los peores excesos y a estos crímenes que realizan los nacionalistas que yo llamo de calidad. Me gustaría ver qué perspectivas hay en Alemania respecto a esta visión con relación a los nacionalismos, a los fundamentalismos que aparecen en Europa y ver qué opina usted sobre esta situación.

Lo que deja de ser «noticia»

GÜNTER GRASS.— Creo que la situación en Alemania sigue siendo opaca. Según mi experiencia, no existe ninguna tendencia nacionalista fuerte. Es como si hubiera un vacío, una incapacidad o desgana de los alemanes para definirse como nación, porque esta palabra está desacreditada hoy en día por la experiencia del nacionalsocialismo. Entre los jóvenes hay tanta vacilación que les lleva a veces hasta posiciones extremadas.

Otra cosa es la política oficial. Hemos visto cómo por un lado, cuando empezó la guerra civil en los Balcanes, la población alemana —y por presión suya, también el Gobierno— estaba muy dispuesta a recibir a refugiados. Han acogido más refugiados de Bosnia que otros países europeos. Pero un día el ahora ministro de Interior, Manfred Kanther, inició una política de refugiados más rigurosa. Desde hace algún tiempo tenemos una situación escandalosa, ya que alrededor de 4.000 refugiados, que no han cometido ningún delito, que han tenido que salir de sus países —Nigeria, Turquía o Argelia— se encuentran en prisión antes de decidir sobre su expulsión, y no saben si cualquier día se les devolverá a su país. Muchas veces ocurre que la policía de estos países —Argelia o Nigeria—, informada por la policía alemana, los espera en el aeropuerto, los mete en la cárcel y los tortura. Todo esto se sabe perfectamente; sin embargo, forma parte de lo cotidiano. Al principio, la prensa alemana informaba y protestaba, pero lo usual de este comportamiento inhumano lleva consigo que uno se acostumbra, forma parte de lo cotidiano, ya no son noticia en los periódicos.

Tenemos, y esto se olvida muchas veces cuando se enumeran los distintos tipos de fundamentalismos, el sistema capitalista, que se comporta hoy, tal como lo he descrito, como un poder fundamentalista. Lo que no forma parte del mercado (y el mercado decide lo que forma parte y lo que no) es heterodoxia, es erróneo y esto se defiende con todo rigor, aunque con métodos más sofisticados y más modernos que los de los fundamentalistas islámicos. No hace falta emplear el terror. Esto se arregla en la Bolsa, mediante exclusiones o con un catálogo entero de términos nuevos como *globalización,* como si esto fuera una receta infalible y a la vez nuestro destino ineludible. La Europa como fortaleza es más una pesadilla que una esperanza, y espero que antes de una unificación, cuya expresión máxima es el euro, nos permitan introducir algunas cuestiones que no se pueden medir con dinero.

JUAN GOYTISOLO.— Yo estoy absolutamente de acuerdo en que, tal vez, el fundamentalismo más grave de hoy sea el de la tecnociencia, naturalmente ligado a los intereses del gran capital. Se habla mucho de las famosas tesis de la «lucha de civilizaciones». Creo que es un error completo, porque lo realmente grave y lo que se plantea de forma acuciante es la lucha de cada civilización con la modernidad incontrolada que tiene dentro de ella. Esta es, en mi opinión, la verdadera lucha y no ese concepto que se propone a través de todos los medios de información.

GÜNTER GRASS.— Tenemos un Derecho de Nacionalidad del siglo XIX. Este Derecho de Nacionalidad impide a cientos de miles de jóvenes, que han nacido en Alemania, que se han educado en Alemania, que hablan mejor el alemán que el idioma de sus padres, que venían de Turquía o de muchos otros países, el derecho a obtener la nacionalidad alemana. Leyendo los artículos de esta ley me parece que están trabajando con expresiones absolutamente irracionales. Para ser alemán hay que tener sangre alemana. Sé distinguir si un vino tinto es bueno o malo o si está mezclado; pero medir lo que tiene o no de alemán la sangre me parece difícil. Mis antepasados son *izaschuben* (eslavos de Dantzig)... Sé que los mejores resultados culturales se obtienen cuando se mezclan cosas.

En mi última novela *Es cuento largo*, un escritor presenta a Theodor Fontane. Fontane emigró a Alemania, concretamente a Brandemburgo, porque echaban a los hugonotes. El resultado de la inmigración de los hugonotes es el enriquecimiento de la literatura alemana en el siglo XIX por autores franceses como Chamisso, Fouqué y Fontane. Todo eso no sería posible con el Derecho de Ciudadanía, tal y como se maneja hoy... Me gustaría saber cómo funciona el Derecho de Nacionalidad en España...

JUAN GOYTISOLO.— En España no se plantea un problema de la segunda generación. España ha sido tradicionalmente un país de emigración. En una ocasión dije que la sociedad española presenta una imagen de nuevos ricos, nuevos líderes y nuevos europeos. Y la mezcla de las tres cosas es explosiva. Esto es manifiesto y cualquier americano que viaje por España comprenderá muy bien lo que digo. En una encuesta que se hizo hace cinco años, entre los jóvenes de entre dieciocho a veinticinco años de Madrid, el 7 por 100 se declaraba partidario de la expulsión de los gitanos, etnia, comunidad, que vive con nosotros desde principios del siglo XV. El 26 por 100 era partidario de la expulsión de los moros, el 12 por 100 de la de los judíos. Esto es extraordinario, porque siendo la comunidad judía escasísima, no es visible como la de los moros o los gitanos. Se trata de una imagen de un judío imaginario.

Recientemente, en una de estas estadísticas que se publican en la prensa, resultaba que el 57 por 100 de la población española tenía mala imagen de Marruecos y no confiaba en los moros. Tal vez será por esta especial desconfianza el que hayamos leído recientemente, y voy a citarlo aquí, que el ejército deberá destruir su arsenal de 600.000 minas antipersonas en cuatro años. Leo: «*Arsenales y polvorines del ejército almacenan alrededor de seiscientas mil minas antipersonas concebidas para matar, o mutilar, a quienes las pisen. Si se sembraran por todo el territorio, habría más de una por kilómetro cuadrado. Colocadas en la frontera de Melilla con Marruecos, tocarían a treinta por cada metro*». Sigo: «*La impermeabilización de los aproximadamente veinte kilóme-*

tros de frontera de Melilla con Marruecos era, hasta ahora, la principal misión del arsenal de minas antipersonas del ejército. Su instalación en caso de conflicto tendría carácter disuasorio, según fuentes militares, y ayudaría a desviar un posible ataque hacia zonas de más fácil defensa». Pues bien, esto, en cualquier otro país, habría desencadenado un escándalo en los sectores intelectuales. Y aquí nadie, absolutamente nadie, ha alzado la voz. ¿Cómo es posible que se haya planteado impermeabilizar estas fronteras matando a gente que huye de la pobreza y de la miseria? Esta noticia está fechada el 21 de septiembre. La leí con una indignación tan grande, que pensé que iba a salir alguien a protestar, que iba a decir ¿qué es esta monstruosidad? No hubo absolutamente nada. Esto me parece ya muy revelador, no quiero insistir más...

La indiferencia con que en el sur de Italia se contempla la llegada de un barco con cadáveres albaneses... Pronto habrá, creo, viajes programados a la zona de Algeciras y Tarifa para ver, y fotografiar, los naufragios de las pateras... Estamos llegando a esta sociedad totalmente inhumana... No basta con hablar del «año mundial contra el racismo»; no basta con predicar la tolerancia; hay que cambiar las leyes. Y cambiar las leyes significa oponerse a todo un entramado jurídico y económico que está fomentando esta horrorosa situación de la que todos somos testigos, y todos callamos.

GÜNTER GRASS.— Desde mi experiencia sólo puedo confirmar eso. Existen las mismas dudas o mejor dicho, el mismo mutismo, por ejemplo respecto al hecho de que hayan dado a Turquía tanques y vehículos blindados, excedentes del antiguo ejercito de la ex República Democrática Alemana. Hubo protestas, porque al parecer los turcos utilizaron los tanques y vehículos blindados contra los kurdos. El Gobierno turco lo desmiente, y dice que sólo están allí por prevención, y el Gobierno alemán se lo cree. Hay funcionarios o subfuncionarios, que deciden estas cosas, cuando existen informes de Amnistía Internacional (AI) y de otras organizaciones que demuestran que estos tanques han actuado contra los kurdos. He protestado varias veces, pero se mantienen las viejas mentiras. Se niegan ciertas cosas. Existe un dogmatismo, una escolástica, un pensamiento que recuerda al medieval. Galileo tendría hoy los mismos problemas que en su tiempo, porque se impone el pensamiento escolástico: lo que no debe ser, no existe. Nos han querido hacer creer tantas cosas: nadie aquí va a opinar que Irak es un país democrático; sin embargo, nos hacían creer, que defendían la libertad de la democracia en Kuwait.

JUAN GOYTISOLO.— Yo diría que a Galileo le ocurrió un poco lo que le ocurre a Noam Chomsky. Pero añadiría una cosa. Un escritor alemán, al que yo antes respetaba, escribió un artículo realmente mortífero. En aquellos momentos dijo: *«Todos los alemanes fuimos iraquíes entre 1933 y 1945»*. Lo cual era absolutamente falso, porque Hitler fue elegido democráticamente dos veces por el pueblo alemán. Y el pueblo alemán era responsable de lo que hizo Hitler. Pero el desdichado pueblo iraquí no tuvo nunca la oportunidad de elegir a sus jefes. Y el protagonismo fue absolutamente de Sadam Hussein y, paradójicamente, años después de esta carnicería, es el pueblo inocente el que sigue víctima de un bloqueo económico que ha provocado la muerte de más de medio millón de niños, por falta de antibióticos, por falta de medicamentos, etc. El dictador sigue viviendo tranquilamente e incluso se permite hacer desplantes ante el Consejo de Seguridad de la ONU.

Una estadística dice que los países petroleros, los emiratos, Arabia Saudí, etc., han ganado, por la parte del crudo que no ha vendido Irak desde la guerra del Golfo, noventa mil millones de dólares, que han servido para pagar todos los gastos de la Operación Tempestad del Desierto. Es decir, allí, durante esta famosa guerra virtual, se habló de todo excepto de las dos palabras claves que eran petróleo y sangre. Sangre de las víctimas inocentes y petróleo que correspondía a los intereses estratégicos de Occidente, en especial de Estados Unidos. Me gustaría referirme a una entrevista en la que ponía usted esperanzas en una unión entre el Partido Socialdemócrata y los Verdes para acabar con el gobierno de la derecha. En mi opinión, estas esperanzas no son posibles en el actual paisaje político español. No soy una persona altamente cualificada para opinar de esto porque todo el mundo sabe que vivo fuera hace muchos años, pero leo atentamente la prensa, no sólo la prensa española, sino a veces periódicos como *The Inde-*

pendent, o *Le Monde* o *Le Monde diplomatique*, sobre todo... y no se ve en España ningún Oskar Lafontaine en perspectiva. El PSOE no ha aprendido nada de su merecida derrota electoral; le vemos en su piña defensiva en torno a una serie de personas que son sospechosas de haber violado la legalidad. Y el sectarismo de la dirección de Izquierda Unida la sitúa realmente en las afueras de la realidad. Entretanto, reaparece, tras la derecha civilizada, una derecha pura y dura, franquista, en la judicatura, y también en la tentativa de reducir o acallar a los medios de la prensa de oposición. Esta es, digamos, mi perspectiva, no muy optimista, de la situación española. Quería pedirle que nos explicara usted qué posibilidades tiene de cambio real la oposición en Alemania.

La «generación de los nietos»

GÜNTER GRASS.— Antes de nada, tengo que frenar un poco estas «grandes esperanzas». Yo también veo a Oskar Lafontaine por detrás, pero no le veo en el horizonte. A veces está debajo, a veces encima, y su compañero Gerhard Schröder demuestra pragmatismo y adaptación, tiene una capacidad de mimetismo, que me inquieta. Por otro lado, veo mucho estancamiento político en Alemania. Los partidos del Gobierno, el CDU (Unión cristiano-demócrata), CSU (Unión cristiano-social) y el FDP (Partido liberal demócrata) están exhaustos, al final de sus posibilidades. Ya no creen ni en su propio programa, no pueden mover ni las cosas más mínimas y el país necesita un cambio. Con las clases políticas he aprendido en mi función de ciudadano —no de artista— que hay que utilizar con economía las fuerzas que se tienen. Otra cosa son los sueños.

Ahora veo una oposición poco desgastada, con todas sus posibilidades. Son políticos bastante capacitados de la llamada «generación de los nietos», respecto a Willy Brandt —que creó esta expresión poco afortunada—. Tienen talento y tienen algo común a toda su generación: mucho ego. No son capaces de aceptar la opinión de un discrepante, aunque en el fondo no se diferencien en casi nada. Utilizan la primera ocasión que tienen para atacar al otro, sólo por satisfacer su propio ego. Esta actitud, que puede ser hasta un poco infantil, es inmanente a la generación del 68. Esto no ha cambiado, no llegan a ser adultos, y esto impide que hagan lo que hubieran debido de hacer hace mucho: un cambio democrático del poder. Aunque esto nos traiga «el gran cambio», ¿por qué debería suceder así? Pero algunas cosas sí van a cambiar. Existe la posibilidad de renovar, con la ayuda de los socialdemócratas y los Verdes, el Derecho de Ciudadanía; existe la posibilidad de imponer ciertas ventajas sociales, que tanta falta nos hacen para domar al capitalismo salvaje.

Ya en los años ochenta —entonces desde el punto de vista de los liberales— pronosticaron la muerte del movimiento obrero europeo... Incluso hubo socialdemócratas que se lo creyeron... Pero no fue así. Vemos cómo crece el paro, especialmente el juvenil. Vemos que nuestros sistemas de jubilaciones fracasan, que no son capaces de dar a los muchos que han trabajado toda su vida un poco de seguridad en la vejez. Estas cosas, por las que ha luchado el movimiento obrero desde hace más de cien años, van cayendo, un logro tras otro.

También hay que decir, que nosotros dos, querido Goytisolo, somos dinosaurios. Esto hay que tenerlo en cuenta. Y ambos somos solitarios en nuestros países. Quedan muy pocas personas que llamen a las cosas por su nombre, que hablen de ciertos temas...

Dudo que en la generación joven, en la más joven, aunque también en la mediana, exista la disposición a tomar el relevo. Depende de ellos, que despierten de este letargo, frío, que viene de EE UU o de donde sea. Que muestren emociones, compasión; que empiecen por fin a desprenderse de su aburrimiento y su egoísmo y comiencen a enfrentarse a metas; porque sólo crece uno enfrentándose a la hostilidad.

Esto es lo que echo de menos y me hace sentirme escéptico. ¿Seremos capaces de poder —con más o menos éxito, supongo que con menos—, transmitir todo esto a la próxima generación? A lo mejor la situación es totalmente diferente en España. Quizá hay una generación de jóvenes autores que empiezan...

Juan Goytisolo.— Yo diría que lo que define al intelectual es la busca de un saber desinteresado, sin rentabilidad inmediata. Un rigor literario que se traduce en un rigor ético con respecto a la política y la sociedad. Naturalmente, se pueden dar casos de gente que tiene un rigor ético en el campo político y no lo tiene en el campo literario. Su obra es un buen ejemplo que muestra las dos cosas absolutamente ligadas. Aquí la defensa de causas no rentables, de escasa brillantez, prácticamente no existe. Es muy triste decirlo, pero es así. Problemas como el de Bosnia, o algo tan cercano a nosotros como la matanza ininterrumpida en Argelia, en medio de una opacidad informativa que produce todo tipo de represiones. Lo que ocurre en Ruanda, en el Kurdistán... todo esto no parece interesar demasiado a nuestros escritores e intelectuales. Creo que es una desdicha, porque no se puede perder de vista este horizonte sin perder, al mismo tiempo, el respeto necesario que una persona se tiene a sí misma. Y por esto me inquieta, como a usted, el que no haya un relevo visible. Recuerdo una reunión sobre este tema en la New York University, en la que Susan Sontag habló magníficamente de su angustia por esa soledad en la que vive dentro de la sociedad norteamericana.

La aplastante responsabilidad de Europa en la destrucción de culturas y entidades políticas africanas, y su protección a los saqueadores y expoliadores de sus propios pueblos, con Estados convertidos en fincas, tal como hemos visto recientemente en Zaire, en el ahora llamado de nuevo Congo...

Vemos que cambian los comisarios, pero los métodos siguen siendo los mismos... Nadie mide la responsabilidad enorme que ha tenido una potencia como Francia, por ejemplo, en el mantenimiento de estos dictadores en su zona francófona. Cuando uno leía las noticias sobre esto y veía la actitud de este presidente camaleónico llamado François Mitterrand... daban ganas de decir *«¡Francofonía, cuántos crímenes se cometen en tu nombre!»*...

Gitanos-cobaya

Hace tres años, unos asentamientos de chabolistas fueron expulsados de San Blas, porque los terrenos en los que estaban instalados iban a ser urbanizados. Las familias no gitanas fueron realojadas por el Ayuntamiento y las familias gitanas fueron expedidas, en cambio, a Valdemingómez, junto al vertedero de la ciudad... Una situación similar a una deportación, en la zona de mayor toxicidad que existe en Europa. Esto ocurrió hace ya tres años y medio, pero el 10 de octubre pasado leo en la prensa esta noticia: «*Los expertos de la Consejería de Sanidad han redactado un plan para evaluar el impacto ambiental de la incineración de Valdemingómez en la salud de las personas, donde proponen análisis de sangre en la población de riesgo que vive próxima a los hornos*». Los especialistas ambientales pretenden identificar los posibles efectos de la contaminación que pudiera generar la incineradora por un funcionamiento anormal de la misma y además evaluar los efectos que a largo plazo pudieran tener los humos de Valdemingómez sobre la población de riesgo que es, naturalmente, gitana. Digo esto porque no necesitamos ya ir a Bosnia o a Ruanda o a Chechenia o a Argelia, para darnos cuenta de que existe una especie de guetos de los que la gente no puede escapar. Y es realmente una situación vergonzosa el que esto se prolongue, por la sencilla razón de que los gitanos, los inmigrantes, no votan, no son rentables, y a los partidos políticos no les interesan.

GÜNTER GRASS.— Este tema es muy especial para los alemanes, porque a diferencia de lo que sucedía en España y en otros países, en Alemania durante el nacionalsocialismo la persecución a los gitanos (...) formaba parte del genocidio, y tiene que ver con los nombres de Auschwitz, Treblinka, Oraniemburgo. No sabemos el número exacto, pero entre 400.000 y 500.000 gitanos murieron en los campos de exterminio o a causa de epidemias en el campo de Bergen-Belsen y otros. Además, hay muchas mujeres entre los gitanos que fueron esterilizadas. Viven todavía y existen entrevistas estremecedoras que dan testimonio de lo que significaba para ellas, para su concepto de vida y en sus relaciones familiares el hecho de no poder tener hijos.

Esta minoría carece de protección hasta hoy en día. Otras minorías en Alemania han conseguido organizarse mejor, hacerse oír. No se puede decir lo mismo de los gitanos. En Berlín viven 16.000, que son refugiados de Yugoslavia. Solemos olvidar que en el genocidio entre los diferentes grupos, los bosnios, croatas y serbios, hubo el grupo de los gitanos, que fue el blanco de todos Fueron los primeros asesinados cuando empezaron a hacer *tabula rasa.* Echarles de Alemania significa para ellos el final. Viven en Berlín de una manera totalmente ilegal y nadie se ocupa de ellos. Paralelamente a las dos fundaciones que he creado (una literaria y una de arte) he añadido otra a favor del pueblo gitano... Y, dando un salto: ¿cuáles son los europeos más ejemplares, los que tienen menos problemas en superar las fronteras? Los gitanos nos deberían servir de ejemplo si planeamos una nueva Europa... Pero parece que pasa justo al contrario...

JUAN GOYTISOLO.— Y ahora... hablemos de literatura...

Infancias fracasadas

Ignacio Ramonet

Ciertos signos son inequívocos. A la reaparición de la mendicidad, del paro, de las «sopas populares», de las «clases peligrosas» en los suburbios, viene a añadirse —como prueba suplementaria de la deshumanización que provoca la globalización económica, en este fin de siglo— la figura social del niño-trabajador.

Ya en el siglo XIX, el agravamiento de las desigualdades se reflejaba en particular en la explotación de los niños, cuyo empleo estaba generalizado. Louis Villermé describía en un célebre informe de 1840 [1]

---

[1] Louis Villermé, *Tableau de l'état physique et moral des ouvriers...* París, 1840 (reeditado por UGE, col. 10-18, París, 1971).

el estado de los niños obreros en Francia, donde la duración de la jornada era de catorce horas diarias: «*Esta multitud de niños, algunos de los cuales tienen apenas siete años, escuálidos, macilentos, cubiertos con harapos, que se dirigen, descalzos, hacia las fábricas, entre la lluvia y el barro, pálidos, nerviosos, mostrando la evidencia de la miseria, del sufrimiento y del abatimiento*».

Lejos de horrorizarse ante una situación como la descrita —que novelistas como Charles Dickens, Víctor Hugo, Héctor Malot, Jules Vallés, Émile Zola y Edmundo de Amicis denunciaron igualmente—, algunos liberales la consideran como un «*mal necesario*»: «*Esta miseria*, escribía uno de ellos, *ofrece un saludable espectáculo a toda una parte de las clases menos felices que ha permanecido sana; está hecha para llenarles de espanto; les exhorta a las virtudes difíciles que necesitan para llegar a una mejor condición*» [2].

Ante tal cinismo, ¿cómo no entender, por ejemplo, la rebeldía de Karl Marx, que en su *Manifiesto Comunista,* de 1848, denunciará a «*la gran industria, que destruye todos los lazos familiares entre los proletarios y transforma a los niños en simples artículos de comercio, en simples instrumentos de trabajo*»; y reclamará la «*abolición del trabajo de los niños en las fábricas tal como hoy se realiza*» [3].

La historia revela que la abolición progresiva del trabajo de los niños y la instauración de la enseñanza obligatoria fueron, en Europa y en América del Norte, las condiciones indispensables para el desarrollo. Sin embargo, hubo que esperar hasta 1990 para que, ratificada en el marco de la ONU —con la excepción de Estados Unidos—, entrara en vigor la Convención sobre los Derechos del Niño, fijando, como era el deseo de la Organización Internacional del Trabajo (OIT) desde 1973, una edad mínima de entrada en el mundo del trabajo.

A pesar de este acuerdo, se estima que alrededor de 250 millones de niños trabajan. Los más jóvenes no tienen más de cinco años... Si bien la mayoría de ellos se encuentra en los países pobres del sur, muchos son explotados en los Estados del norte. En el conjunto de la Unión Europea, su número sobrepasaría los dos millones... En particu-

---

[2] Citado por Jacques Droz en *Historia general del Socialismo*. Tomo I. Editorial Destino, Barcelona.

[3] Karl Marx, *Manifiesto del Partido Comunista*. Recientemente reeditado en castellano por El Viejo Topo.

lar, en las zonas sacudidas por las reestructuraciones ultraliberales, como el Reino Unido. Pero, hasta en los países considerados como «socialmente avanzados» —Dinamarca, Holanda...— ha reaparecido el fenómeno del niño que trabaja. *«También en Francia*, afirma un experto del Fondo de las Naciones Unidas para la Infancia (UNICEF), *varias decenas de millares de niños ejercen un empleo asalariado bajo la cobertura del aprendizaje, el 59 por 100 de los aprendices trabajan más de cuarenta horas por semana, a veces hasta sesenta»*[4].

A escala planetaria, el número de niños-trabajadores no deja de crecer. En algunos países se trata de un azote masivo: niños de menos de seis años son explotados por decenas de millones[5]. En América Latina trabaja uno de cada cinco niños; en África, uno sobre tres; en Asia ¡uno sobre dos! El primer sector en el empleo de los niños es el de la agricultura, donde con frecuencia se practica la servidumbre por deudas: los niños se ven obligados a pagar con su trabajo la deuda contraída por sus padres o por sus abuelos. Esclavos de hecho, estos niños no abandonarán jamás su condición, permaneciendo de por vida en la plantación; allí se casarán y engendrarán nuevos esclavos...

Infinidad de niños son empleados en la economía sumergida: la artesanía, el pequeño comercio, la mendicidad. El trabajo doméstico (Magreb, Oriente Próximo, África occidental, América Latina) es de los más perniciosos; en él, el niño permanece expuesto a todas las violencias, particularmente las sexuales. La primera causa de este desamparo es la pobreza, una pobreza que la globalización económica generaliza y agrava.

De los 6.000 millones de habitantes que viven en el planeta, 5.000 millones son pobres. Partiendo de este hecho contrastado, son cada vez más las asociaciones que se movilizan alrededor de la OIT y de UNICEF, para poner fin a uno de los escándalos más indignantes de nuestro tiempo.

En este sentido, el pasado 1 de enero se empezó la preparación de una Marcha mundial contra el trabajo de los niños, a la que se han asociado más de 400 organizaciones no gubernamentales (incluyendo sin-

---

[4] Cf. Claire Brisset, *Un monde qui dévore ses enfants*, Liana Lévi, París, 1997.

[5] Léase Bernard Schlemmer, *L'enfant exploité,* Khartala, París, 1996; léase también el informe «L'enfant exploité», p. 2, nº 2, Lausana, junio de 1996.

dicatos) de 82 países. La Marcha confluirá en Ginebra (Suiza) el 4 de junio de 1998, para coincidir con la estancia de los participantes en la Conferencia Internacional del Trabajo que, en el marco de la OIT, deberá adoptar un convenio rechazando las formas más intolerables del trabajo de los niños [6]. ¿Cómo no asociarse a un proyecto que quiere restablecer el derecho sagrado de cualquier niño a una vida decente?

La «cláusula social», un medio de mundializar la justicia

Bernard Cassen

A lo largo de los dos últimos años, los Gobiernos de París y Washington, tras fuertes enfrentamientos entre sí en 1993 con ocasión de las negociaciones del GATT (Acuerdo General sobre las Tarifas Aduaneras y el Comercio), nos sorprendieron al hacer causa común a favor de la introducción de una «cláusula social» en los acuerdos comerciales internacionales. Si bien, por lo demás, con un éxito escaso. La conferencia ministerial de Marrakech de abril de 1994, que cerró la ronda Uruguay y creó la Organización Mundial del Comercio (OMC), se negó a mencionar este punto en su texto final: Estados Unidos y Francia tuvieron que conformarse con la promesa de que se inscribiría en el programa de trabajo de la nueva institución.

Sin embargo, la idea de cláusula social no es nueva. Se remonta a la creación, en 1919, por parte de la Conferencia de Paz, de la Organización Internacional del Trabajo (OIT), cuya Constitución, así como

---

[6] Información: Michel Bonnet-Charles André Udry. Fax: (412 1) 621 89 88 Lausana (Suiza).

los Principios Generales que la rigen —el equivalente a una Carta Magna del trabajo— constituyen la parte XIII del Tratado de Versalles. En 1944, la declaración de Filadelfia, que afirma la primacía de los objetivos sociales en las políticas nacionales e internacionales, y que pide explícitamente a los miembros de la organización que practiquen entre sí una competencia leal, fundada en el respeto de las normas sociales, se añadió como anexo a dicha Constitución [1].

Estas normas aparecen recogidas en 176 convenios internacionales del trabajo, 67 de los cuales fueron elaborados en el período entreguerras. Pero ninguna de ellas ha sido ratificada por la totalidad de los miembros de la OIT. En cuanto a su aplicación, más vale no hablar [2]... A 1 de junio de 1995, era España la que ostentaba el mejor palmarés (125 ratificaciones), seguida de Francia (115 ratificaciones), mientras que Estados Unidos ostentaba un escandaloso farolillo rojo (12 ratificaciones), siendo incluso uno de los seis últimos Estados que quedaban por ratificar el convenio sobre los derechos del niño. La mayoría de los Estados miembros de la OMC —miembros asimismo de la OIT— no se equivocó, por consiguiente, al ver en las actuaciones americanas, aunque se efectuaban conjuntamente con Francia, mejor cualificada a este respecto [3], algo distinto de una preocupación desinteresada por la democracia social en el mundo. Lo que les permitió lanzar la acusación, a sus ojos infamante, de «proteccionismo».

En Estados Unidos, la presión de una parte de la opinión y de los sindicatos —apoyados estos últimos, en especial, por la Confederación Internacional de Sindicatos Libres (CISL)— y, en Francia, el desconcierto y la impotencia de los poderes públicos frente al aumento del desempleo desestabilizador, explican que París y Washington qui-

---

[1] Véase, de Francis Blanchard, antiguo director general de la Oficina Internacional del Trabajo (OIT), que constituye la secretaría permanente de la OIT, «La clause sociale et l'OIT», *Le Monde*, 30 de junio de 1993. [2] Los informes anuales de la OIT denuncian con regularidad, entre otras, la persistencia del trabajo infantil y distintas formas de esclavitud.

[3] La introducción de cláusulas sociales en los mecanismos de la OMC es prácticamente unánime en el seno de los partidos políticos representados en la Asamblea Nacional. A este respecto, conviene leer el informe de Patrick Hoguet, diputado de la UDF de Eure-et-Loir, *Les Résultats du cycle de l'Uruguay du GATT*, Delegación para las Comunidades Europeas, ponencia de información n° 1.066, 5 de abril de 1994.

sieran recortar las ventajas comparativas de algunos de sus competidores comerciales —los bajos salarios—, que se traducen en pérdidas de centenares de miles de puestos de trabajo en los sectores de gran intensidad de mano de obra. Seguidos a remolque por sus socios de la Unión Europea. (Algunos de los cuales, en especial Alemania, los Países Bajos y, sobre todo, el Reino Unido, dan muestras, frente al librecambio puro y duro, de una actitud que depende de la fe del carbonero), los gobiernos de Édouard Balladur y Alain Juppé cuidaron de presentar la cláusula social de forma positiva: no se trata de preservar puestos de trabajo en el territorio propio, sino de promover derechos sociales mínimos en los demás países...

De este modo, durante la junta general de la OIT de junio de 1994, Michel Giraud, entonces ministro de Trabajo, respaldado por su colega americano Robert Reich, recomendó «condiciones mínimas» en cuatro temas: la abolición del trabajo forzado, la no discriminación en el empleo, la edad mínima de acceso al empleo y la libertad sindical.

En un foro internacional no hubiera sido bien visto que alguien se opusiera oficialmente a estas condiciones. Pero, de hecho, al mismo tiempo que se quitaban el sombrero ante el objetivo, la mayoría de los gobiernos y de las multinacionales se negaban a adoptar cualquier medida concreta y, en especial, a introducir cualquier condición allá donde los grandes intereses se hallaran en juego: el comercio internacional. Renato Ruggiero, director general de la OMC, expresaba este punto de vista cuando declaraba: *«El riesgo radica en la aparición de un neoproteccionismo insidioso que trataría de utilizar las restricciones comerciales para responder a las preocupaciones ampliamente extendidas con respecto a las normas relativas al trabajo, a las cuestiones sociales y al medio ambiente. Estas preocupaciones son legítimas, pero las restricciones comerciales no son la solución»* [4].

Sin embargo, parece legítimo hacerse algunas preguntas frente a estas ideologías de hormigón. En nombre de la teoría de las ventajas comparativas, ¿han de abandonar los países desarrollados, en beneficio de los que tienen niveles de salario más bajos, el conjunto de sus industrias de mano de obra? Si se quiere admitir que, por ejemplo, no todo joven francés o alemán ha de tener necesariamente un título de

---

[4] Discurso publicado en *OMC Focus*, nº 4, julio de 1995, Ginebra.

ingeniero o de investigador, ¿qué pasará, principalmente en Europa, con los ciudadanos de bajo nivel de cualificación?

¿Puede el frenesí exportador ocupar el lugar de la política económica y social, en especial en los países del sur? ¿Este frenesí no obedece más bien a los imperativos de ajuste estructural impuestos por el Fondo Monetario Internacional y el Banco Mundial? ¿A quién beneficia en primer lugar, sino a las multinacionales del norte que implantan sus centros de producción allá donde las condiciones son más favorables para ellas, con la posibilidad de trasladarlos cuando encuentren otros mejores?

Poco a poco se ha creado una auténtica «burbuja» comercial: en 1995, el crecimiento del volumen de intercambio mundial fue tres veces superior al del volumen de la producción. ¿Qué interés hay en intercambiar cada vez más y más a menudo los mismos productos? ¿Cuáles son los costes ecológicos reales —la mayoría de ellos «externalizados» a costa de la colectividad— de este movimiento browniano de mercancías que satura los transportes terrestres y aéreos?

¿No sería preferible, para garantizar un mínimo de capacidad de control e intervención de los ciudadanos sobre su propio destino, un desarrollo endógeno sin ser autárquico, aplicado a escala regional que un desarrollo totalmente extravertido, en el que nadie, ni siquiera los gobiernos, controlase los flujos de entrada y salida, y en el que un país cuya producción no estuviera diversificada se encontrase totalmente a merced de decisiones financieras y comerciales adoptadas fuera del mismo? Si bien la seguridad alimentaria descansa necesariamente en un alto grado de autosuficiencia agraria [5], ¿no supone también la «seguridad democrática» un grado elevado de autosuficiencia sin más, al menos a escala regional?

Para las instituciones financieras internacionales, así como para la Comisión Europea [6], estas preguntas equivalen a autodenunciarse como «proteccionista». ¿Se es proteccionista cuando uno quiere proteger conquistas sociales —conseguidas al cabo de largas luchas— en

---

[5] Véase Edgard Pisani, «Pour que le monde nourrisse le monde», *Le Monde diplomatique*, abril de 1995.

[6] Entre los comisarios, sólo Manuel Marín parece haberse pronunciado públicamente, aunque a título personal, a favor de la imposición de un mínimo de normas sociales.

los países más ricos, al mismo tiempo que abrir la vía de acceso de los trabajadores del sur a un mejor nivel de vida?

En un artículo escrito al final de la conferencia de Marrakech, el director general de la Oficina Internacional del Trabajo (OIT), Michel Hansenne, analizaba en su propio terreno a los gobiernos que apelaban al liberalismo, considerando la libertad sindical como una *«garantía que no haría sino prolongar, desde el punto de vista social, el principio de libre asociacionismo al que se oye invocar en los intercambios comerciales»*[7]. Y proponía que el reconocimiento de dicha libertad formase parte de manera explícita de los compromisos suscritos por los candidatos a la OMC. La respuesta no se hizo esperar: la próxima conferencia ministerial de la organización se había de celebrar en Singapur, ciudadela del autoritarismo y sindicalismo oficiales[8].

Suponiendo que la libertad sindical, el derecho de negociación colectiva y demás derechos sociales fundamentales se cumplieran en todo el mundo, seguiría vigente la cuestión de las enormes diferencias de coste laboral, a igual productividad. Han de imaginarse otros mecanismos estructurales, inspirados en el sistema de retenciones variables sobre las importaciones aplicadas en el marco de la política agraria común europea, y que neutralicen los diferenciales excesivos del coste laboral. Y ello para desalentar la explotación al máximo de la mano de obra con el pretexto de introducir divisas mediante la exportación. En este sentido, existen propuestas dignas de debate. ¿Por qué no se discuten seriamente por parte de las organizaciones de trabajadores y ONG?

Uno de los motivos principales es que, en Occidente, el machaqueo ideológico neoliberal ha conformado profundamente las mentes. Por otra parte, en los movimientos que se muestran solidarios con el sur repugna adoptar posiciones que podrían presentarse como hostiles a los intereses de los trabajadores de aquellos países.

La confusión es aún mayor en el sur. Como explica un sindicalista, antiguo responsable del BIT, *«los países menos desarrollados no distinguen entre las organizaciones de trabajadores, las ONG, los empresarios y los responsables públicos»* de los países industrializados, lo

---

[7] Véase Michel Hansenne, «Libération des échanges et progrès social. Comment appliquer la clause sociale», *Le Monde*, 21 de junio de 1994.

[8] Véase *Le Monde diplomatique* de agosto de 1994 y agosto de 1995.

que explica, cuando se trata de cláusulas sociales, *«la percepción bastante negativa, por lo general, de campañas que se ven como actitudes cínicas o que enmascaran prácticas coyunturales y proteccionistas».* La conclusión se impone entonces por sí misma: *«Este contexto exige aclaraciones políticas y operativas por parte de las organizaciones sindicales, de las ONG y de todos aquellos que militan a favor de las cláusulas sociales»* [9]. Ya es hora de que estos movimientos y militantes inicien una discusión y ocupen un terreno que sus adversarios han asumido y ocupado hace ya largo tiempo.

Las posibilidades (frustradas) de las «tecnologías de lo inmaterial»*

René Passet

Se dice que la izquierda francesa no tiene ya derecho al error. Sin embargo, la tarea que le espera tiene las proporciones de una mutación de la que pocos responsables políticos parecen medir verdaderamente su importancia. Porque lo que hay que afrontar no es la crisis de un sistema, sino la transformación en profundidad del sistema mismo. Muere un mundo y nace otro. El tiempo no está ya en el reino de los simples equilibrios de cuentas.

El liberalismo y el socialismo de ayer no separaban su economía

---

[9] Gérard Fonteneau, «La réglementation du commerce international: vers une société à irresponsabilité illimitée?, *Foi et développement*, n° 236. Octubre de 1995.

* El texto fue publicado tras la victoria de Lionel Jospin en las legislativas de 1997 como candidato del Partido Socialista Francés y la formación de un gobierno de izquierda, con la inclusión de representantes comunistas, ecologistas y radicales.

de su visión del mundo. A partir de una opción filosófica —mecanicista para unos, dialéctica para los otros— se derivaban sus respectivas concepciones del equilibrio o de la autodestrucción del capitalismo. Hemos entrado en otra época: la mirada a que nos invita el estado actual del conocimiento es la de la «destrucción creadora» en la que el movimiento de degradación energética, que se supone desencadenado por el «big bang» original, alimenta la construcción del Universo.

Ya en 1942, Joseph Schumpeter analizaba precisamente la evolución económica en esos términos: «*La revolución de los transportes del siglo XIX*, subrayaba, *no se produjo por la acumulación de diligencias, sino por su desaparición y su sustitución por el ferrocarril, el automóvil, más tarde el avión...*» Todo ello, evidentemente, acompañado por un cambio profundo de las normas, de los modos de regulación y de los motores de desarrollo de los sistemas. Ese cambio profundo es lo que se llama mutación.

La mutación contemporánea se caracteriza por el choque frontal de dos fases de la evolución tecnológica: la una —en su apogeo— fundada en la energética; la otra —emergente— procede de lo inmaterial. La primera, inaugurada con la máquina de vapor —y actualmente simbolizada por lo nuclear— pone en manos de los hombres una potencia de transformación del mundo suficiente para amenazar los mecanismos por los que la vida pudo implantarse y desarrollarse sobre el planeta. La cuestión del desarrollo sostenible subraya esa evidencia olvidada de que la reproducción de la esfera económica pasa por la de la biosfera y por la esfera humana.

La segunda fase, simbolizada por el ordenador, desplaza los motores del desarrollo del campo de la acumulación material y de la energía al de lo inmaterial: símbolos, códigos, mensajes, organización. Es decir, fuerzas a la vez más eficaces y con menos incidencia sobre los medios materiales, que permiten conciliar los imperativos de la economía y los de la ecología.

Esta mutación viene acompañada de un cambio de lógica de los sistemas. En primer lugar, extiende el campo de lo económico tanto en el tiempo como en el espacio. La capacidad de carga de la biosfera alcanza sus límites: de ser un bien sobreabundante y «libre», la naturaleza, se convierte en un bien económico. La relación entre lo «más» y lo «mejor» se invierte, porque, en las situaciones de saturación, el segundo término ya no se desprende necesariamente del primero.

Las posibilidades (frustradas) de las «tecnologías de lo inmaterial»

Surge simultáneamente la cuestión de la solidaridad en la medida en que, según la célebre fórmula del informe Brundtland [1], cada generación debe aplicarse a satisfacer las necesidades del presente «*sin comprometer la capacidad de las generaciones futuras para cubrir sus propias necesidades*» La ética entra así en el campo de la economía. Por otra parte, con lo inmaterial, la evolución de los transportes y de las comunicaciones hace del planeta un único y mismo espacio. No hay un punto del globo con el que no sea posible comunicar en tiempo real y en el que un hombre no pueda encontrarse en veinticuatro horas.

En segundo lugar, la mutación transforma el juego de los mecanismos reguladores de la economía. El mercado no reabsorbe ya los desequilibrios: los amplifica. En las empresas modernas [2], lo esencial de los costes (80 por 100 a 90 por 100) se desplaza hacia más arriba de la cadena de producción. La información exige en efecto la instalación de un sistema que implica importantes gastos en estudios de organización y de inversión. La producción se efectúa entonces prácticamente con un coste global constante, es decir, con un coste unitario decreciente. En caso de superproducción, en un entorno de concurrencia exacerbada, no es disminuyendo sus fabricaciones, sino más bien aumentándolas, como cada uno repartirá sus cargas fijas, disminuirá sus precios de coste unitarios y mejorará su competitividad. La superproducción engendra la superproducción.

Los intercambios internacionales ya no obedecen a las reglas anteriores. La mundialización teje una tupida red de empresas interdependientes alrededor del planeta. En su mayor parte, los flujos transfronterizos de mercancías son intercambios entre o intrafirmas. La nación ya no es, pues, ese espacio de la teoría tradicional. Los capitales circulan más fácil y más rápidamente que las mercancías. La especulación internacional en función de las «ventajas comparativas» pierde sus fundamentos: los principales países exportadores de automóviles son al mismo tiempo los principales importadores: la imagen de David Ricardo de una Inglaterra que cambia sus tejidos contra el vino de Portugal ha terminado.

[1] Comisión mundial sobre el entorno y el desarrollo (bajo la dirección de Gro Brundtland), 1988.

[2] Philippe Lorino, *L'Économiste et le Manageur*, La Découverte, París, 1989.

Los mecanismos utilizados para reequilibrar las balanzas comerciales, bajo el efecto de las alzas y bajas de los precios de los países respectivamente exportadores e importadores, se agarrotan. La paridad de los poderes de compra cede el lugar al *dumping* por el tipo de cambio. Ninguna fuerza del mercado volverá a colocar en su justa altura a un dólar devaluado en relación con el franco o el marco.

En estas condiciones, la formación de rentas deja de tener como razón de ser —y como criterio— una productividad de los agentes que ya no tiene sentido. Cuando los costes se desplazan hacia arriba, son los sistemas integrados los que producen, confundidos trabajo y capital, sin que se pueda distinguir la parte que corresponde a cada uno de ellos. Es todo el cálculo al margen lo que se hunde. La cuestión del reparto pasa del terreno de la justicia conmutativa al de la justicia distributiva, para la que será necesario imaginar nuevos criterios.

La producción se socializa. Al multiplicar la microinformática los centros de decisión, la eficacia se remonta hacia las estructuras reticulares. Las cualidades y prestaciones de la empresa organizada en redes —a su vez formando parte de otras redes— son cada vez más dependientes de las de sus proveedores (como lo han demostrado las recientes dificultades de Toyota), de las empresas de transporte que le aprovisionan, y finalmente de factores económicos tales como la calidad de las vías de comunicación, de las administraciones que son responsables, de la política llevada a cabo en ese campo por la nación, etc.

«El saber, patrimonio de la humanidad»

La inversión intelectual, que juega un papel importante en los sistemas productivos de la era informacional, es el fruto de un patrimonio nacido del esfuerzo de las generaciones pasadas y presentes: «*El saber*, decía Luis Pasteur, *es patrimonio de la humanidad*». La producción se convierte en una suerte de bien colectivo, salido de un sistema de interdependencias cuyos elementos constitutivos no son solamente económicos.

Aunque la economía funcione «*de otra manera*», la mirada dirigida hacia ella no ha cambiado, sin embargo. A este respecto, el discurso de los políticos y de la mayor parte de los economistas es edificante.

Es un discurso desfasado que dice «mutación» y habla de «coyuntura». No se refiere más que al lado monetario de los fenómenos —tipo de interés, equilibrio de cuentas, control de rentas o gestión del gasto—; como si los determinantes a corto plazo fuesen para un largo período; como si la moneda reflejara necesariamente lo real constituyendo su estricta contrapartida; como si uno de los problemas esenciales de la economía no fuese precisamente el arbitraje entre las exigencias, muchas veces contradictorias, de éste y aquélla; como si se tratase de una ciencia hemipléjica; como si se pretendiese hablar de revolución industrial sin tener en cuenta la máquina de vapor...

Es también y sobre todo un discurso en sentido contrario. Mientras la ampliación del campo de la economía hace surgir la cuestión de la ética y de los valores socioculturales, reduce lo político y lo social a lo económico, y lo económico a lo monetario. En los momentos en que los mercados pierden su función reguladora y se convierten en amplificadores de los desequilibrios, se nos habla de regulación mercantil y de generalización del librecambio. Al mismo tiempo que la productividad de un factor, tomado aisladamente, pierde cualquier significación, este discurso quiere convencernos de que una política de «flexibilidad», fijando los salarios de los menos cualificados al nivel mediocre de su productividad marginal, nos conducirá al pleno empleo.

Finalmente, lo es cuando la producción se convierte en un fenómeno colectivo, que quiere imponer la única lógica de la empresa privada y del beneficio individual como criterio universal de iniciativa y de eficacia. «*Nunca somos del todo contemporáneos de nuestro presente*, escribe Régis Debray. *La historia avanza enmascarada: entra en escena con la máscara de la escena precedente y ya no reconocemos nada de la obra*» [3].

«*Dadme el molino de viento*, decía Karl Marx, *y os daré la sociedad feudal*». ¿De qué sociedad son portadoras las tecnologías contemporáneas? Parecería el sueño humanista de un mundo unificado, de un hombre liberado del trabajo por la máquina y de una naturaleza respetada hasta el punto de realizarse. La máquina, efectivamente, libera a la especie humana de las tareas productoras: un obrero realizaba anualmente 5.000 horas de trabajo hace 150 años; 3.200 horas

---

[3] Regis Debray, *Révolution dans la révolution?*, Maspéro, París, 1969.

hace un siglo, 1.900 horas en los años setenta y 1.520 actualmente. Relacionándolo con la duración total del tiempo que permanece despierto en el conjunto del ciclo de la vida, «*el tiempo de trabajo representó el 70 por 100 en 1850, el 43 por 100 en 1900, solamente el 18 por 100 en 1980 y el 14 por 100 hoy*»[4]. La máquina hace brotar las riquezas.

De 1960 a 1990, la producción mundial por habitante, a pesar del crecimiento demográfico, se multiplicó por 2,5; la producción alimentaria pasó de 2.300 kilocalorías (kcal) cotidianas por individuo a 2.700 kcal, o sea el 90 por 100 y el 109 por 100, respectivamente de las necesidades fundamentales. ¿Las victorias sobre la enfermedad y la muerte? Basta con constatar el aumento de las esperanzas de vida a todas las edades, y otro, todavía más sensible, de las esperanzas de vida con buena salud, la caída de los índices de mortalidad infantil...

La naturaleza se aprovecha cada vez más. En Francia se produjo de 1946 a 1996 un aumento de un 110 por 100 de las producciones agrícolas, acompañado de una reducción de 6 millones de hectáreas de superficies cultivadas. Economía de espacio, pues. Pero, igualmente, economía de materias, energías y recursos necesarios por unidad de producción nacional. Así, la fabricación de un automóvil exige, a potencia igual, un 40 por 100 de energía menos que en 1950[5]. La evolución previsible de las necesidades energéticas mundiales —integrando los procesos tecnológicos— deja entrever perspectivas menos sombrías de lo que podría pensarse hace solamente algunos años[6]. Técnicamente, las grandes calamidades que afligen a la humanidad están vencidas o podrían estarlo.

Sin embargo, ninguna de ellas ha desaparecido del planeta, y la profecía que Víctor Hugo[7] ponía en boca de Enjolras sobre la barricada en donde éste iba a morir: «*El siglo xx será feliz*», nos deja un gusto amargo. Porque esas mismas tecnologías de lo inmaterial, que están en el origen de la promesa, llevan también en sí mismas su negación.

[4] Roger Sue, *Temps et ordre social*, PUF, París, 1994.

[5] Benjamin Dessus, *Atlas de l'Énergie*, Syros, París, 1994.

[6] Por ejemplo, José Goldemberg en *L'Ènergie pour un monde vivable*, Éditions du Ministère de la Coopération et du Développement, colección «Focal Coop», *La Documentation française*, París, 1991.

[7] Víctor Hugo, *Los miserables*, Bruguera, Barcelona.

Apareadas a una política desenfrenada de liberalización planetaria de los cambios y de los movimientos de los capitales han creado las condiciones para una avalancha productivista y una lógica financiera hipertrofiada, con el resultado opuesto al que se podía esperar.

El vuelco de la productividad en productivismo se efectúa a partir del momento en que, dejando de servir para la satisfacción de necesidades, la búsqueda de la eficacia se convierte en finalidad en sí misma. Cuando las empresas trabajan con costes unitarios decrecientes, el mercado se convierte en el espacio obligado para las actividades más «capitalísticas»: informacionales, químicas, aerospaciales, aéreas, automovilísticas, agroalimentarias. La conquista o la defensa —revelador lenguaje militar— de partes del mercado se impone como una necesidad vital. La libertad de intercambios desemboca entonces en enfrentamientos directos. Círculo vicioso productivista: la superproducción engendra guerras de tarifas que exigen nuevos esfuerzos de productividad fundados sobre nuevas conquistas. Se ha visto en el transporte aéreo y se ve en el sector del automóvil.

La influencia de lo financiero [8] se afirma con la desregulación de principios de los años ochenta que abre el espacio mundial sin restricciones a los movimientos de los capitales, mientras que el ordenador ofrece al ámbito financiero un instrumento fantástico de concentración y tratamiento de lo inmaterial. De todos los sectores de actividad, fue éste con mucho, al poner en contacto permanente, noche y día, a todas las plazas financieras del mundo, el más beneficiado por el desarrollo de lo informacional [9]. Su capacidad de tratamiento se acrecentó a un ritmo medio de un 40 por 100 anual entre 1982 y 1990.

Progresivamente, gracias a la flotación de las monedas y la desregulación, ese ámbito se ha autonomizado, en una burbuja que se impone a los Estados [10]. Los intercambios puramente especulativos, divisas contra divisas, representan en el mundo un billón trescientos mil millones de dólares por día, lo que equivale a 50 veces los intercam-

---

[8] René Passet, «L'emprise de la finance», en *Manière de voir*, nº 28, noviembre de 1995.

[9] Charles Goldfinger, *L'Utile et le Futile*, Odile Jacob, París, 1994.

[10] Claude Serfaty, «Le rôle actif des groupes à dominante industrielle dans la financiarisation de l'économie», en *La Mondialisation financière* (bajo la dirección de François Chesnais), París, 1996.

bios de mercancías y casi el equivalente del billón quinientos mil millones de dólares a que se eleva el conjunto de las reservas de los bancos centrales en el mundo. Ningún Estado tiene capacidad para resistir a algunos días de especulación de los «mercados». Bajo su presión, el mismo Sistema Monetario Europeo (SME) tuvo que revisar sus márgenes de fluctuación de más o menos el 2,25 por 100 a más o menos el 15 por 100.

De esa manera, los centros de decisión se desplazan del nivel de las naciones a un nivel planetario, y del ámbito de lo público al de los intereses privados, que se reducen, en última instancia, al de algunas instituciones financieras. Sus operadores transmiten una lógica propia, que no es ni de creación de riqueza, ni de revalorización de territorios, ni de bienestar humano, sino de fructificación —lo más rápida posible— de un patrimonio financiero La influencia de esa lógica explica la conducta a corto plazo de muchas empresas, acuciadas por los mercados en los que se financian.

Todo esto aclara la obsesión por la estabilidad que —del equilibrio de los presupuestos al ajuste de los gastos sociales— se ha adueñado de los gobiernos. Lo financiero, efectivamente, no teme a nada tanto como a la inflación que erosiona los tipos de interés reales. Es entonces cuando lo monetario se impone, y lo real se adapta: cuando el crecimiento norteamericano hace temer la inflación, la Bolsa baja y el alza de los tipos de interés viene a frenar la inversión; cuando Moulinex o Renault anuncian despidos masivos, su valor en Bolsa se eleva.

En este mundo a la inversa, lo prometido se vuelve del revés. Lo que se anunciaba como unificación del mundo se convierte en ruptura. Y, en el juego de la competencia a ultranza, los que pierden son necesariamente los más débiles. Si los flujos financieros del norte hacia el sur aumentaron un 20 por 100 entre 1994 y 1995, para alcanzar el nivel récord de 285.000 millones de dólares, son esencialmente obra de capitales privados: éstos, multiplicados por 6 en 6 años, representan el 85 por 100 de este total [11].

Esos capitales se presentan esencialmente bajo la forma de inversiones de cartera volátiles, y, por tanto, poco propicios para la financiación de estrategias de desarrollo a largo plazo. Detrás de las cifras

[11] Banco Mundial, *Global Development Finance*, Washington, 1997.

—crecimiento anual medio del 6 por 100 en los países del sur, contra 2,5 por 100 en los países del norte— se disimulan así profundas disparidades. Entre 1960 y 1993, la parte de los habitantes más ricos del planeta pasaba del 70 por 100 al 85 por 100 del producto mundial, la del 20 por 100 de los más desposeídos, retrocedía del 2,3 por 100 al 1,4 por 100 [12]. Si la situación alimentaria del mundo globalmente ha mejorado, la subalimentación crónica afecta a alrededor de 800 millones de individuos [13].

Segundo vuelco: la sustitución de los hombres por la máquina se convierte en paro y exclusión social. Si la formación del capital y el progreso tecnológico permiten aliviar al hombre del trabajo, simétricamente, el retroceso de la parte del producto atribuido al trabajo se convierte en el medio para acelerar la formación del capital y del progreso técnico. En un universo productivista, en donde el sentido de las finalidades ha desaparecido, los excedentes de productividad no tienen ya por objeto esencial mejorar la suerte de los trabajadores o de los consumidores, sino contribuir a la aparición de nuevos aumentos de la productividad, generadores a su vez de nuevos excedentes.

En este juego, es el capital el que saca las castañas del fuego. En todo el mundo disminuye la parte de los salarios en el producto nacional: entre 1965 y 1994 en Alemania bajó del 62,7 por 100 al 61,2 por 100 del PIB y, en Estados Unidos, del 68,5 por 100 al 66,7 por 100. En Francia, entre 1982 y 1995, mientras que las rentas del patrimonio se multiplicaron por dos, la parte de los salarios en el PIB cayó del 68,8 por 100 al 59,7 por 100; el 42 por 100 del aumento del valor añadido de las sociedades va al ahorro y el 36 por 100 a los salarios [14]. La capacidad de autofinanciación de las empresas, que es del 115 por 100 después de haber sido utilizado en la devolución de deudas, se reparte entre el capital, que no crea empleos, y la inversión en productividad, que los suprime.

[12] PNUD, Informe mundial sobre el desarrollo humano, *Economica,* 1996.

[13] Léase a Karen Lehman, «Libre comercio o seguridad alimentaria», *Le Monde diplomatique,* edición española, noviembre de 1996.

[14] CERC-Association (Connaissance de l'emploi des revenus et des coûts), nota de abril de 1996.

Resistencia contra la precarización

Según se nos explica, sobre esa base común se desarrollarían dos estrategias: una, propia de la Europa continental, privilegiaría la preservación del tejido social respecto al empleo; la otra, norteamericana y británica, favorecería a este último, pero al precio de la precarización de las condiciones de los trabajadores. De hecho, como muestran las cifras anteriormente mencionadas, la parte de los salarios en el PIB en Francia es inferior a la de Estados Unidos, y ha decrecido enormemente; además, entre 1983 y 1987, el 70 por 100 de los empleos creados en Europa lo fueron a tiempo parcial, poco cualificados y escasamente remunerados [15]. Ese porcentaje, según André Gorz [16], habría sido del 90 por 100 en 1994 para las quinientas mayores empresas norteamericanas. No hay entonces una política de defensa de las instituciones sociales que se opondría a una política de precarización, sino, en todas partes, una política de precarización y de «flexibilidad» que se enfrenta a una resistencia más o menos grande de las estructuras sociales.

A políticas idénticas, resultados similares. Diferencias de grado, pero no de naturaleza: más o menos paro, pero el paro en todas partes. Los resultados en la Europa continental, en donde resiste mejor el tejido social, se revelan más que mediocres: con una tasa media del orden del 10 por 100, el paro afecta a 18,2 millones de trabajadores. En Francia, el número de «personas privadas de empleo» pasó de 2.500.000 en 1981 a 5.000.000 en 1995 [17]. En Alemania se perdieron tres millones de empleos entre 1981 y 1997, de los cuales 600.000 entre enero de 1996 y enero de 1997.

Las cosas no van mucho mejor en los países de gran flexibilidad, a pesar de todas las proclamas. Se hace mucho caso a los 10,5 millones de empleos creados en Estados Unidos entre 1993 y 1997 —pero, ¿qué empleos?—. Si se utilizasen métodos de cálculo idénticos para todos los países, el paro norteamericano se establecería en el 9,3 por 100 en 1989 —en lugar del 6 por 100 oficial—, y, en 1996, en un 10

---

[15] Roger Sue, *op. cit.*

[16] Léase André Gorz, «Dépasser la société salariale», *Transversales Science Culture*, nº 32, marzo-abril de 1995.

[17] CERC Association, «Chiffrer le chômage», nº 1, 1997. Léase sobre este documento, «Les chiffres du chômage et la réalité», *Le Monde*, 21 de febrero de 1997.

por 100 —en lugar del 5,2 por 100—. Ese mismo año, el «*número de personas privadas de empleo*» alcanzaba, en el Reino Unido, 5,7 millones de personas.

Otra constatación implacable: según los países, hay más o menos desigualdades, pero crecimiento de la desigualdad y de la pobreza en todas partes. En Estados Unidos, el sector del 5 por 100 más favorecido progresó del 16,5 por 100 en 1974 al 21,1 por 100 en 1994, mientras que el de los más pobres bajó del 4,8 por 100 al 3,6 por 100, desalentando a los menos motivados y orientándoles hacia la delincuencia. Ritmos diferentes, pero orientaciones idénticas. Al otro lado del Atlántico, 38 millones de personas (14 por 100 de la población) vive por debajo del umbral de la pobreza, y, en Europa, 57 millones, es decir, el 17 por 100 de la población, con una punta en el Reino Unido, país faro del liberalismo [18].

Más o menos pauperización por el trabajo, pero en todas partes la pauperización por el trabajo: en Europa se ha creído durante mucho tiempo que los *working poor* eran una especificidad norteamericana, pero la Oficina Estadística de las Comunidades Europeas revela que se los encuentra igualmente en el Viejo Continente. Dos tercios de los norteamericanos (y también un tercio de los europeos) vive por debajo del umbral de la pobreza y pertenecen a una familia en la que al menos uno de sus miembros es un profesional. Porcentajes diferentes, pero significativos en los dos casos. Precariedad, desigualdad, pauperización... En todas partes la «buena marcha» del sistema reposa sobre la desgracia humana.

Tercer vuelco: la preservación de la naturaleza se convierte en sobreexplotación. Aunque las tecnologías de lo inmaterial permiten, en teoría, economizar el espacio, el trabajo, la materia, la energía necesarios para fabricar una unidad de producto, la carrera de lo cuantitativo no hace más que contrabalancear esa tendencia. La lógica del interés individual, liberada a su propia iniciativa, conduce a cada uno a acaparar todo lo que pueda de los beneficios de sus actividades, arrojando (o «*externalizando*») su coste sobre la colectividad.

---

[18] Léase «Chômage: les vrais chiffres», *Le Monde diplomatique*, diciembre de 1993, y *The Amex Bank Review*, nº 1, 24 de enero de 1994.

Y este camino no deja apenas más que tres salidas:

— la autodestrucción progresiva del sistema, yendo hasta el fin de su lógica y arrastrando con él a la humanidad;

— el estallido brutal, ya sea por la explosión de la «burbuja» financiera, o ya sea por la rebelión de los hombres;

— la recomposición, por acumulación, de soluciones circunstanciales entre agentes sociales, aparentemente inconexos, pero que convergerían bajo el efecto de la evolución común que les arrastra.

Las catástrofes que anuncian las dos primeras posibilidades y las incertidumbres de la tercera imponen la búsqueda de los caminos para una toma de posición activa y movilizadora de las voluntades.

Capítulo 4

REFUNDAR LA DEMOCRACIA

La práctica generalización planetaria de regímenes que se denominan democráticos coincide con el progresivo cuestionamiento de los sistemas de representación política en los niveles nacionales e internacionales.

Como se ha podido constatar en las últimas décadas, las redes de influencia, intereses y negocios elaboran por adelantado y cada vez más las grandes decisiones que luego se endosan a las formas democráticas, de manera que el ciudadano percibe que su voto tiene cada vez menos influencia sobre el funcionamiento de los grandes actores —asociaciones de Estados, organismos internacionales, grandes grupos mediáticos y financieros...

La actuación conjunta de los mercados y la información está dando lugar a un nuevo totalitarismo, con sus dogmas y sus oficiantes, que induce a plantearse lo que Ramonet denomina una «refundación» de una democracia cada vez más imperfecta: «Una arquitectura política concebida esencialmente en el transcurso de la segunda mitad del siglo XVIII en Inglaterra, en Estados Unidos y en Francia, sobre la base de los ejemplos antiguos tomados de Grecia y Roma, tiene forzosamente necesidad de una refundación. Es cierto que se han ido produciendo modificaciones, a veces capitales (como la abolición de la esclavitud, el fin del sufragio censitario, el voto de las mujeres), pero no puede ignorarse que el sistema está gastado, ha dado muchas vueltas y se aleja de las preocupaciones de los ciudadanos».

Los nuevos amos del mundo

Ignacio Ramonet

Un gran semanario francés publicó en enero de 1995 un informe sobre «Los 50 hombres más influyentes del planeta» [1]. Ni un solo jefe de Estado o de gobierno, ni un ministro o diputado, ningún representante por elección de ningún país figuraban en dicha lista. Otro semanario consagró, hace algunos meses, su portada a «El hombre más influyente del mundo» [2]. ¿De quién se trataba? ¿De William Clinton? ¿De Helmut Khol? ¿De Borís Yeltsin? No. Simplemente de mister Bill Gates, el patrón de Microsoft, que domina los mercados estratégicos de la información y que se dispone a controlar las autopistas de la información.

Los formidables cambios científicos y tecnológicos de los dos últimos decenios han adoptado, en muchos campos, las tesis ultraliberales del *laissez faire, laissez passer.* Y la caída del muro de Berlín, la desaparición de la Unión Soviética y el desfondamiento de los regímenes comunistas les han impulsado con gran potencia. La mundialización de los intercambios de signos, en particular, se ha acelerado de forma fabulosa, gracias a la revolución informática y de la comunicación. Estos cambios, concretamente, han entrañado la explosión —los célebres «bing-bang»— de los dos principales sistemas nerviosos de las sociedades modernas: los mercados financieros y las redes de información [3].

La transmisión de datos a la velocidad de la luz (300.000 kilómetros por segundo); la numerización de los textos, de las imágenes y los sonidos; el recurso, convertido en rutinario, a los satélites de teleco-

---

[1] *Le Nouvel Observateur*, 5 de enero de 1995.

[2] *Le Point*, 4 de marzo de 1995.

[3] Léase a este propósito: Alvin Toffler, *Les Nouveaux Pouvoirs,* París, 1991; Alvin y Haidi Toffler, *Guerre et contre-guerre,* Fayard, 1994; y Paul Kennedy, *Preparing for the Twenty-first century,* Random House, Nueva York, 1993.

municación; la revolución de la telefonía; la generalización de la informática en la mayor parte de los sectores de la producción y de los servicios; la miniaturización de los ordenadores y su conexión a escala planetaria han transtornado, poco a poco, el orden del mundo.

Muy particularmente, el mundo de las finanzas. Éste ha reunido para el futuro las cuatro cualidades que los constituyen en un modelo perfectemente adaptado a la nueva apuesta tecnológica: planetariedad, permanencia, inmaterialidad e inmediatez. Atributos, por así decir, divinos. Y que, lógicamente, dan lugar a un nuevo culto, una nueva religión. La del mercado. Se intercambian instantáneamente, veinticuatro horas sobre veinticuatro, datos de un extremo a otro de la Tierra. Las principales Bolsas están ligadas entre sí y funcionan «en bucle». Non-stop. Mientras que a través del mundo, ante sus pantallas electrónicas, miles de jóvenes superdiplomados, superdotados, pasan sus días colgados del telefóno. Son los clérigos del mercado. Interpretan la nueva racionalidad económica. La que siempre tiene razón. Y ante la que cualquier argumento —*a fortiori* si es de orden social o humanitario— debe inclinarse.

A pesar de todo, con mucha frecuencia los mercados financieros funcionan a ciegas, integrando parámetros acogidos casi a la brujería o a la psicología de bazar, como la «economía de los rumores, el análisis de los comportamientos gregarios, e incluso el estudio de los contagios miméticos...»[4]. Mientras que, en razón de sus nuevas características, los mercados financieros han puesto numerosas gamas de nuevos productos —derivados, futuros— extremadamente complejos y volátiles. Que pocos expertos comprenden bien y que otorgan a éstos —no sin riesgos, como ha mostrado la quiebra del banco británico Barings a comienzos de 1995— una ventaja considerable en las transacciones. Son apenas una decena en el mundo[5] los que saben manejar útilmente —es decir, para su mayor beneficio— el curso de las monedas y los valores. Están considerados como los «amos de los mercados»; una palabra de uno de ellos y todo puede bascular, el dólar bajar, la Bolsa de Tokio se hunde...

[4] Pierre-Henri de Menthon, «Les dix qui font grimper les taux», *Le Nouvel Économiste*, 6 de enero de 1995.

[5] *Ibid.*

Frente a la potencia de estos mastodontes de las finanzas, ¿qué pueden los Estados? No gran cosa. La crisis financiera de México, desencadenada a fines de diciembre de 1994, lo ha mostrado de forma clara. ¿Cuál es el peso de la reservas acumuladas en divisas de Estados Unidos, Japón, Alemania Francia, Italia, Reino Unido o Canadá —es decir, de los siete países más ricos del mundo— frente a la fuerza de choque financiera de los fondos de inversión privados, en su mayor parte anglosajones o japoneses? Casi nada. Las transacciones sobre los mercados monetarios alcanzan un billón de dólares por día (o sea, cincuenta veces el montante de los intercambios de productos manufacturados y de servicios). A título de ejemplo, pensemos que en el más importante esfuerzo financiero jamás llevado a cabo en la historia económica moderna en favor de un país —en este caso, México—, los grandes Estados del planeta (entre ellos Estados Unidos), el Banco Mundial y el Fondo Monetario Internacional consiguieron, conjuntamente, reunir alrededor de 50 mil millones de dólares. Una suma considerable. Pues bien, ellos solos, los tres primeros fondos de pensiones americanos —los Big Three de hoy [6]—, Fidelity Investments, Vanguard Group y Capital Research and Management controlan 500 mil millones de dólares [7].

Los gerentes de estos fondos concentran en sus manos un poder financiero de una envergadura inédita, que no posee ningún ministro de economía o gobernador de banco central [8]. En un mercado convertido en planetario e instantáneo, cualquier desplazamiento brutal de estos auténticos mamuts de las finanzas puede conllevar la desestabilización económica de cualquier pais. Los dirigentes políticos de las principales potencias planetarias, reunidos con los 850 dirigentes económicos más importantes del mundo en el marco del Fórum Internacional de Davos (Suiza), en enero de 1995, han mostrado claramente lo temible que va a ser a partir de ahora la potencia sobrehumana de estos gerentes de fondos. Cuya fabulosa riqueza es totalmente inde-

---

[6] Durante los años treinta a setenta se llamó «Big Three» a los tres constructores de automóviles más importantes del mundo: General Motors, Chrysler y Ford.

[7] «1995 Mutual Fund Guide», *US News and World Report*, 6 de febrero de 1995.

[8] Cf. Eric Leser, «Les pouvoirs sans partage des deux cents gérants», *Le Monde*, 28 de enero de 1995.

pendiente de los gobiernos y que se desenvuelven a su antojo en el ciberespacio de las geofinanzas. Esto constituye una suerte de Nueva Frontera, un Nuevo Territorio del que depende el futuro de una buena parte del mundo. Sin contrato social. Sin sanciones. Sin leyes. A excepción de las que fijan arbitrariamente los principales protagonistas para su mayor provecho [9].

«Los mercados votan todos los días», estima George Soros, financiero multimillonario, «fuerzan a los gobiernos a adoptar medidas impopulares ciertamente, pero indispensables. Son los mercados los que tienen sentido de Estado [10]». A lo que responde Raymond Barre, antiguo primer ministro francés y defensor a pesar de todo del liberalismo económico: «¡Decididamente no se puede dejar el mundo en manos de una banda de irresponsables de treinta años que no piensan más que en hacer dinero! [11]». Barre estima que el sistema financiero internacional no posee los medios institucionales adecuados para hacer frente a los desafíos de la globalización y de la apertura general de los mercados. Lo que constata igualmente Butros Butros-Ghali, ex secretario general de las Naciones Unidas: «La realidad del poder mundial escapa ampliamente a los Estados». (En cuanto que es cierto que la globalización implica la emergencia de nuevos poderes que trascienden las estructuras estatales [12].)

Entre estos nuevos poderes, el de los medios de comunicación de masas aparece como uno de los más vigorosos y más temibles. La conquista de audiencias masivas a escala planetaria desencadena batallas homéricas, como la que pudo verse en Estados Unidos durante el verano de 1995, con las megafusiones entre Time-Warner y CNN, o entre Disney y la cadena ABC. Grupos industriales se implican en una guerra a muerte por el dominio de las redes multimedia y las autopistas de la

---

[9] ¿Podemos sorprendernos, en tales circusntancias, de que, en Estados Unidos especialmente, las desigualdades de riqueza continúen agravándose? ¿Y que, como constata el *International Herald Tribune,* del 19 de abril de 1995: «el 1 por 100 de las personas más ricas controlan alrededor del 40 por 100 de la riqueza nacional, o sea, dos veces más que el Reino Unido, que es el país menos igualitario de Europa occidental»?

[10] *La Reppublica*, Roma, 28 de enero de 1995.

[11] Christine Mital, «Au rendez-vous des maîtres du monde», *Le Nouvel Observateur*, 9 de febrero de 1995.

[12] *Le Figaro*, 28 de enero de 1995.

información que, según el vicepresidente americano Albert Gore, «representan para los Estados Unidos de hoy lo que las infraestructuras del transporte por carretera representaron a mediados del siglo XX».

Por primera vez en la historia del mundo, los mensajes (información y vídeo-clips musicales) son dirigidos permanentemente, por mediación de cadenas de televisión conectadas por satélite, al conjunto del planeta. Hay actualmente dos cadenas planetarias —Cable News Network (CNN) y Music Television (MTV)—, pero mañana, gracias a las técnicas de comprensión numérica, éstas serán decenas. Que transformarán costumbres y culturas, ideas y debates, así como su conducta. Y parasitarán o cortocircuitarán la palabra de los gobernantes. «Grupos más importantes que los Estados», constatan dos ensayistas franceses, «hacen una *razzia* sobre el más preciado bien de las democracias: la información. ¿Quieren imponer su ley al mundo entero o, al contrario, abrir una nueva zona de libertad para el ciudadano? [13].

Ni Ted Turner, de la CNN, ni Rupert Murdoch, de News Corporation Limited, ni Bill Gates, de Microsoft, ni Jeffrey Vinik, de Fidelity Investiments, ni Larry Rong, de China Trust and International Invesment, ni Robert Alles, de ATT, han sometido jamás sus proyectos al sufragio universal, como sucede con George Soros o decenas de otros nuevos amos del mundo. La democracia no se ha hecho para ellos. Se sitúan por encima de sus interminables discusiones y permanecen indiferentes a conceptos como el bien público, la felicidad social, la libertad o la igualdad. No tienen tiempo que perder. Su dinero, sus productos y sus ideas atraviesan sin obstáculos las ciberfronteras de un mercado mundializado.

A sus ojos, el poder político no es más que el tercer poder. Antes están el poder económico y el poder mediático. Y cuando se poseen éstos —como Berlusconi demostró en Italia— tomar el poder político no es más que un simple trámite.

---

[13] Renaud de la Baume y Jean-Jérôme Bertolus, *Les nouveaux maîtres du monde,* Belfond, París, 1995.

Elecciones que generan dictadores

Martine Renée Galloy y *Marc Eric Gruénais*

El año 1990 marca el comienzo de la democratización en África con la serie de conferencias destinadas a consagrar la ruptura con un pasado político dominado por los regímenes de partido único, hechos de violencia y sangre. Una nueva era se abrió entonces con elecciones libres y pluralistas que garantizaban una alternancia política pacífica. Esta democratización se efectuó mediante las elecciones presidenciales, legislativas y municipales que deberán *«permitir a los pueblos, por medio de un sistema metódico, transparente y no violento, elegir a sus representantes en el gobierno y proporcionarles la legitimidad de gobernar por un período determinado, hasta que deban nuevamente someterse al veredicto del pueblo mediante nuevas elecciones»* [1]. Aunque la opinión pública está de acuerdo en que *«las elecciones no constituyen un fin en sí mismas y no son suficientes para instalar una democracia»* [2].

Después de siete años de democratización, el balance, más bien escaso por no decir decepcionante, se caracteriza especialmente por el creciente recurso a las armas como medio de conquista del poder (Nigeria, Burundi, Congo ex Zaire, Congo-Brazzaville, etc.), el mantenimiento de las dictaduras, el estado de guerra larvada, o abierta, en numerosos países (Argelia, Liberia, Kenia, Sierra Leona, Sudán, Somalia, Ruanda, Burundi, Congo, Angola, etc.). Las consecuencias humanitarias y económicas son incalculables; estas situaciones ensombrecen la imagen de África hasta el punto de corroborar el «afro-pesimismo», de acreditar la idea de que la democracia sería un

---

[1] R. von Meijenfeldt, *L'observation des élections. Rapport d'un atelier de l'ECDPM,* Arnold Bergstrasser Institut, Maastricht, 1995.

[2] M. Pilon, *L'observation internationale des élections.* Observatorio permanente de la cooperación. Rapport 1997, Karthala, París, 1997.

lujo para el continente o, incluso, de dar razón a los partidarios de una democracia específica «a la africana», que no debería parecerse a las democracias del norte.

En numerosos países el monopartidismo ha dejado el sitio a una larga serie de micropartidos, no democráticos. A la cabeza de algunos de ellos se han situado (o han sido colocados) los representantes de la nueva clase política, «lobeznos» que quieren enriquecerse y hacerse con un patrimonio antes de que les cesen y tan ávidos del «poder por el poder» como sus antepasados. Pero, de manera general, el juego político continúa siendo manejado por caciques de los antiguos regímenes que han sabido atravesar todas las crisis políticas desde las independencias y que no tienen inconveniente en proclamarse «demócratas» para estar de acuerdo con el nuevo léxico del panorama internacional.

Con el tiempo, las filas se han aclarado. Los representantes de las oposiciones, privados de estatuto de reconocimiento, desgarrados por las luchas de influencias, brillan a menudo por su falta de iniciativas constructivas, resoplan impacientes a las puertas del poder, dispuestos a usar todas las estratagemas para conseguirlo, servirse de él y situarse en el campo del más fuerte. Los jefes de los micropartidos se convierten de manera cada vez más patente en los clientes de antiguos políticos que, naturalmente, han vuelto para ocupar la primera fila del escenario.

Este sistema permite generar las prebendas y cerrar totalmente un aparato del Estado que muy a menudo toma la apariencia de un tribunal tan ávido y exigente que el círculo de los «detentadores del derecho» a la redistribución de una riqueza nacional se reduce a medida que la crisis económica se agrava, bajo la presión de los ajustes estructurales, las devaluaciones y la inflación. Conservar el poder al precio de cualquier compromiso se convierte en el *leitmotiv*, evidentemente repercutiendo sobre la mecánica electoral.

Pasada la euforia de la primera fase de elecciones pluralistas sufragadas por las instituciones internacionales, las administraciones africanas encuentran cada vez más dificultades para organizar las votaciones. Aunque se echa la culpa a la crisis económica, el problema reside más bien en el rechazo de la mayor parte de los Estados a montar comisiones electorales independientes permanentes. Pero la existencia de este tipo de estructuras contribuye a mejorar de forma significativa los preparativos de una consulta, como han demostrado las experiencias de Benin y de Ghana en 1996. Compuesta por expertos seleccionados sobre la base de su probidad moral, esta comisión vigila, aparte de las operaciones ordinarias del Estado civil, la elaboración de proyectos de revisión de los textos electorales (régimen electoral, etc.); puede ser una respuesta al espinoso problema de la financiación del dispositivo general necesario para la celebración de elecciones (establecimiento de tarjetas de identidad y de tarjetas de electores, revisión regular de listas electorales, disponibilidad del material electoral, formación de personal de administraciones locales, etc.). Tal estructura permanente permite a los Estados salir de su situación de dependencia para la organización de votaciones ligadas a la financiación de agencias de cooperación bi y multilaterales; ahorra las colectas de última hora en la comunidad internacional que convierten usualmente las elecciones en escrutinios improvisados que fomentan ampliamente el abanico de posibilidades de fraude [3].

Para los dirigentes políticos africanos, la filosofía de las elecciones se resume en las palabras, ahora ya célebres, del presidente congoleño Pascal Lissuba: *«No se organizan elecciones para perderlas».* El ejemplo del Congo-Brazzaville es muy revelador. El Ejército congoleño y los milicianos del presidente se enfrentan, desde junio de 1997, contra los milicianos de su predecesor y principal rival durante la elección presidencial prevista inicialmente para finales del mes de julio de 1997. Después de al menos dos años, el régimen establecido intenta instaurar mecanismos para hurtarse al veredicto del pueblo: intento de reforma constitucional para dar más prerrogativas al presidente en ejercicio, debate sobre la necesidad de llegar a una «democracia consensuada», «a la africana», que retomaría las «tradiciones ancestrales» y que reemplazaría a la «democracia conflictiva» importada de los países del norte, que lleva al país a la desgracia; finalmente, bajo control del

---

[3] Las desviaciones que manchan las elecciones en África han despertado la atención de muchos analistas, por ejemplo, de G. Geisler, «Fair What as fairness go to do with it? vagaries of election observations and democratic standards», *The Journal of Modern African Studies*, 31 (4), 1993; T. von Trotha, «C'est la pagaille! Quelques remarques sur l'élection présidentielle et son observation internationale au Togo», *Politique Africaine*, nº 52, 1993.

Comité de Coordinación del censo administrativo especial que ha de servir para la elaboración de listas electorales.

Patrón electoral «a medida» y censo administrativo manipulado (Congo, Kenia, etc.); leyes electorales concebidas para descalificar a adversarios porque son «de origen extranjero» (Costa de Marfil, Zambia); control exclusivo de los *media* y movilización de finanzas públicas para el candidato saliente; supresión de libertades públicas y detención de los adversarios políticos (Nigeria); caza a los no originarios de la región, lo que se ha llamado en otros sitios «depuración étnica» (Congo, Kenia); organización del voto masivo de poblaciones extranjeras o nómadas (Chad); instauración de un clima de revueltas para que una región poco favorable al régimen instaurado no vote masivamente por la oposición (Kenia), los medios más contrarios a la democracia se emplean para asegurar «la elección» del candidato saliente. Hasta crear, si se considerara necesario, una «tribu» favorable al presidente, como ha sido el caso del Congo-Brazzaville que vio aparecer en 1993 a «los *nibolek»,* nombre de tribu formado a partir de las primeras sílabas de tres regiones favorables al jefe del Estado (Niari, Buenza y Lekumu).

El recurso generalizado al voto de los menores figura entre las prácticas más condenables que atestiguan el escaso interés de las clases políticas por el porvenir de sus hijos. En África, la Administración no está presente en todas partes y muchos nacimientos no se declaran inmediatamente; cuando no se dispone de documento que atestigüe su identidad, una práctica habitual de la Administración es la expedición de «actas supletorias» en las que figuran los nombres de los padres, la fecha y el lugar de nacimiento, etc. Cuando se aproximan elecciones no es raro ver a un candidato organizando la expedición de numerosos «actas supletorias» para niños que, manifiestamente, no han alcanzado la mayoría de edad. Antes de servir de «carne de cañón» en las guerras civiles [4], que cada vez están más ligadas a las contiendas electorales, los niños son transformados en «ganado electoral».

Desde luego, existen también muchos «trucos» muy eficaces para influir en los electores: la llamada protección de los colegios electo-

---

[4] Graça Machel, «Conséquences des conflits armés en Afrique sur la vie des enfants», Coloquio Civitas-Afrique, Pretoria, mayo de 1997.

rales por hombres armados, incluso dentro de los locales; la presencia, cerca de las urnas, de jefes tradicionales que anteriormente se han beneficiado de los favores de un candidato y que vigilan para que los votos vayan en el sentido adecuado; urnas que no llegan a los colegios porque el prefecto no disponía de carburante para el vehículo que debía transportarlas; hombres disfrazados de mujeres en países islámicos en que las mujeres tienen la costumbre de ir cubiertas con velo; o, incluso, la falta de papeleras de forma que se puede saber por quién ha votado uno, ya que tira al suelo las papeletas que no ha utilizado, o las lleva en la mano.

Las elecciones se convierten, entonces, en un simple medio de legitimación de un poder confiscado en nombre del orden y la integridad territorial, como en Togo, donde el general Eyadema se mantuvo a la cabeza del Estado en 1993 tras una votación en la que se utilizaron todas las irregularidades; o en Gabón, donde el presidente saliente proclamó su victoria en la primera ronda de las elecciones de 1993 cuando aún no se había terminado el recuento en la capital, bastión de la oposición.

Puede ser suficiente, con un golpe de mano, organizar una «elección casera» de la que los resultados se conocen con antelación, para apropiarse de la etiqueta de demócrata, como en Nigeria, donde el 27 de enero de 1996 Ibrahím Baré Mainassara expulsó del poder al jefe del Estado democráticamente elegido en 1993, inaugurando así *«el primer golpe de Estado en África francófona desde el movimiento de democratización de 1990» (Le Monde,* 30 de enero de 1996). Movido oficialmente por la noble intención de restablecer el orden, organizó rápidamente elecciones en las que se aseguró la victoria, desde la primera ronda.

En Liberia, después de siete años de una guerra civil que ha costado la vida a 150.000 personas, la elección presidencial del 19 de julio de 1997 tuvo como vencedor a uno de los señores de la guerra, Charles Taylor, que se hizo con el 75,3 por 100 de los votos emitidos en el curso de un escrutinio calificado como *«globalmente libre y transparente».* Cuando se conocen las dificultades que pesan sobre la organización de unas elecciones, incluso en tiempos de paz, la validez de una elección organizada en tiempos de guerra genera muchas dudas.

Por otra parte, podemos preguntarnos acerca del papel de los observadores electorales enviados a las elecciones por las agencias de cooperación del norte y las instituciones internacionales. Su presencia, indudablemente, ha contribuido a minimizar el fraude; sin embargo, la vigilancia electoral internacional ha mostrado sus límites, al filo de los años y las elecciones, debidos en parte a su encasillamiento en una lógica diplomática. Esta presencia, temida al principio, muy pronto fue deseada por los regímenes de la zona. Mientras que aprendían a canalizarlos y la multiplicación de colegios electorales sólo permitía una observación cada vez más parcial de las votaciones, los observadores internacionales han posibilitado a veces la legitimidad de las elecciones, pues, en nombre del deber de no injerencia, han terminado redactando documentos cada vez más conciliadores. Los suministradores de fondos estaban satisfechos lo mismo que los elegidos y los gobernantes en búsqueda de reconocimiento, respondiendo a las exigencias de una comunidad internacional que condicionaba su ayuda al desarrollo y el avance de la democratización.

Sin embargo, algunas experiencias de acciones concertadas, no partidistas, han resultado concluyentes, especialmente en Benin, con la creación en 1995 de la Organización de Benin para unas elecciones transparentes y pacíficas; en Costa de Marfil con el Observatorio Nacional de Elecciones (ONE), creado también en 1995; en Ghana, con el Network for Domestic Observers (Nedeo) de 1996, o en Kenia, donde la sociedad civil se ha implicado en la lucha por las reformas constitucionales e institucionales que debe garantizar la transparencia de las elecciones presidenciales, legislativas y locales, de diciembre de 1997.

De hecho, la reducción de la vigilancia sólo a las votaciones electorales, tal y como se ha practicado hasta ahora, ha mostrado sus límites y sus debilidades. Empieza a perfilarse cierta unanimidad en torno a un acercamiento global que preconiza la observación de conjunto del fenómeno electoral, ya que, en realidad, el fraude se organiza hacia arriba y hacia abajo (desde la delimitación de circunscripciones y la elaboración de listas hasta el impedir a los candidatos elegidos que ocupen su escaño), y las irregularidades registradas el día del escrutinio no son más que epifenómenos. Con este ánimo se creó, en abril de 1997, el Colectivo de Asociaciones Congoleñas para elecciones transparentes y pacíficas; algunas ya estaban implicadas en los órganos del censo administrativo especial cuyos resultados debían servir para la elaboración de listas electorales. Ya sabemos en qué ha terminado el proyecto electoral en el Congo.

La comunidad internacional, interesada en una aproximación normativa a la democracia, se contenta con dictadores salidos de las urnas. Seguros con su legitimidad usurpada, algunos jefes de Estado, los mismos que amordazan a la oposición y patean los derechos humanos, son erigidos en campeones de la paz como el general Eyadema, al que se le ha prestigiado al confiarle la responsabilidad de la célula de reflexión acerca de la creación de una fuerza interafricana de interposición.

Pero la focalización sobre las elecciónes presidenciales ha ocultado la consolidación de los fundamentos de la democracia, es decir, la articulación de todos los mecanismos que contribuyen a la realización del juego democrático. La democracia es, en primer lugar, un estado de ánimo, mejor, una cultura. Desde esta óptica convendría vigilar para que los representantes elegidos del pueblo respeten las instituciones de la República con el fin de evitar, una vez que se hayan marchado los observadores, incumplimientos graves; una vez más, el Congo-Brazzaville proporciona un excelente ejemplo. El Consejo Constitucional no se ha puesto en marcha hasta el final del mandato del jefe del Estado, algunas semanas antes del desencadenamiento de la segunda guerra del quinquenio del primer presidente congoleño democráticamente elegido [5].

Una vía democrática supone la existencia de una oposición normalizada. Tiene que poder expresarse y desempeñar plenamente su papel en el seno de las instituciones de la República: *media*, asambleas a nivel nacional y también en las regiones y las municipalidades. Muy a menudo los regímenes «democráticos» africanos autorizan que la oposición tome la palabra sólo en raras ocasiones, especialmente durante las elecciones presidenciales, cuando el país forma parte de «la actualidad internacional». La efervescencia de los *media*, que marcó el comienzo del período de democratización en África, ha quedado cortada rápidamente desembocando en una prensa amordazada. En nom-

---

[5] La primera tuvo lugar a finales de 1993 y comienzos de 1994, como consecuencia del no respeto a los acuerdos electorales sobre el reparto de carteras ministeriales en caso de victoria entre los candidatos a la elección presidencial de 1992.

bre de la «deontología», porque no deben escribir «cualquier cosa», los periodistas acaban con frecuencia en prisión, o condenados a una fuerte multa.

La sociedad civil, fuerza reguladora del juego democrático, debe implicarse en la vida política dotándose de los medios para actuar, sobre una base no partidista, a través de la creación de organizaciones nacionales, regionales e internacionales. Desgraciadamente, una parte de las élites africanas se ha ilustrado no lejos de los lugares del conocimiento y la difusión del saber, prefiriendo los pasillos del poder mucho más rentables, convirtiéndose también en portavoz de las reivindicaciones más extremistas y más «integristas», dispuesta a perder todo espíritu crítico con tal de sentarse a la mesa de los «Grandes».

Quizá simplemente han olvidado que, tratándose de África, la democracia debería tener el mismo sentido que en los países del norte: libertad sindical, libertad de prensa, funcionamiento de las instituciones republicanas, respeto a la Constitución, independencia de la justicia, aceptación del papel crítico de los intelectuales, etc. Todos los elementos con los que se miden periódicamente (y, por desgracia, cada vez menos) las democracias del norte, son también elementos constitutivos de la democracia en el continente africano.

Cuando los que firman los cheques hacen las leyes

Serge Halimi

Un cardenal italo-francés del siglo XVII y un déspota zaireño del siglo XX; un primer ministro ruso, otro libanés; un presidente indonesio, otro argentino. Aunque los siglos, continentes y regímenes se superpongan, los nombres de Mazarino y de Mobutu, de Chernomirdin y de Hariri, las familias de Suharto y Menem evocan, todas, la historia de las bodas del poder y del dinero, del enriquecimiento sospechoso y del saqueo como Dios manda.

Sin embargo, en la época actual, la venalidad pública ha adquirido unas características especiales: se alimenta de otras evoluciones: la mundialización de la prevaricación [1], el estrechamiento del espacio político entre los partidos, el crecimiento del poder de los asesores de imagen, la apatía del elector. En todos estos campos, el caso de Estados Unidos es ejemplar. No porque las «desviaciones» en relación con la norma democrática sean por fuerza más acusadas que en otras partes. Y tampoco, únicamente, porque en materia de gobierno del pueblo por el pueblo, Estados Unidos manifieste siempre una apreciación un poco inmodesta de su papel de guía, aunque todavía el presidente Clinton explicase, el pasado 20 de enero, que *«América es la nación indispensable del mundo»*.

No, la ejemplaridad es, sobre todo, pedagógica. Después del escándalo Watergate, la ley norteamericana ha establecido un techo a las contribuciones y gastos de los políticos al mismo tiempo que los ha hecho transparentes (*sunshine laws*). Desde 1974, los techos se han desbordado alegremente por la obligación de la transparencia. Sin embargo, la coincidencia en una desreglamentación casi total de costes y gastos electorales, por una parte, y de una información pletórica sobre el origen y el destino de las cantidades entregadas, permite comprender, por otra parte, lo que el dinero compra sin esfuerzo alguno. Y cómo funciona el sistema.

«La economía global es un mecanismo muy costoso y muy delicado que exige la participación de los inversores en lugar de los ciudadanos» [2]. Esta «regla», con la que Lewis Lapham resume de modo irónico las revelaciones sobre la financiación de las elecciones norteamericanas, lo ilustra con una luz cruda: a cambio de sus regalos financieros, un estafador libanés, un traficante de armas chino (indonesio), un mafioso ruso y un cubano de Florida traficante de drogas, ¿no fueron recibidos en la

---

[1] Léase Michel Chossudovsky, «Cómo las mafias gangrenan la economía mundial», y Christian de Brie, «Los días felices de la corrupción a la francesa», *Le Monde diplomatique,* edición española, abril de 1996 y 1997, respectivamente.

[2] Lewis Lapham, «Economics correctness», *Harper's,* Nueva York, febrero de 1997.

Casa Blanca por el presidente de «*la nación indispensable del mundo*»? El *New York Times* ha racionalizado ya la nueva ecuación: «*La economía americana se ha convertido en una economía cada vez más internacional y las sociedades extranjeras muestran un interés creciente por el sistema político americano... Todo eso enturbia la distinción entre política interior y comercio exterior. Esta tendencia es quizá inevitable. Los electores del presidente americano son actualmente globales*»[3]. La mundialización, al ser más ley de comercio que debate cívico, parece disolver la representación democrática con más seguridad que el decreto de un tirano.

Porque la política, aun cuando sus efectos se produzcan bajo el rasero de «*tendencias inevitables*» y de «*distinciones enturbiadas*», amenaza con resucitar el sufragio censitario. Salvo que la ley limite los gastos de los candidatos y prohíba toda publicidad electoral; salvo que los elegidos releguen a sus costosos asesores de imagen a un lugar subalterno que nunca deberían haber abandonado. Aquí, la comparación entre países democráticos es esclarecedora: mientras que Alemania, Italia y Francia garantizan una financiación pública de los partidos y limitan estrictamente los gastos de las campañas, el contribuyente norteamericano no financia más que la elección presidencial. Y, de hecho, no existe tope de gastos[4].

Los resultados: en Europa son que la elección de un diputado «cuesta» alrededor de siete millones de pesetas. En Estados Unidos se necesita casi diez veces más para un puesto en la Cámara de Representantes y aun diez veces más de esa suma para un puesto de senador. Globalmente, las elecciones norteamericanas de 1996 (presidenciales, legislativas y locales) costaron cerca de 4.000 millones de dólares; sólo el escrutinio presidencial consumió 800 millones de dólares, o sea el doble del coste de 1992 (que a su vez era ya el doble del coste de 1988...); en 1996, 28 de los 100 senadores disponen de una fortuna superior al millón de dólares y en dos estados (Massachusetts y Oregón) se enfrentaron dos millonarios en las elecciones, uno demócrata,

---

[3] Roger Cohen, «Global Forces Batter Politics», *The New York Times*, 17 de noviembre de 1996.

[4] A partir de 1976, el Tribunal Supremo ha mantenido los límites de donaciones a los candidatos (*hard money*), pero ha permitido la entrega de sumas ilimitadas a los partidos (*soft money*). En cuanto a la financiación pública (235 millones de dólares en 1996) reposa enteramente sobre los contribuyentes.

republicano el otro. Nada de todo eso impidió, sin embargo, a Christopher Dodd, presidente entonces del Partido Demócrata, golpear contra la evidencia: «*Ya sea usted Bill Gates, el hombre más rico de América, o un cualquiera que no tiene empleo, su voto cuenta lo mismo*» [5].

A partir de eso, hay muchas coincidencias enojosas... Los 61 senadores que han mantenido las subvenciones de las azucareras habían recibido una media de 13.473 dólares cada uno del *lobby* del azúcar; los que votaron en contra sólo habían recibido 1.461 dólares por senador. Cada uno de los 276 representantes que modificaron las normas de seguridad en las conducciones por oleoducto en un sentido favorable a las industrias del petróleo y del gas recibió 5.700 dólares de los *lobbies* interesados; los que se opusieron no habían recibido más que 1.200 dólares [6]. Una ley federal limitaba la velocidad para frenar el consumo de gasolina. No les gustaba ni al *lobby* petrolero ni al *lobby* del automóvil: el Congreso la abolió.

Alfonso d'Amato, presidente (republicano) de la comisión bancaria del Senado, recibe mucho dinero de Wall Street. Robert Rubin, ministro de Finanzas, viene de Wall Street; el año pasado, el tesorero de la campaña de Clinton le calificó como «*el mayor recolector de fondos electorales de la historia del planeta*». Tabaco, casinos, armas de fuego, complejo militar-industrial, médico-hospitalario, etanol, Hollywood, telecomunicaciones, bananas producidas en América Central por Carl Lindner [7]: los ejemplos de excelentes «inversiones» políticas son tan abundantes que su inventario alimenta un género literario [8]. Un senador demócrata ha resumido así la intriga: «*Los que firman los cheques escriben las leyes*».

Se sabe ahora que la ecuación —que se aplica también a las cuestiones planteadas por algunos parlamentarios británicos— no se detiene a las puertas de la Casa Blanca... El 7 de octubre de 1996, el presidente Clinton confiaba: «*Durante mucho tiempo me he preguntado por qué el Partido Demócrata no podría tener el apoyo de la patronal,*

---

[5] «Larry King Live», CNN, 4 de noviembre de 1996.

[6] Center for Responsive Politics, *Cashing In: A Guide to Money, Votes and Public Policy in the 104 Congress*, Washington, 1997.

[7] Cf. «Inversión rentable», *Le Monde diplomatique*, edición española, octubre de 1996.

[8] Cuya última entrega es Alexander Cockburn y Ken Silverstein, *Washington Babylon*, Verso, Nueva York, 1996.

tanto o incluso más que otro partido». Aunque no se haya hecho todavía, ninguno puede acusar de pusilanimidad a Clinton y Gore. De hecho, para hacerse con un botín electoral [9] han puesto precio, de manera más sistemática que sus antecesores, y alquilado sus residencias oficiales. Y una parte de sus actividades, incluidas las privadas.

Una donación de tres a cinco ceros permitía asistir al cincuenta aniversario del presidente de Estados Unidos, con conversación a solas o a través de una pantalla (según la cantidad entregada). La recaudación fue de diez millones de dólares. Con cuatro ceros y más, se podía merendar, tomar café en la Casa Blanca. La recaudación fue de 27 millones de dólares. Con más de cinco ceros se podía estar en *«el dormitorio de Lincoln».* La recaudación fue de diez millones de dólares. Y la lista de los honores puestos a subasta proseguía: embajadas prestigiosas, invitación a la grabación de una alocución televisada del presidente, presencia en la tribuna de la convención demócrata en el momento en que todas las cadenas de televisión retransmitían el acontecimiento (era el más caro: cinco millones y medio de dólares). Clinton ha sostenido que *«el presidente necesita estar en contacto con la gente».* Y el vicepresidente Albert Gore —cuyas llamadas telefónicas se parecen muchas veces a una extorsión de fondos— ha demostrado por su lado que puede interesarse por otras cosas además de Internet y la capa de ozono.

Los pobres tampoco han sido olvidados. Una de las tribus indias más desheredadas, la de los cheyenes arapahoes, ha dado 107.000 dólares a gente de un *lobby* cercano a Gore, que les prometía obtener la devolución de una tierra ocupada por el Estado federal. Esa tierra la están esperando todavía. Sin embargo, para reunir los 107.000 dólares exigidos, los cheyenes tuvieron que sacarlo de un fondo de solidaridad de ayuda a los más pobres (la tasa de paro de los miembros de la tribu es del 80 por 100) para pagarles la calefacción y el hospital. Los jefes cheyenes se reunieron también con Clinton y Gore. Durante una recepción destinada a los grandes donantes [10]...

---

[9] Léase a Thomas Ferguson, «El botín del presidente Clinton», *Le Monde diplomatiqe,* edición española, agosto de 1996.

[10] Cf. *International Herald Tribune,* 11 de marzo de 1997. El escándalo ha sido tan grande que el Partido Demócrata ha tenido que devolver a los cheyenes sus 107.000 dólares.

Pese a todo, el presidente ha llegado a la conclusión de que «*lo que nos impidió recuperar el control de la Cámara de representantes fue que los republicanos recogieron ciento cincuenta millones de dólares más que los demócratas*». El análisis subraya un trasvase de poder del ciudadano, al que se desprecia, al inversor, al que se corteja. Los que entregan más de 200 dólares a un candidato o a un partido no representan más que el 0,3 por 100 de la población, pero su dominio de la financiación de la vida política norteamericana contribuye a la mercantilización de las decisiones públicas.

Venalidad de los cargos

Aludiendo a la confluencia del bipartidismo norteamericano hacia un «*centro venal*», un antiguo estratega republicano explica: «*El Congreso votará muy probablemente —y el presidente firmará— nuevas reducciones de impuestos y de créditos públicos, medidas de liberalización de cambios y de desregulación. La influencia del dinero expulsa a la de los electores*» [11]. El ensayista Garry Wills añade: «*Tenemos que escoger entre un partido que desprecia a los pobres y otro que les atraca; un partido que se cuenta entre los ricos y otro que los deifica. El uno firma un pacto faustiano con el diablo, el otro ofrece el contrato*» [12]. En el Reino Unido, cuando Anthony Blair alterna blandura con la prensa de Murdoch y los empresarios de la City, y dureza con los sindicatos y los pobres, ¿no demuestra que el modelo norteamericano se mundializa?

En todo caso, se extiende una de sus prácticas: la que consiste en sacar dinero del sector privado gracias a los datos y el prestigio de un anterior empleo público. Abundan los ejemplos: desde que dejó el Senado norteamericano y la vicepresidencia de la subcomisión encargada de las licencias de explotación farmacéutica y cuestiones de *copyright*, Dennis DeConcini trabaja... para dos grandes laboratorios

---

[11] Kevin Philipps, «The Venal Center», *Los Angeles Times*, 23 de febrero de 1997. Sólo el 48,8 por 100 de los norteamericanos en edad de votar se ha presentado a las urnas el 5 de noviembre de 1996. La tasa más baja desde 1924.

[12] Gary Wills, «A Tale of Two Cities», *The New York Review of Books*, 3 de octubre de 1996.

farmacéuticos y para el *lobby* del cine. Siete antiguos secretarios de Estado, cuatro republicanos (Kissinger, Haig, Shultz e Eagleburger) y tres demócratas (Christopher, Vance y Muskie) forman parte del *lobby* chino, privatizando así su saber político y sus contactos mediáticos [13].

Pero, cuando en Francia, la antigua secretaria general adjunta del Elíseo, Anne Lauvergeon, se convierte inmediatamente en asociada-gerente de Lazard Frères, miembro del Consejo de Pechiney, para acabar de directora general adjunta de Alcatel Telecom, ¿no se da también la imagen invertida de la venalidad de los cargos del Antiguo Régimen? ¿Y qué decir cuando Jean Charles Naouri, antiguo director del gabinete de Pierre Bérégovoy, ministro de Hacienda, se convierte en asociado gerente de la Banca Rosthchild, un puesto que ocupa igualmente Nicolás Bazire, antiguo director del gabinete de Édouard Balladur? Tanto en Estados Unidos como en Francia, no habría que contar demasiado sobre los periodistas que hacen *ménages* (Larry King, Bryant Gumble, Jean Marie Cavada, Arlette Chabot, Christine Ockrent, etcétera) para arrojar luz sobre esas reconversiones lucrativas de los antiguos responsables políticos.

Cuando los partidos se parecen, los militantes y los electores se hacen más raros, y las campañas más vulgares y más caras. El otoño último, Dole y Clinton gastó cada uno 1.500.000 dólares por día. En un libro de una inmoralidad casi barroca, Richard («Dick») Morris, estratega del recentramiento clintoniano, reconoce incluso que, no contento con comercializar la Casa Blanca, el presidente de Estados Unidos fue también *«el jefe de operaciones de la campaña televisada. Trabajó sobre cada guión, vio cada anuncio, ordenó modificaciones en cada rodaje y decidió el lugar y el momento de difusión de cada publicidad»* [14]. Y Morris precisa: *«Semana tras semana, de julio de 1995 a noviembre de 1996, hemos bombardeado al público a golpes de publicidad. Durante ese período, los telespectadores de 21 estados han visto una media de entre 150 y 180 anuncios de publicidad de Clinton o del Partido Demócrata. Esa campaña sin precedente ha sido la clave del éxito».*

Estados Unidos cuenta con 7.000 consultores políticos que, en un

---

[13] Léase a John Judis, «China Town», *The New Republic*, marzo de 1997.

[14] Dick Morris, *Behind the Oval Office: Winning the Presidency in the Nineties*, Random House, Nueva York, 1997, p. 144.

año electoral, totalizan una cifra superior a los mil millones de dólares. Al igual que «Dick» Morris, navegan sin esfuerzo de un partido a otro, y simbolizan la desaparición de las distinciones ideológicas, al tiempo que la alimentan. Sobre ese plano también Francia es menos diferente de lo que se cree: Jacques Pilhan, especialista en «*escritura mediática*», ha pasado sin esfuerzo alguno del papel de consejero de François Mitterrand al de consejero de Jacques Chirac.

Un buen asesor político ignora también las fronteras geográficas. Arthur Finkielstein, especialista en campañas «negativas» del Partido Republicano de Estados Unidos, ha tenido por cliente al primer ministro israelí, Benjamin Netanyahu. La delicada idea de yuxtaponer fotos de autobús pulverizados por bombas a las de Simon Peres y Yasser Arafat, después de unificarlas con la leyenda «*Una peligrosa combinación para Israel*» fue obra suya. Quizá permitió la ardua victoria del Likud.

Pero, a veces, las mejores técnicas descarrilan. En 1995, Morris sondeó a 10.000 norteamericanos para saber cómo debería pasar sus vacaciones el presidente... Caminatas, *camping* y golf con atuendo moderno fueron las respuestas preferidas. Clinton lo asume: renuncia a la navegación. Algunos días más tarde estalla: «*Son las primeras vacaciones que no me han hecho ganar en los sondeos. Las primeras. Todas las otras había progresado un punto o dos*». Esa vez la personalización, la manipulación y el dinero no tuvieron la última palabra.

La mutación del mundo

Ignacio Ramonet

En octubre de 1917 bastaron diez días a la revolución bolchevique para «*estremecer al mundo*». Por primera vez, la apisonadora capitalista se veía seriamente detenida.

El desarrollo del capitalismo había sido estimulado por los trabajos de grandes teóricos (Adam Smith, David Ricardo), por avances tecnológicos decisivos (máquina de vapor, ferrocarril) y por transformaciones geopolíticas (Imperio británico, renacimiento de Alemania, potencia de Estados Unidos). Todo ello conjugado dio lugar a la primera revolución capitalista, favoreciendo su considerable expansión mientras se aplastaba a las personas, tal como testimoniaron en sus obras Charles Dickens, Émile Zola o Jack London.

¿Cómo extraer colectivamente provecho de la formidable riqueza que produjo la industrialización, evitando al mismo tiempo que los ciudadanos fueran machacados? A esta cuestión responderá Karl Marx en su obra fundamental *El capital* (1867). Habrá que esperar cincuenta años para que un genial estratega, Lenin, alcance a conquistar el poder en Rusia, con la esperanza mesiánica de liberar a los «*proletarios de todos los países*».

Ochenta años después, la Unión Soviética naufragó, y el mundo conoció una nueva y gran mutación, que podríamos denominar la segunda revolución capitalista. Se ha derivado, como la primera, de un haz de transformaciones experimentadas en tres campos.

En primer lugar, en el campo tecnológico. La informatización de todos los sectores de la actividad, así como el paso a la tecnología digital (sonido, texto e imágenes transmitidas ya a la velocidad de la luz por medio de un código único), transformación del trabajo, la educación, el ocio, etc.

En segundo lugar, en el campo económico. Las nuevas tecnologías favorecen la expansión de la esfera financiera y estimulan las actividades poseedoras de cuatro cualidades: planetarias, permanentes, inmediatas e inmateriales. El «big bang» de las bolsas y la desregulación, impulsadas en los años ochenta por Margaret Thatcher y Ronald Reagan, favorecieron la globalización de la economía, que constituye la dinámica principal de este fin de siglo, y a cuya influencia no se escapa ningún país.

En tercer lugar, en el terreno sociológico. Las dos transformaciones precedentes debilitan las prerrogativas tradicionales del Estado-nación y arruinan una cierta concepción de la representación política y del poder. Éste, antes jerárquico, vertical y autoritario, aparece cada vez más estructurado en estratos, horizontal y —gracias a la manipulación de los espíritus que permiten los grandes medios de comunicación de masas— consensual.

Desorientadas, las sociedades se hallan a la búsqueda desesperada de sentido y de modelos, dado que los tres grandes cambios se han producido simultáneamente, lo que ha acentuado su efecto de choque.

Al mismo tiempo, dos de los pilares sobre los que descansan las democracias modernas —el progreso y la cohesión social— han sido reemplazados por otros dos —la comunicación y el mercado—, que les cambian su naturaleza.

La comunicación, primera superstición de los tiempos presentes, se nos propone como algo susceptible de regularlo todo, en particular los conflictos en el seno de la familia, la escuela, la empresa o el Estado. Sería la gran pacificadora. No obstante, empieza a sospecharse que su propia abundancia es causa de una nueva forma de alienación y que, en lugar de liberar, sus excesos aprisionan la consciencia.

El mercado tiene ya la tendencia a inundar todas las actividades humanas, a reglamentarlas. Antes, algunos campos —cultura, deporte, religión— permanecían fuera de su dominio; ahora están absorbidos por su esfera de influencia. Los gobiernos se remiten cada vez más al mercado (abandono de sectores del Estado, privatizaciones).

Porque el mercado es el mayor adversario de la cohesión social (y de la cohesión mundial), puesto que su lógica se orienta a la división de la sociedad en dos grupos: los solventes y los no solventes. Estos últimos no le interesan demasiado al mercado: se encuentran fuera de juego. El mercado es, intrínsecamente, productor de desigualdades.

Todos esos cambios estructurales y conceptuales, operados desde hace diez años, han producido un auténtico estallido del mundo. Conceptos geopolíticos —como Estado, poder, democracia, frontera— ya no tienen el mismo significado. Hasta el punto de que, si se observa el funcionamiento real de la vida internacional, se constata que sus protagonistas han cambiado.

A escala planetaria, los tres principales protagonistas (que, bajo el Antiguo Régimen, eran la nobleza, el clero y el Tercer Estado) son a partir de ahora las asociaciones de Estados (Unión Europea, Nafta, Mercosur, Aseán, etc.); las empresas globales y los grandes grupos mediáticos o financieros; y las organizaciones no gubernamentales (ONG) de envergadura mundial (Greenpeace, Amnistía Internacional, World Wild Life, etc.). Los tres actores se desenvuelven en un marco planetario, menos fijado por la Organización de Naciones Unidas que, signo de los tiempos, por la Organización Mundial del Comercio (OMC), nuevo árbitro global.

El voto democrático no tiene influencia alguna sobre el funcionamiento interno de los tres nuevos actores. Esta mutación del mundo se ha puesto en funcionamiento sin que se haya actuado con previsión y sin que los propios responsables políticos hayan sido conscientes de ella. ¿Pueden permanecer los ciudadanos sin reaccionar, mientras se vacía de sentido a la democracia?

Capítulo 5

LA CORRUPCIÓN, AL ASALTO DE LOS ESTADOS

Siete jueces europeos reunidos recientemente en Ginebra lanzaban una llamada angustiosa a la cooperación entre los gobiernos para tratar de contener una amenaza mortal para las democracias. En una gigantesca asociación de intereses, el crimen organizado, apoyado por los poderes políticos y las multinacionales de las finanzas y de los negocios, penetra progresivamente en todos los sectores de la economía mundial, imponiendo sus sistemas de corrupción y saltándose la legalidad de los Estados, que se dejan gangrenar poco a poco.

Cómo las mafias gangrenan la economía mundial

Michel Chossudovsky

En la era de la mundialización de los mercados, el papel del crimen organizado en la marcha de la economía permanece desconocido. La actividad criminal, alimentada de estereotipos hollywoodenses y de periodismo sensacionalista, está estrechamente asociada en la opinión al hundimiento del orden público. Mientras que se destacan las fechorías de la pequeña delincuencia, apenas son revelados a la opinión pública el papel político y económico, así como la influencia, de las organizaciones criminales internacionales.

Los sangrientos enfrentamientos entre bandas rivales en las calles de Chicago pertenecen a la *belle époque* de los años treinta. En el período de posguerra, los sindicatos del crimen ganaron progresivamente respetabilidad, comportándose cada vez más como empresas ordinarias. Desde entonces, el crimen organizado está sólidamente imbricado en el sistema económico. La apertura de los mercados, el declive del Estado-providencia, las privatizaciones, la desregulación de las finanzas y del comercio internacional, etc., tienden a favorecer el crecimiento de las actividades ilícitas, así como la internacionalización de una economía criminal competitiva.

Según la Organización de Naciones Unidas (ONU), las rentas mundiales anuales de las organizaciones criminales transnacionales (OCT) son del orden del billón de dólares, un importe equivalente al producto nacional bruto (PNB) combinado de los países de baja renta (según la categorización del Banco Mundial) y de sus tres mil millones de habitantes [1]. Esta estimación tiene en cuenta tanto el producto

---

[1] Véase: *Naciones Unidas, Cumbre Mundial para el desarrollo social. La globalización del crimen*, Departamento de información pública de la ONU, Nueva York, 1995; así como el informe de la Conferencia de Naciones Unidas para la prevención del crimen, El Cairo, mayo de 1995.

del tráfico de droga, ventas ilícitas de armas, contrabando de materiales nucleares, etc., como los beneficios de las actividades controladas por las mafias (prostitución, juego, mercados negros de divisas...). En cambio, no tiene en cuenta las inversiones continuas efectuadas por organizaciones criminales en la toma del control de negocios legítimos, como tampoco el dominio que ejercen sobre los medios de producción en numerosos sectores de la economía legal.

Además, se han establecido nuevas relaciones entre las tríadas chinas, los yakuzas japoneses y las mafias europeas y norteamericanas. Más que replegarse sobre sus actividades tradicionales y protegerlas, esas organizaciones se han asociado «*en un espíritu de cooperación mundial*» orientado hacia la «*apertura de nuevos mercados*», en actividades tanto legales como criminales [2]. Según un observador, «*los resultados obtenidos por el crimen organizado sobrepasan los de la mayor parte de las primeras quinientas firmas mundiales clasificadas por la revista* Fortune... *con organizaciones que recuerdan más a la General Motors que a la Mafia siciliana tradicional* [3]». Según el testimonio, citado por la agencia Reuter, del director del Federal Bureau of Investigation (FBI), Jim Moody, ante una subcomisión del Congreso de Estados Unidos, las organizaciones criminales rusas «*cooperan con las otras mafias extranjeras, incluidas las mafias italianas y colombianas...; la transición hacia el capitalismo* (de la antigua Unión Soviética) *ofrece nuevas ocasiones rápidamente explotadas*».

Paralelamente, las organizaciones criminales colaboran con las empresas legales, invirtiendo en una variedad de actividades legítimas que les aseguran no sólo una cobertura para el blanqueo del dinero, sino también un medio seguro para acumular capital fuera del terreno de las actividades criminales. Esas inversiones son efectuadas esencialmente en el sector de la construcción de lujo, la industria del ocio, la edición y los medios de comunicación, los servicios financieros, etc., pero también en los servicios públicos, la industria y la agricultura.

---

[2] Daniel Brandt, «Organized Crime Threatens the New World Order», *Namebase Newsline*, Ohio, nº 8, enero-marzo de 1995.

[3] Daniel Brandt, *op. cit.*

Véase igualmente: Jean Hervé Deiller, «Gains annuels de 1.000 milliards pour l'Internationale du crime», *La Presse*, Montreal, 30 de abril de 1996.

Durante el *boom* especulativo de los ochenta, los yakuzas japoneses invirtieron masivamente en la construcción y en el desarrollo urbano, financiando sus actividades por intermedio de los *jusen* (sociedades de préstamos inmobiliarios que recientemente se han hundido y quebrado tras el desplome de los precios de los terrenos en Tokio). La mafia italiana invierte tanto en la construcción urbana como en tierras agrícolas. En Tailandia, miles de millones de dólares del tráfico de heroína del «triángulo de oro» han sido reciclados y canalizados para la financiación de la industria textil de Bangkok por asociaciones de empresas y sociedades secretas. Las tríadas chinas orientan igualmente los fondos hacia la industria cinematográfica de Hong-Kong. Invierten también en empresas industriales asociadas de riesgos compartidos (*joint-ventures*) en las provincias chinas de Guangdonc y Fuyian, así como en la zona económica especial, la zona franca, de Shenzhen. Su cifra mundial de negocios se estima en unos 200.000 millones de dólares, o sea, más del 40 por 100 del PNB chino [4].

Los productos de la actividad criminal son depositados en la red bancaria. A su vez, los bancos comerciales utilizan esos depósitos para financiar sus actividades de préstamos y de inversiones en la economía, tanto legal como criminal. El dinero negro es canalizado igualmente hacia inversiones respetables en los mercados financieros; una parte de la deuda pública es retenida por organizaciones criminales bajo forma de obligaciones y bonos del Tesoro. En muchos países, las organizaciones criminales se han convertido en acreedoras del Estado y ejercen, con su acción sobre los mercados, una influencia sobre la política macroeconómica de los gobiernos. En las Bolsas, invierten igualmente en los mercados especulativos de productos derivados y de materias primas.

Las mafias han realizado inversiones significativas en bancos de negocios, que controlan en parte, en sociedades de intermediación financiera y en grandes gabinetes jurídicos. Para blanquear el dinero sucio, el crimen organizado utiliza a algunos de los mayores bancos norteamericanos, así como las sociedades de inversión o las especializadas en ventas de oro y tráfico de divisas [5].

---

[4] Según entrevistas del autor en China y en Tailandia.
[5] Jonathan Harris, *Drugged America*, Macmillan, Toronto, 1991, p. 52.

Los discretos servicios de los paraísos fiscales

Aunque numerosos asuntos de blanqueo bancario estén claramente identificados, las acusaciones se limitan siempre a empleados subalternos. Muy pocos bancos han sido perseguidos. En 1994, por ejemplo, una sentencia del tribunal de Houston, en Texas, condenó al banco internacional American Express a una multa de 7 millones de dólares y a 25 millones de dólares de penalización por haberse mezclado en un asunto de blanqueo de dinero negro. *«El asunto American Express se produjo por la inculpación de dos directores de banco de Beverly Hills (California), culpables de blanquear fondos a partir de cuentas de American Express controladas por depósitos anónimos provenientes de sociedades-pantalla establecidas en las islas Caimán. Para llegar a un arreglo del asunto, los agentes federales debieron renunciar a perseguir a American Express. Nosotros decidimos que no era cierta la implicación del banco en la actividad criminal*, comenta el ayudante del fiscal, David Novak, *porque sólo concernía a un departamento»* [6].

Es en los paraísos fiscales donde los sindicatos del crimen están en contacto con los mayores bancos comerciales del mundo, sus filiales locales están especializadas en el *private banking,* ofreciendo un servicio discreto y personalizado a la gestión de cuentas de alto rendimiento fiscal. Esas posibilidades de evasión son utilizadas lo mismo por empresas legales como por organizaciones criminales. El progreso de las técnicas bancarias y de las telecomunicaciones ofrece grandes posibilidades para hacer circular y desaparecer los beneficios de las transacciones ilícitas.

El dinero puede circular fácilmente por transferencia electrónica entre la sociedad madre y su filial registrada como una sociedad pantalla en un paraíso fiscal. Miles de millones de dólares provenientes de establecimientos de gestión de fondos institucionales (incluidos los fondos de pensiones, las reservas de las mutuas y los fondos de tesorería) circulan así, pasando por turno a cuentas registradas en Luxemburgo, islas anglo-normandas, islas Caimán, etc. Consecuencia de la evasión fiscal, la acumulación de enormes reservas de capitales, en los

---

[6] Russel Mokhiber, «Amex's Dirty Money», *Multinational Monitor*, Washington, diciembre de 1994.

paraísos fiscales, pertenecientes a grandes sociedades, es también responsable del crecimiento del déficit presupuestario en algunos países occidentales.

La amplitud del fenómeno es impresionante. Existen unos cincuenta y cinco paraísos fiscales en las principales regiones del mundo. Sólo las islas Caimán constituyen el quinto centro bancario mundial, con más bancos y sociedades registrados que habitantes[7]. Capitales considerables, provenientes de actividades legales y criminales, están depositados también en las islas Bahamas, en las islas Vírgenes británicas, en las Bermudas y en San Martín —por no hablar de lugares del Pacífico y del océano Índico, con Vanuatu, islas Cook y la isla Mauricio.

El banco de negocios norteamericano Merrill Lynch estima en un mínimo de 3 billones de dólares las fortunas privadas gestionadas desde los paraísos fiscales, o sea, el 15 por 100 del PNB mundial[8]. Pero, al estar depositada en su mayor parte en cuentas cubiertas por un secreto bancario riguroso, la masa real de capitales sería sensiblemente más importante. Suiza continúa siendo el paraíso preferido, con más del 40 por 100 del total de las cuentas abiertas en los bancos a los no residentes[9]. Porque los paraísos bancarios no se limitan a las numerosas repúblicas de pacotilla de las islas tropicales: las mismas facilidades están bien establecidas en Europa occidental —en Luxemburgo, Suiza, islas anglo-normandas[10], Dublín, Mónaco, Madeira, Gibraltar, Malta...

Los paraísos fiscales constituyen una prolongación del sistema bancario occidental, al ser las cuentas accesibles desde un terminal de

---

[7] Según estimación de Jack A. Blum, *Drogas, desarrollo y Estado de derecho,* Bilbao, octubre de 1994.

Véase igualmente Jack Blum y Alan Bloch, «Le blanchiment de l'argent dans les Antillas», dans Alain Labrousse y Alain Wallon, *La planète des drogues*, Le Seuil, París, 1993.

[8] Léase: «Increased Demand Transforms Markets», *Financial Times*, Londres, 25 de junio de 1995.

[9] Peter Bosshard, «Cracking the Swiss Bank», *Multinational Monitor*, noviembre de 1992.

[10] Léase Jean Chesnaux, «Los paraísos europeos en el gran casino planetario», *Le Monde diplomatique,* edición española, enero de 1996.

ordenador y visibles por medio de una tarjeta Visa o un cajero automático de cualquier lugar del mundo. Con la desregulación están plenamente integrados en el mercado financiero mundial.

Los negocios legales e ilegales están cada vez más imbricados, introduciendo un cambio fundamental en las estructuras del capitalismo de posguerra. Las mafias invierten en asuntos legales e, inversamente, éstos canalizan recursos financieros hacia la economía criminal, mediante el control de bancos o de empresas comerciales implicadas en el blanqueo de dinero negro o que tienen relaciones con organizaciones criminales. Los bancos pretenden que esas transacciones se efectúan de buena fe y que sus dirigentes ignoran el origen de los fondos depositados. Como la divisa no plantea ninguna pregunta, el secreto bancario y el anonimato de las transacciones garantizan los intereses del crimen organizado y cubren a la institución bancaria de las investigaciones públicas y de las inculpaciones. Los grandes bancos no solamente aceptan blanquear dinero, a cambio de fuertes comisiones, sino que conceden también créditos a elevados tipos de interés a las mafias criminales, en detrimento de inversiones productivas industriales o agrícolas.

Existe una relación estrecha entre la deuda mundial, el comercio ilícito y el blanqueo de dinero negro. Desde la crisis de la deuda, a comienzos de los años ochenta, el precio de las materias primas cayó, entrañando una baja dramática de las rentas de los países en desarrollo. Bajo el efecto de medidas de austeridad dictadas por los acreedores internacionales se despide a empleados, funcionarios, se cierran empresas nacionales, se congelan las inversiones públicas y se reducen los créditos a la agricultura y a la industria. Con el paro creciente y la bajada de los salarios, la economía legal entra en crisis.

El desarrollo de una economía sumergida alternativa en muchos países es un terreno abonado para las mafias criminales. Al hundirse simultáneamente el mercado nacional y las exportaciones se crea un vacío en el sistema económico y por ese camino la producción ilícita pasa a convertirse en el sector dominante de la actividad y la principal fuente de divisas. Según un informe de Naciones Unidas, «*la penetración de los sindicatos del crimen se vio facilitada por los programas de ajuste estructural que los países endeudados han sido obligados a aceptar para tener acceso a los préstamos del Fondo Monetario Inter-*

nacional [11]». En Bolivia, la «nueva política económica», preconizada por el FMI y aplicada en 1985, contribuyó al hundimiento de las exportaciones de mineral de estaño y al despido masivo de los mineros del Consorcio Minero del Estado, Comibol. Las indemnizaciones por los despidos dadas a los trabajadores se reinvirtieron en la compra de tierras en las zonas de producción de coca, provocando un importante crecimiento del comercio de narcóticos. Del mismo modo, causó estragos el programa de ajuste estructural y de «estabilización económica» llevado a cabo en Perú por el presidente Fujimori. El «Fugichoc» de 1990 (que incluía una multiplicación por treinta del precio del petróleo de un día para otro) entrañó la destrucción de la producción agrícola legal (café, maíz y tabaco) y un rápido desarrollo del cultivo de la coca en la región del alto Huallaga.

Sin embargo, el crecimiento del comercio ilícito no se limita a América Latina ni a las zonas asiáticas de la droga. En África, la supresión de las barreras comerciales y el *dumping* de los excedentes cerealeros europeos y norteamericanos sobre los mercados locales han entrañado la caída drástica de las producciones agrícolas alimentarias. La autosuficiencia alimentaria ha sido destruida de manera siniestra, y varios países, aplastados bajo el peso de la deuda externa, se han vuelto hacia el cultivo del *cannabis*. En Marruecos, millares de campesinos se dedican al cultivo del hachís. Este último da lugar a intercambios internacionales ilícitos por un valor equivalente a la totalidad de las exportaciones agrícolas marroquíes legales [12]. En varios países de África, las mafias de la droga han logrado también una intervención significativa en la política local.

Penetración criminal en Europa del este

Desde comienzos de los años noventa, los países del antiguo bloque soviético han estado sometidos a un tratamiento económico de caballo por sus acreedores exteriores, con consecuencias devastadoras. La pobre-

---

[11] Naciones Unidas, *op. cit.*

[12] Pascal Moreno Toregrosso, «La culture du kif et la dette nationale», *Interdépendances*, París, marzo de 1996.

za y la desorganización de la producción favorecen el desarrollo de la economía criminal. En Ucrania, por ejemplo, el FMI patrocinó en octubre de 1994 reformas macroeconómicas que contribuyeron a precipitar en una crisis profunda a la agricultura alimentaria. Y el Observatorio geopolítico de las drogas confirma que, con la caída de la producción de trigo, el cultivo del opio de desarrolla rápidamente. Con la decadencia de la agricultura local, el cultivo de la adormidera y los laboratorios controlados por la mafia italiana de la Santa Corona Unita han hecho igualmente su aparición en la antigua Yugoslavia [13].

Las privatizaciones y los programas de reestructuración de la deuda, exigidos por los acreedores exteriores, han hecho pasar a un gran número de bancos estatales latinoamericanos y del este europeo bajo el control de bancos de negocios occidentales y japoneses. En Hungría, por ejemplo, el Banco Internacional Centroeuropeo (CIB) fue comprado por un consorcio de bancos extranjeros constituido por el Banco Comercial de Italia, el Banco Alemán Bayerischer Verein, el Banco de Crédito a largo plazo de Japón, el Banco Sakura y la Société Générale. El CIB tiene toda la libertad para intervenir en el jugoso sector del blanqueo de dinero sin intervención del Gobierno y sin tener que plegarse a la reglamentación y al control de los cambios. En Luxemburgo, en 1992, un caso judicial confirmó que el CIB había sido utilizado por el cártel de Cali para transferencias de capitales. Según la brigada antidroga, *«con los problemas económicos de ese país y sus necesidades de liquidez, no se puede exigir al gobierno que se fije demasiado en el origen de los fondos depositados en sus bancos»* [14].

En Bolivia y en Perú, las reformas del sistema bancario, bajo la tutela del FMI, han facilitado la libre circulación de divisas. Lo que, según un observador, *«ha conducido a nada menos que a la legalización del blanqueo a través del sistema financiero peruano»* [15]. Por añadidura, varios bancos privados nacionales, sospechosos de haber estado previamente implicados en actividades de blanqueo de dinero negro, han pasado a estar bajo el control de capitales extranjeros: por ejemplo, en el caso de Inter-

---

[13] Véase *La Dépêche internationale des drogues*, París, nº 45, julio de 1996.

[14] Véase Alain Labrousse, «Un système bancaire à l'école du blanchiment de l'argent», *Interdépendances*, marzo de 1996.

[15] Humberto Campodonico, «Les capitaux fottants paient la dette extérieure», *Interdépendances*, marzo de 1996.

banc, un banco de Estado peruano, adquirido en 1994 por Darby Overseas, un consorcio domiciliado en las islas Caimán. Según el *Financial Times*, Darby «*proyecta invertir en el sector de los bancos de negocios peruanos, con tasas de alto riesgo, a la espera de un plan Brady de reestructuración de la deuda... Darby fue creado en 1994 por Brady* (antiguo secretario del Tesoro del presidente Bush), *su asistente jefe, Hollis McLouglin, y Daniel Marx, antiguo subsecretario de Finanzas de Argentina (...) El principal responsable de Interbanc es Carlos Pastor, antiguo ministro de Economía de Perú a comienzos de los años ochenta*»[16].

Los programas de privatización en Europa del este y en la antigua Unión Soviética incluyen la venta de bancos del Estado, de servicios públicos, del sector energético, de tierras pertenecientes a la colectividad, de empresas industriales y comerciales —incluidas las del complejo militar-industrial—. Bajo el cayado de las instituciones de Bretton Woods, el producto de estas ventas está destinado al servicio de la deuda contraída con los acreedores occidentales, entre ellos los grandes bancos comerciales.

Sin duda alguna, los programas de privatización han facilitado la transferencia de una parte significativa de la propiedad pública al crimen organizado. No hay que sorprenderse, por tanto, de que las mafias rusas, que constituyen la nueva clase de poseedores, hayan sido fervientes partidarias del neoliberalismo, así como un sostén político a las reformas económicas del presidente Borís Yeltsin. En la Federación Rusa existen más de 1.300 organizaciones criminales[17]. Según un estudio reciente publicado por la Academia de Ciencias de Rusia, el crimen organizado controla el 40 por 100 de la economía, la mitad del sector inmobiliario de Moscú, dos tercios de las instituciones comerciales, o sea, un total de 35.000 empresas, 400 bancos y 150 sociedades estatales[18]. Una rama de la mafia rusa está implicada en la venta

---

[16] Sally Bowen, «Ex-US Secretary's Company buys into Bank, Brady Investment in Peru», *Financial Times*, 22 de julio de 1994.

[17] Esas organizaciones criminales controlan 48.000 empresas comerciales, 1.500 establecimientos públicos y 800 bancos. Véase *Kommerzant*, Moscú , n⁰ 20, 1994.

[18] El estudio precisa que el crimen organizado ruso controla del 35 por 100 al 80 por 100 de las acciones en una gran variedad de instituciones financieras activas sobre el conjunto del territorio.

Véase *Izvestia*, Moscú, 21 de septiembre de 1995, y Paul Klébnikov, «Stalin's Heir», *Forbes*, Nueva York, 27 de septiembre de 1993.

de material militar, espacial y nuclear, incluyendo misiles teledirigidos, de plutonio, para armas nucleares y de armamento convencional [19]. Los sindicatos del crimen no sólo manejan a su antojo a políticos y altos funcionarios, sino que tienen también sus propios representantes en la Duma.

Este nuevo entorno de las finanzas internacionales constituye un terreno fértil para la criminalización de la vida política. Están desplegándose potentes grupos de presión relacionados con el crimen organizado y que actúan de manera clandestina. En resumen, los sindicatos del crimen ejercen su influencia sobre las políticas económicas de los Estados. En los nuevos países de economía de mercado, pero también en la Unión Europea, en Norteamérica y en Japón, donde existe una corrupción creciente, personalidades políticas y gubernamentales han tejido relaciones de dependencia con el crimen organizado. De esa manera la naturaleza del Estado, así como las estructuras sociales, están en proceso de transformación. En la Unión Europea, esa situación está lejos de limitarse a Italia, en donde la Cosa Nostra ha penetrado en los niveles más altos del Estado.

En varios países de América Latina, los cárteles de la droga han invertido en el aparato del Estado y se han integrado en los partidos políticos establecidos. El reciente escándalo en torno al Partido Liberal en Colombia ha revelado que la campaña electoral para la elección del presidente Ernesto Samper se habría beneficiado de contribuciones financieras sustanciales del cártel de Cali. Igualmente, los asesinatos políticos en México, en 1994, incluidas las acusaciones contra el anterior presidente, Carlos Salinas de Gortari, y su hermano Raúl, en prisión por asesinato, han mostrado el papel de los cárteles mexicanos de la droga en el comportamiento del Partido Revolucionario Institucional (PRI) [20].

En Venezuela, las narcomafias utilizaron el mayor banco comercial del país, el Banco Latino, para blanquear los beneficios del tráfico de droga. Antes de su espectacular quiebra, en 1994, que arrastró a otros diecinueve bancos venezolanos, el Banco Latino estaba controlado por la familia de Pedro Tinoco, que estaba también a la cabeza del

---

[19] *The Observer*, Londres, 11 de septiembre de 1994, p. 6.

[20] En Bolivia, desde mediados de los años ochenta, las sucesivas coaliciones gubernamentales bajo la protección del Partido Democrático Nacional, dirigido entonces por el general Hugo Banzer, han estado implicadas en el tráfico de la droga.

Banco Central bajo el gobierno de Carlos Andrés Pérez, procesado por corrupción [21]. Pedro Tinoco fue el principal arquitecto del programa de ajuste estructural realizado en 1988. Según palabras de un observador, *«los cárteles de la droga actuaban en simbiosis con las estructuras económicas y políticas...* [22]*»*.

La camisa de fuerza de la deuda

El hundimiento de la actividad económica legal, industrial y agrícola ha metido a un gran número de países en desarrollo en la camisa de fuerza de la deuda y del ajuste estructural. Hay países en donde el servicio de la deuda excede al total de los ingresos de las exportaciones legales. En algunos casos, los beneficios provenientes del comercio ilícito procuran una fuente alternativa de divisas que permite a los gobiernos endeudados cubrir el servicio de la deuda. Es el caso de las «narcodemocracias» de América Latina, en donde los narcodólares, una vez blanqueados y reciclados en el sistema bancario, podrán servir a los gobiernos para cumplir sus obligaciones ante los acreedores exteriores. La adquisición de sociedades estatales por el crimen organizado, gracias a los programas de privatizaciones, está tácitamente aceptada por la comunidad financiera internacional como un mal menor, ya que permite a los gobiernos reembolsar sus deudas.

La multiplicación de los tráficos ilícitos (de los que el tráfico de drogas no es más que uno entre otros muchos) permite transferir sumas enormes en favor los acreedores privados u oficiales. Hay una lógica en esa reestructuración, porque, en última instancia, los acreedores no hacen apenas distinción entre «dinero limpio» y «dinero sucio». En esas circunstancias, según los términos del informe de Naciones Unidas, *«el reforzamiento del nivel internacional de los servicios encargados de hacer respetar las leyes no representa más que un paliativo. A falta de un progreso simultáneo de desarrollo económico y social, el crimen organizado persistirá a una escala global y estructurada»* [23].

---

[21] Véase *La Dépêche internationale des drogues*, n° 51, enero de 1996.

[22] Véase *Le Monde, Dossiers et Documents*, París, 1996.

[23] Naciones Unidas, *op. cit.*

La droga como coartada en la política exterior norteamericana

Noam Chomsky

En América Latina, el país que muestra el más deplorable balance en materia de derechos del hombre es Colombia. Y, sin embargo, su Gobierno es el que recibe más ayuda militar de Estados Unidos: ¡alrededor de la mitad del total de la proporcionada al conjunto del subcontinente! La cuestión que se plantea es saber si los dos fenómenos no están relacionados... En 1981, un estudio publicado por Lars Schoultz, universitario especializado en cuestiones de derechos del hombre en América Latina, concluía que la ayuda norteamericana *«tenía tendencia a ir de manera desproporcionada a gobiernos que torturan a sus ciudadanos... a los que violan los derechos fundamentales de la forma más vergonzosa».*

Un observador superficial podría deducir que en Washington se ama la tortura. Sin embargo, es necesario distinguir bien entre correlación y relación de causalidad, y buscar entonces más lejos la explicación. Es lo que se hizo, aproximadamente en la misma época, con una encuesta de mayor amplitud, publicada en 1979, en una obra en la que Edward Herman, economista en la Wharton School de la Universidad de Pensilvania, y yo mismo fuimos los coautores. Analizando las relaciones entre tortura y ayuda extranjera a escala mundial, Herman constató que había claramente una correlación. Efectuó también un segundo estudio que dio una explicación plausible: comparando el volumen de la ayuda norteamericana y la existencia de un *«clima favorable a los negocios»*, descubrió que los dos iban rigurosamente juntos.

¿Hay que sorprenderse? La razón, sin embargo, es simple y conocida por todos: torturar, asesinar o encarcelar a responsables sindicales, dirigentes campesinos y defensores de los derechos del hombre

151

crea una relación social de fuerzas favorable al capital, a ese famoso «clima de negocios». A ese respecto, Colombia un caso de manual con «*una fachada de régimen constitucional que disimula una sociedad militarizada*», para retomar la fórmula de Alfredo Vásquez Carrizosa, presidente del Comité permanente de derechos humanos de ese país. Colombia es muy rica, pero para la mayoría de su población es muy pobre; es un país donde la tierra constituye un enorme problema, no porque sea escasa, sino porque está poseída por un pequeñísimo número de personas, y todavía se está esperando a que la reforma agraria de 1961 se aplique seriamente.

Hay un motivo muy simple: el país está dirigido por los propietarios agrarios y por un ejército a su servicio, pagado por los contribuyentes norteamericanos. Fue la Administración Kennedy la que estableció el sistema actual por una decisión de 1962 que iba a tener una inmensa importancia en todos los países del hemisferio. Los ejércitos latinoamericanos se vieron emplazados para una nueva misión: ya no serían los encargados de la defensa del subcontinente, sino de la «*seguridad interior*», término codificado que significa la guerra contra la población.

Esta modificación se tradujo inmediatamente por las fuerzas armadas en la planificación de sus objetivos, de su entrenamiento y en el tipo de materiales que les fueron suministrados. Lo que desencadenó campañas de represión sin precedentes en países cuya historia es, sin embargo, rica en episodios sangrientos. Algunos años más tarde, Charles Maechling, alto funcionario responsable de programas de contraguerrilla para la Administración Kennedy y para la primera parte de la Administración Johnson, describe así lo que sucedió: con la decisión de 1962, se pasó de la simple tolerancia respecto a «*la rapacidad y la crueldad de los militares latinoamericanos*» a una «*complicidad directa*» con aquellos que utilizaban «*los métodos de los escuadrones de exterminio de Heinrich Himmler*». No sabía que lo que decía tenía tanta precisión: en su libro *Instruments of Statecraft*, Michael McClintock explica cómo, después de 1945, especialistas nazis fueron acogidos en Estados Unidos para ayudar a la elaboración de los manuales de entrenamiento destinados a las unidades contraguerrilleras.

Los intelectuales del entorno de John Kennedy tenían un léxico propio para analizar el problema. En 1965, el secretario de Defensa,

Robert McNamara, explicó al consejero de la seguridad nacional del presidente, McGeorge Bundy, que la formación dispensada por el Pentágono a los oficiales latinoamericanos les había inculcado «*una buena comprensión de los objetivos de Estados Unidos y una clara simpatía para con ellos*». Era lo esencial, proseguía, porque «*en el entorno cultural latinoamericano*» está admitido que los militares deben estar preparados «*para descartar del poder a los dirigentes que, en su opinión, tienen un comportamiento perjudicial al bienestar de la nación*». Sin duda, McNamara pensaba en el golpe de Estado contra el régimen constitucional brasileño, en 1964, que durante años iba a dar libre curso a la tortura, a los asesinatos y a otras manifestaciones del terrorismo de Estado.

La matanza de Trujillo

Nació también un «*milagro económico*»; lo había predicho correctamente el embajador norteamericano en Brasil, Lincoln Gordon, que había visto en el golpe de los generales «*una gran victoria para el mundo libre*», encaminado a «*crear un clima considerablemente mejorado para las inversiones privadas*». De hecho, los inversores extranjeros, así como una pequeña fracción de la sociedad brasileña, tuvieron buenas razones para felicitarse del cambio, y la prensa económica no encontró suficientes calificativos elogiosos para describirlo. El lujo extraordinario en que vivían los privilegiados podía hacer olvidar la miseria en la que se pudría la mayor parte de la población. ¿Pero no es eso precisamente lo que significa el término técnico «milagro económico»? Así, México conoció también su «milagro económico» hasta el 19 de diciembre de 1994, fecha en que estalló la «burbuja» financiera. Como es habitual, el contribuyente norteamericano fue convocado a continuación a proteger a los ricos de los rigores del mercado.

En Colombia, el ministro de Defensa, en una acceso de franqueza, declaró un día que el aparato de terror oficial estaba destinado a llevar a cabo «*una guerra total en los dominios político, económico y social*». Sin embargo, oficialmente se trataba sólo de combatir a las organizaciones guerrilleras. Otro alto mando se fue de la lengua también, en

1987: «*El verdadero peligro*», reconoció, reside en «*eso que los insurgentes han llamado la guerra política y psicológica*», la guerra destinada a «*controlar a las capas populares*» y a «*manipular las masas*». En veinte años, disponemos sin duda de elementos más completos sobre la «doctrina colombiana», pero tenemos ya un pequeño bosquejo en el informe oficial sobre la espantosa matanza de una treintena de campesinos, sospechosos de haber tenido contactos con la guerrilla, en el pueblo de Trujillo perpetrada por el ejército y la policía, en marzo de 1990.

Gracias a la obstinación de la organización Justicia y Paz, la tragedia de Trujillo fue finalmente objeto de una investigación. Pero en los cuatro años que siguieron se cometieron otras 350 matanzas de Trujillo, la casi totalidad de ellas en la más total impunidad. El presidente colombiano en la época, César Gaviria —convertido después en secretario general de la Organización de Estados Americanos—, dio en esta ocasión, dice Justicia y Paz, la medida de su rectitud moral «*haciendo oídos sordos durante cuatro años*» a todas las demandas de investigación. Es necesario conceder al menos a su sucesor, Ernesto Samper, el mérito de haber reconocido la responsabilidad del Gobierno colombiano en las atrocidades de que fueron víctimas sus conciudadanos.

Detrás de estos acontecimientos está, se nos dice, la guerra contra la droga. A fines de los años setenta, Colombia se convirtió en un gran país productor de cocaína. ¿Por qué los campesinos latinoamericanos producen más coca de la que tienen necesidad para su propio uso? La explicación reside en las políticas impuestas a los países del sur. Contrariamente a los ricos Estados occidentales, ellos han tenido que abrir sus mercados, en efecto, a las exportaciones agrícolas norteamericanas subvencionadas, que arruinan su producción nacional. Los agricultores locales son invitados a convertirse en «productores racionales», según los preceptos de la economía moderna y, por tanto, ellos también, producir para la exportación. Y precisamente porque son racionales, se dedican a producciones —como la coca o la marihuana— que les proporcionan más dinero. Hay también otras raciones de ese comercio. Así, en 1988, Estados Unidos obligó a los productores de café a denunciar un acuerdo que había mantenido los precios a un nivel razonable. El precio del café, principal exportación de Colombia, cayó un 40 por 100. Cuando los ingresos se hunden hasta el punto en que los niños sufren hambre no es necesario sorprenderse que los productores de café se vuelvan hacia las salidas que les ofrece el mercado norteamericano de la droga: las políticas neoliberales impuestas al Tercer Mundo han sido una de las causas mayores del aumento del tráfico. Por otro lado, la política norteamericana de represión del uso y consumo de estupefacientes ha jugado también su papel: ha conducido a consumidores de marihuana, sustancia relativamente inofensiva, a volverse hacia drogas duras como la cocaína. Así, Colombia ha cesado de producir marihuana para concentrarse en la cocaína, mucho más rentable y fácil de transportar.

Otra cuestión merece ser planteada cuando se habla del tráfico de drogas: el papel de los bancos. Según un estudio de la Organización de Cooperación y Desarrollo Económico (OCDE), los beneficios de este tráfico, a escala mundial, se elevan a unos 500.000 millones de dólares por año, de los que la mitad transitan por los circuitos del sistema financiero norteamericano. Colombia, según la OCDE, no retira más que un 2 por 100 o un 3 por 100 de lo que resta, o sea, alrededor de 6.000 millones de dólares por año. Lo que ha hecho decir a un miembro de la Comisión Andina de Juristas y de la Asociación Latinoamericana de Derechos del Hombre, expresándose en el diario mexicano *Excelsior*, que el *big business* de la droga está presente sobre todo al norte de Río Grande.

La industria química norteamericana no desmentirá esa constatación. En 1989, en los seis meses precedentes al anuncio de la guerra contra la droga en Colombia, la policía local descubrió más de 5,5 millones de litros de productos químicos utilizados para la producción de cocaína, de los que muchos de ellos provenían de industrias de Estados Unidos. La CIA había señalado, en un informe, que las exportaciones de esos productos hacia América Latina eran muy superiores a las necesidades lícitas. Por su lado, el servicio de investigaciones del Congreso norteamericano concluyó que más del 90 por 100 de las sustancias químicas utilizadas para la producción de droga provenían de Estados Unidos. Si la guerra contra la droga tuviese como único objetivo a la droga habría pistas de investigación prometedoras.

De hecho, se sabe perfectamente que, fuera de las fronteras, esta «guerra» sirve de tapadera a acciones de contraguerrilla y ofrece salidas no despreciables para los industriales del armamento. A domicilio, es utilizada como pretexto para tener en la cárcel a una parte de la población. En una sociedad que se tercermundiza cada día más, y donde las fuerzas de seguridad no practican (o todavía no) la limpieza étnica, es necesario encontrar otros medios para solucionar el caso de ciudadanos privados de derechos humanos porque no contribuyen a la producción de beneficios. Su encarcelamiento responde a una sana lógica, en la medida que permite un relanzamiento keynesiano de la economía.

Una buena parte de los detenidos han cometido delitos sin víctimas. Tomad el caso de la cocaína. La droga privilegiada en los guetos es el crack, y su posesión entraña duras sanciones. En los barrios residenciales blancos, al contrario, se consume más el polvo, cuya posesión está menos severamente castigada. Ejemplo típico de una legislación de clase. Todo esto explica por qué el porcentaje de la población encarcelada es muchísimo más elevada en Estados Unidos que en otros países desarrollados, y por qué se espera que continúe creciendo.

Todo se explica. Es lo que me escribía una militante colombiana de los derechos humanos, Cecilia Zárate-Laun. Aunque su carta no estaba destinada en absoluto a su publicación, es útil citar algunos extractos: *«Estoy segura que todo se explica, en la medida en que el verdadero culpable es el sistema económico. Es muy importante que los ciudadanos norteamericanos comiencen a plantearse la comparación entre los problemas de los otros y su propia realidad, comenzando por la política extranjera: Tomemos el caso de la droga. Los niños de madres pobres, que, en Colombia, no tienen ninguna perspectiva, puesto que la sociedad les ha abandonado, están obligados a convertirse en matones o trabajar en laboratorios de producción de cocaína. O bien ser reclutados por los escuadrones de la muerte. Se encuentran en la misma situación que los niños de madres pobres en Estados Unidos, que están forzados, para sobrevivir, a vender cocaína en la esquina de la calle, o servir de escuchas para los traficantes. La única diferencia es que unos hablan en español y los otros en inglés. Viven la misma tragedia».*

Cecilia Zárate-Laun tiene razón. Y la tragedia está exacerbada en nuestros dos países por políticas sociales cuidadosamente elaboradas. Si nosotros escogemos no hacer nada para cambiar el curso de las cosas, no es difícil imaginar lo que nos espera.

Rusia, rehén de un capitalismo mafioso

K. S. Karol

Como ya se sabe, la Rusia yeltsiniana ha conservado muchas características de la antigua Unión Soviética. Paradójicamente, las líneas de fractura de la sociedad liberal coinciden con las de la época comunista. Así, la nueva élite económica y política se recluta ampliamente entre los *zolotyé dietki*, esa «juventud dorada» que se impuso en los años setenta, al gozar de privilegios prohibidos a los *sieryié crysy* («ratones grises»). Como en otras partes del mundo, la Mafia utiliza a unos y a otros para extender su poder.

He aquí la última anécdota que se cuenta en Moscú: el primer ministro, Víctor Chernomirdin creía ver, al fin, la luz al término del túnel ruso, mientras que, en realidad, se trataba de la de otro tren que avanzaba en sentido contrario... Expertos del Banco Mundial estiman que Rusia, con un crecimiento anual del 7 por 100, tardaría veinte años en recuperar el potencial económico que ha perdido bajo el régimen de Borís Yeltsin. Pero el Kremlin apuesta este año por un crecimiento de apenas el 1,5 por 100. Dejo al lector el cálculo del tiempo que necesitará el tren ruso para salir del túnel.

Faltan palabras para describir el desastre. Pero el discurso sobre el caos ruso se ha vuelto aburrido. Para evitarlo, vamos a centrarnos en lo que, en todas partes, incluido el Kremlin, se conoce como el «capitalismo mafioso ruso».

En 1984 se advirtió, por primera vez, que los jóvenes soviéticos se dividían en *zolotyié dietki* y *sieryié crysy* («juventud dorada» y «ratones grises»). ¿Cuál era el origen de estas expresiones?

Durante el decenio de Nikita Jruschev, entre 1954 y 1964, disminuyó la movilidad social en la URSS. Al no estar ya amenazados por la ciega represión estalinista, los que ocupaban puestos de mando consolidaron sus posiciones y, de esta forma, cristalizó en la URSS una «*élite del poder*» comparable, en ciertos aspectos, a la que C. Wright Mills había descrito para Estados Unidos. Para este gran sociólogo americano, la élite no estaba compuesta solamente por los poseedores del poder político y económico, sino también por otros «*ricos-y-célebres*» que, de Hollywood a la gran prensa de la costa este, practicaban «*la gran celebración americana*».

En la URSS, los «ricos» eran los que se beneficiaban de los privilegios. Aunque sus fortunas no fueran fastuosas, vivían con gran boato en relación con el resto de la población y al no formar parte de la «élite del poder» soviético habían dejado de creer en los valores de su sociedad con la mirada vuelta en secreto hacia los auténticos ricos del otro lado del océano.

Desde 1971, al dejar de ser impermeable el «telón de acero», las élites rusas —y solamente ellas— comenzaron a viajar a Occidente. Este privilegio valía probablemente más que cualquier otro. Gracias a él, podían conocer el gran mundo y conseguir bienes imposibles de encontrar en la URSS. Poco a poco, Moscú comenzó a importarlos en cantidades insuficientes para todos; tan sólo en beneficio de la élite y sus hijos. Fue así como apareció el fenómeno de los *zolotyié dietki*. Vestidos a la occidental, tenían sus discotecas, sus organizaciones, en resumen, su pequeño mundo aparte al que los otros jóvenes, los *sieryié crysy*, no tenían acceso.

Estos «ratones grises» buscando, también, la consecución de estos signos de distinción, se acercaban a los visitantes occidentales suplicándoles que les vendieran sus ropas y otras fruslerías. Estallaron escándalos en todas partes: en Róstov-del-Don por ejemplo, las estudiantes fueron pinchadas con alfileres por haberse acostado con extranjeros por un par de pantalones vaqueros. Era demasiado para el *Komsomólskaia Pravda*, que no les evitó el sermón. Lo que suscitó, a su vez, una avalancha de cartas, impensables en otros tiempos, sobre el tema: «*Haced vaqueros tan buenos como los americanos en lugar de darnos lecciones de moral*».

En 1984, los teatros pusieron en escena muchas obras que denunciaban el egoísmo de los *zolotyié dietki* y su conducta «*asocial*». Se daba la palabra a los *sieryié crysy* para que lanzaran requisitorias contra la discriminación de que eran víctimas. Durante el espectáculo, el público se reía de buena gana de quienes sermoneaban a los jóvenes.

La menor alusión en la escena a *Pravda* o *Izvestia* levantaba una tempestad de risas. En algunas películas se mostraba la corrupción de los funcionarios y se veía a mujeres jóvenes haciendo la carrera mediante los mismos métodos que las estudiantes de Róstov para conseguir los vaqueros.

Un año después, Mijaíl Gorbachov llegó al poder. Entre sus primeros eslóganes figuraba la *glasnost* (transparencia); invitaba a la sociedad a decir en voz alta lo que pensaba. De esta apertura valiente se aprovecharon el conjunto de los «ricos y célebres» del mundo intelectual —sobre todo los *media*— y los *zolotyié dietki* convertidos en adultos. No podía ser de otra manera ya que eran los mejor situados para expresarse. Querían una sociedad «*normal, basada en la propiedad privada*». Y como Gorbachov insistía en una «*opción socialista*» mal definida, se pasaron con armas y bagajes al campo de Borís Yeltsin, que no teorizaba nada y quería solamente el poder, dispuesto a destruir la URSS para obtenerlo.

Alcanzar y superar a los ricos americanos

Desde la apertura de una transición hacia la economía de mercado, un fuerte contingente de *zolotyié dietki* se lanzó a hacer toda clase de negocios. Estos jóvenes lobos llevaban diez largos de ventaja a los *sieryié crysy*. Casi todos titulados, chapurreaban un poco de inglés aprendido durante sus viajes al extranjero y se beneficiaban, sobre todo, de las relaciones de sus padres. Esto bastaba para obtener un puesto de *broker* en la Bolsa, acumular los primeros millones, fundar un banco o una compañía de *import-export* y convertirse en fabulosamente ricos.

Decidieron llamarse los «*Manhattan boys*», porque su ambición era, como en el viejo eslogan soviético, «*alcanzar y rebasar*» a los ricos americanos. Algunos lo han conseguido al parecer, pero, como diría la BBC, «*no se puede conseguir la confirmación por una fuente independiente*»: no declaran sus ganancias en Rusia y exportan sus capitales al extranjero.

Desde el momento en que se llega a Moscú se ve a estos niños malcriados fardar con sus automóviles de lujo —poco aptos para las calles de la capital— en compañía de bellas muchachas y protegidos por una cohorte de gorilas. La carrera desenfrenada hacia los *bucks* (dólares) les ha transformado en robots que no piensan más que en especular. Una anécdota moscovita cuenta que un «*Manhattan boy*», que acaba de escapar milagrosamente a un atentado, llora por sus suculentos contratos reducidos a cenizas en el incendio de su coche y cuando alguien le hace notar que ha perdido también el brazo izquierdo, le oye exclamar: «*¡Mierda, tenía en la muñeca un Rolex de oro!*».

¿Están relacionados con la mafia? Todas las fortunas, acumuladas demasiado deprisa, corren riesgos si no se las «legaliza» mediante el blanqueo del dinero negro. La mafia sabe hacerlo y, en este punto, los «*Manhattan boys*» no pueden prescindir de ella. ¿Por qué iban a dudar? Se les ha enseñado, desde la cuna, que una ilegalidad no es un mal si no corre el riesgo de ser investigada. Y en nuestros días, ese riesgo ya no existe. El Kremlin se dedica a proteger la seguridad; y las leyes están hechas para favorecerles. Desde 1992 no ha habido ni un solo proceso por malversación de bienes públicos, incluso esta denominación ha desaparecido del código penal.

Cuando, a finales de 1991, Borís Yeltsin formó su nuevo Gobierno, el entusiasmo de los occidentales no tenía límites. Un puñado de jóvenes, que no pasaban de los cuarenta años —Egor Gaidar, Andrei Kozirev, Grigori Chubais, Borís Fiodorov, Piotr Aven y Guennadi Burbulis— entraban en el Kremlin sin haber ejercido altas funciones en el seno del antiguo Partido Comunista de la URSS. Rusia se veía, por así decirlo, liberada de los *apparatchikis*, con la excepción de Borís Yeltsin, pero él iba a probar la sinceridad de su adhesión a la democracia al elegir a estos jóvenes liberales thatcherianos.

Salvo que se trataba precisamente de los mismos *zolotyié dietki*, hijos de los nomenklaturistas de alto vuelo que se nos describieron durante mucho tiempo como «*desprovistos de escrúpulos y fascinados por la forma de vida americana*». Como siempre habían vivido en su pequeño mundo, no conocían prácticamente nada de la complejidad del país. Les faltaba ese mínimo de sensibilidad social que frena —a veces— los ardores de la derecha en Occidente. No hay que sorprenderse, por tanto, de que los *zolotyié dietki* se hayan lanzado en brazos del Fondo Monetario Internacional y que se hayan mostrado todavía más indiferentes que los funcionarios internacionales respecto a la fractura social.

La diferencia entre el 10 por 100 de los rusos más ricos y el 10 por 100 de los más pobres es de 20 contra 1, cuando en Occidente se considera que no supera el 10 contra 1 o, incluso, el 6 contra 1 (es el caso de los países escandinavos). Batiendo así los récords de desigualdad, el régimen ruso está permanentemente expuesto a una explosión social. De repente se ha visto obligado a tolerar lo que pueda contribuir a desactivarla. Incluidos los métodos más sospechosos que recuerdan a la mafia.

Los rusos viajan mucho, pero raramente por placer. Van a Turquía, a Chipre, a Italia, a Grecia, a China y a otros países para comprar bienes de consumo que pueden encontrar, sin embargo —y en abundancia—, en sus propias ciudades. ¿Cuál puede ser la rentabilidad de estas costosas expediciones que exigen importantes gestiones y gastos para obtener visados de entrada en esos países lejanos y plazas en los aviones? No es el único misterio de este turismo comercial. Los que lo practican no son ricos precisamente. Son los «ratones grises», un poco envejecidos, que no han conseguido ascender en la escala social. Se les reconoce por su apariencia, heredada de la época soviética, sus gustos modestos y su escaso conocimiento de lenguas extranjeras. En Rusia se les llama *chelnoki* (novatos) y se estima su número en 30 millones incluyendo entre ellos, muy mayoritariamente, a los que circulan por el interior del país.

Cuando se inquiere sobre este fenómeno todo se complica y se torna misterioso. Mientras que la línea aérea Rímini-Roma no existe, cuatro o cinco veces por semana aviones procedentes de Moscú o de San Petersburgo, cargados de *chelnoki*, aterrizan en Rímini en un aeropuerto diseñado especialmente para ellos. Seguidamente, sin dirigir siquiera una mirada al mar, se encaminan hacia el barrio comercial, donde se les espera con montones de zapatos *made in Italy* —fabricados en Albania— y otros artículos de vestir. En Estambul, buscan sobre todo televisores y electrodomésticos. Los *chelnoki* pagan al contado, en dólares. Ignoran las tarjetas de crédito, no regatean, no exigen garantías ni recibos. Se trata, sin embargo de sumas que alcanzan a veces cientos de miles de dólares y resulta chocante que se gasten sin tomar precauciones ni recibir comprobantes contables. Parece evidente que un *chelnoki* no es propietario de este dinero. Si lo fuera, se habría establecido por su cuenta en Moscú o en otro lugar de Rusia. Visto su volumen, no puede vender por sí solo estos bienes importados. Su distribución constituiría un trabajo con dedicación exclusiva.

En el *Izvestia* del 7 de marzo de 1997, Igor Ilinguin, director de información en el Ministerio de Relaciones Económicas Exteriores, estima la totalidad de las importaciones efectuadas por los *chelnoki* en 15,4 millardos de dólares en 1995, y en 15,6 millardos en 1996. El «*chelnokismo*» dentro de Rusia no se ha contabilizado, pero se puede suponer que su cifra de negocios es mucho más importante.

La mafia mueve los hilos

Rusia ya no consigue vender sus productos de consumo en el mercado interior, monopolizado por los bienes extranjeros. Pero no controla sus importaciones, aseguradas por los *chelnoki*. No percibe entonces más que una pequeña parte de los derechos de aduana; dos tercios de las mercancías pertenecen al «ni visto ni conocido».

Dado que el impuesto de sociedades se calcula a partir de la cifra de negocios y no de beneficios, es fácil calcular la pérdida para el Tesoro ruso. Para remediar un poco este lucro cesante, el Kremlin intentó fijar en 1996 tasas para quienes introducen desde el extranjero más de 50 kilos de equipaje. Y en 1997 decretó que cada ruso que viaje al extranjero pague once dólares a la ida y otros tantos al regreso. La reacción en la prensa no ha permitido que entraran en vigor estos *úkases*. No tienen, por tanto, que inquietarse los *chelnoki*.

«El *chelnokismo*, dice un moscovita, *no es más que una válvula de seguridad para dejar escapar el exceso de presión de la base. Sin él —y sin el omnipresente comercio callejero— la olla habría explotado hace ya mucho tiempo*». Esto no quiere decir que el Gobierno haga funcionar esta enorme máquina comercial. No; es la mafia quien tira de los hilos.

¿Por qué necesita un comercio tan complicado mientras que en Moscú, o en San Petersburgo, recoge el dinero en las calles? Precisamente para blanquear ese dinero. Un *chelnoki* con 50.000 dólares no es sospechoso ni en Estambul ni en Rímini. Tampoco lo son mil *chel-*

noki con la misma suma cada uno... Mediante lo cual se pueden inyectar miles de millones en el circuito legal y este dinero es limpio... *«como la nieve en la cima del Kazbek»*.

Un *chelnoki* no sabe, en general, que al aceptar un encargo para ir al extranjero se convierte en un soldado de la mafia. Alguien le ha hecho la oferta por recomendación o en algún encuentro casual. Advirtiéndole siempre que si se atreve a quedarse con esos dólares se le descubrirá y será castigado severamente. Parece que los raros pájaros que han intentado volar han sido ejecutados con una crueldad inaudita. La mafia rusa tiene la reputación de ser más violenta y más despiadada que la siciliana o la americana. Esta crueldad caracteriza, sobre todo, a la mafia de la droga, de la que se habla mucho, así como a la de la prostitución que ejecuta, según parece, a las insubordinadas incluso por una infracción mínima. La importancia del «*chelnokismo*» ya ha dejado su huella en la sociedad, en sus costumbres y en sus hábitos.

Supongamos que los *chelnoki* ignoran absolutamente, al partir, quién mueve los hilos. Pero no pueden, al menos, dejar de notar, al regreso, que se les despoja de la mayor parte de sus ganancias. Pues la mafia no permite a un *chelnoki* enriquecerse para que no piense siquiera en trabajar por cuenta propia. Lo mismo vale para los gestores de los kioscos, en las cuatro esquinas del país, a los que llega la mercancía importada. Se dice que son todos víctimas del *racket*, practicado a lo grande, incluso a dos pasos del Kremlin. Pero ¿puede hablarse de extorsión cuando se trata de una cogerencia de hecho, aceptada en lo alto y en la base, y prácticamente legal?

Porque el sistema está basado en una connivencia benévola entre un amplio sector de la población y una organización invisible considerada como benefactora. Ningún *chelnoki* denunció nunca haber sido abandonado después de su periplo en el extranjero; ningún gerente de kiosco habla de extorsión. La mafia es su «sindicato», les protege de la miseria, les ofrece a veces ganancias consistentes. En Sicilia, esto se llama la *omertà*, la ley del silencio que constituye la fuerza de esta organización criminal. Demasiada gente cree que la mafia les protege mejor que el Estado y sus leyes. Pero, para echar raíces así en su isla, la «honorable sociedad» necesitó más de un siglo; en Rusia han bastado cinco años para incorporar a cientos de miles de personas. ¿Cuánto tiempo será necesario para extirparla?

En su mensaje al Parlamento, Borís Yeltsin explicó el año pasado que «*la libertad de vender y de comprar*» no debe traducirse en «*la libertad de comprar leyes, tribunales y funcionarios*», lo que es «*inmoral y peligroso para la sociedad*». El moralismo presidencial es de una ingenuidad que desarma. Pues es su propio entorno el que compra las leyes. Pero el presidente no quiere separarse de él. Se siente unido a estos ex *zolotyié dietki* que no han cambiado de mentalidad. Esto ha sido magníficamente ilustrado por un chiste de Guennadi Burbulis (antes, el brazo derecho de Borís Yeltsin, con el cargo, a la americana, de secretario de Estado). Interrogado acerca de su afición por los automóviles de lujo respondió: «*No me gusta viajar en tranvía*».

Ya en 1984, en una obra de teatro se escuchaba la misma frase denunciando a los jóvenes depravados, convencidos de que los coches de lujo eran para ellos y los transportes comunitarios para los *sieryié crysy*. Entonces, el público se reía. Ahora, en un país donde el 60 por 100 de la población vive por debajo del umbral de pobreza, estas costumbres de la élite hacen, más bien, llorar.

Capítulo 6

PLANETA Y ESPECIE HUMANA

La dinámica capitalista, sometida a nuevas tensiones, tropieza, en primer lugar, con una crisis energética mundial que no podrán resolver ni los paliativos ni guerras como la del Golfo. Todas las sociedades se ven afectadas. De ahí la urgencia de una reflexión y de una acción que conduzcan, más allá del asunto de la energía, a una revisión de las ideas sobre el crecimiento, la aplicación de la ciencia y el desarrollo de la población.

Energía y crecimiento demográfico

Jean-Paul Deléage y *Daniel Hémery*

Muchas civilizaciones han experimentado graves crisis en relación con la energía. Pero el capitalismo parecía haberse despreocupado de esta tensión: obtenía su aparente infinita capacidad de reproducción de la utilidad que sacaba de las inmensas reservas de energía fósil disponibles a bajo precio. Su desarrollo sólo estaba marcado por las crisis derivadas de los desequilibrios cíclicos entre la lógica de la inversión y la del consumo. Pero, en cada momento, se veía obligado a extender el área de abastecimiento para su sistema energético y a desplazar las fronteras formales.

Desde hace dos decenios ya no ocurre lo mismo. En el centro de la dinámica del capitalismo hay una crisis cuyo final no se vislumbra y que determina los grandes enfrentamientos políticos que marcan su trayectoria histórica. El sistema energético mundial era el envite de la crisis del Golfo, pero la paradoja es que ésta sólo se enfocó —excepto por los especialistas de la economía petrolera— bajo el ángulo político, el estratégico y el militar. Sin embargo, el conflicto, en su base, sólo era un episodio de la lucha por el reparto de la renta petrolera (en 1990, los intercambios de petróleo alcanzaron los 700 mil millones de dólares).

Se está librando una guerra implacable para apropiarse de los beneficios que engendran las fuentes energéticas; pero esta guerra es también la que están librando los hombres contra la naturaleza para aumentar la base de esos beneficios. Con respecto a estos dos puntos, el campo de batalla del Tercer Mundo es el más desconocido, pero no el más reducido. La crisis de la madera sigue agravándose bajo el efecto de la mayor demanda, por parte del Gargantúa industrial para obtener madera de construcción y por parte de los campesinos asiáticos para obtener su combustible básico, África y América Latina. El principal resorte del desequilibrio es el increíble crecimiento de estas poblaciones, debido a su introducción en la fase de la transición demográfica y a la ausencia de la revolución energética en los campos pobres y superpoblados del sur.

El caso de China sirve de ejemplo. Una familia china gasta treinta y seis veces menos energía que una norteamericana, y el consumo de electricidad por casa en China es inferior a 120 kw/h por año, lo que una nevera norteamericana de relativo buen rendimiento consume en dos meses.

Menos del 10 por 100 de las familias chinas tiene una nevera y, en las zonas rurales, se utiliza madera y paja para cocinar y calentarse. La mayoría de las familias campesinas y millones de hogares urbanos utiliza todavía madera y carbón. Esto trae como consecuencia que el bosque chino, uno de los más gravemente afectados, ya sólo se extienda por el 8 por 100 al 10 por 100 del territorio.

Incalculables efectos sociales

En el conjunto del Tercer Mundo (incluida China) —cuya población se estimó en 2.100 millones de personas en 1960 y que debería aproximarse a 7.000 en el 2025—, el consumo de energía es muy débil en comparación con el de los países industrializados: en Nigeria, que no es el país más desprovisto, el consumo medio anual por habitante en 1989 fue sólo de 2 barriles, principalmente de combustibles tradicionales, frente a más de 40 barriles, de energía fósil o de electricidad, en Estados Unidos y Canadá. Este consumo aumentará cada vez más, pero, debido a la falta de medios económicos, el uso de energías comerciales corre el gran riesgo de limitarse al sector urbano e industrial. Como consecuencia, crecerán rápidamente la demanda de madera y la presión sobre las muy débiles reservas forestales de los países tropicales y subtropicales. Sus efectos medioambientales y sociales serán incalculables, como queda demostrado por el estado de los ecosistemas del sureste de Asia, de Amazonia y de África.

En su vertiente industrializada, el mundo vive desde 1973 el momento de la crisis petrolífera recurrente. Después de las dos subidas de 1973 y 1979 y de la bajada de 1986 se ha producido una tercera subida desde agosto de 1990, aunque es cierto que 25 dólares de 1990-1991 apenas corresponden a los 10 dólares obtenidos en octubre de 1973. El envite fue el mismo en cada ocasión: repartir la renta petrolera —que hasta 1970 se repartían prácticamente las empresas occidentales— entre estas últimas y los nuevos participantes en el mercado. Estas pruebas se despliegan en el triple contexto de una creciente demanda, de una tendente lentificación de las tasas de aumento de producción y de un agravamiento de la crisis ecológica provocada por el uso de combustibles fósiles.

Pasa lo mismo con el conjunto de los combustibles fósiles. Se estima en 10.000 millones de barriles el tonelaje por explotar, es decir, ciento setenta años de consumo en su actual nivel. Mucho más breve será la duración de la explotación de las reservas de petróleo y de gas. Si el consumo acumulado sigue duplicándose cada quince o veinte años, como ocurre desde hace un siglo, el 80 por 100 de las reservas explotables desaparecerá de aquí a treinta o cuarenta años. El último choque petrolífero evidenció, más que ningún otro, la vulnerabilidad de las economías industrializadas, su gran dependencia del Próximo Oriente que aseguraba en 1989 el 53 por 100 de la exportación mundial de crudo y el 21 por 100 de la de los productos refinados. Esta dependencia creció de nuevo después de la caída de los precios de 1986, debido al abandono de la política de ahorro de energía y de la sustitución de nuevas ramificaciones de hidrocarburos. El consumo de petróleo de los países de la OCDE, que no había dejado de disminuir desde 1979, aumentó desde 1985, pasando de 34 a 38 millones de barriles diarios.

La crisis de 1991 demostró la extremada rigidez y la verdadera dinámica de la economía petrolífera. Toda bajada de las cotizaciones del crudo significa una vuelta al consumo, disminuye las ganancias susceptibles de financiar las producciones más caras, los «nuevos petróleos» (de América del Norte, del Ártico, etc.) y la exploración de las zonas de riesgo; bloquea el desarrollo de la energía nuclear y de las otras energías competidoras (gas, carbón), acrecienta la dependencia de la demanda mundial con respecto a los productores cuyos costes son más bajos, es decir, los de la OPEP. Pero siempre llega el momento en que la demanda dirigida a estos últimos alcanza su máxima capacidad de producción. De esta manera, maduran las condiciones de una brutal subida de los precios. La crisis periódica se inscribe en la estructura física, política, militar y comercial de un sistema estructurado alrededor de un organigrama dominante y que se desarrolla según la prioridad de la lógica de la oferta.

El conflicto del Golfo también demostró el enorme riesgo de desestabilización de la economía mundial que conlleva la preponderancia del organigrama petrolífero. El período de reacción de éste a las crisis coyunturales es casi tan largo como el de los de gran inversión, el nuclear o el carbón. Es decir, se trate de Estados Unidos, de la OPEP —también desgarrada por el conflicto del Golfo—, de la Agencia Internacional de la Energía (AIE), creada en 1974 como respuesta a la OPEP, o de los «grandes», ninguna de estas fuerzas controla el mercado; hecho demostrado por el contragolpe de 1986.

La tercera dimensión de la crisis fue el fracaso de las tentativas de disminuir las tensiones, por medio de la inclusión del organigrama nuclear en el sistema mundial. Este organigrama no logró movilizar el enorme capital necesario para su financiación. Pero el verdadero talón de Aquiles fue la total pérdida de credibilidad después de los accidentes que se produjeron en Three Mile Island y sobre todo en Chernóbil. La oposición a la energía nuclear se ha endurecido en todas partes. El organigrama supergenerador ha sufrido una absoluta derrota. La industria nuclear no ha podido remontar su principal escollo, el «mayor riesgo», cuya probabilidad y dimensiones son incalculables. Cuando se comprobaron en la realidad, sobrepasaron todas las previsiones de los guiones arrogantes y generalmente tranquilizadores escritos por ingenieros y científicos.

La otra cara del riesgo nuclear es la imposible gestión de los residuos radiactivos, sin olvidar la inevitable incidencia del aumento de programas civiles de proliferación de la bomba. Cuando los noventa y seis reactores en construcción se acaben producirán 10.000 toneladas de residuos por año; como cada uno de los actuales emplazamientos de almacenamiento puede contener 70.000 toneladas, se tendría que crear uno nuevo cada siete años... De todas maneras —y quizá es esta la verdadera razón del fracaso—, el organigrama nuclear no ofrece ninguna perspectiva de producción a precios tan bajos como los que la electricidad de origen hidráulico o térmico ofreció antes de 1976. En el caso del sistema existente, lo nuclear lo demuestra: la energía siempre será cara, y puede considerarse que la mayoría de los países industrializados ha alcanzado el umbral desde el cual todo nuevo incremento de la producción comporta más gastos que beneficios. La huida hacia un productivismo de coste creciente global pierde entonces su sentido económico.

Retrospectivamente, los historiadores muy bien podrían ver a finales del siglo XX un principio de toma de conciencia de las limitaciones de nuestro mundo: recursos limitados, espacio limitado. Y en el centro del problema, la energía; que jamás se ha consumido tan abundantemente, que nunca ha estado tan mal repartida. El conflicto entre la tendencia al crecimiento indefinido y los límites infranqueables de la naturaleza corre el riesgo de culminar, en el siglo XXI, en el fenómeno de la desviación antrópica de los climas debido al aumento del efecto invernadero.

Controlar, economizar

A partir del año 2050, el nivel del mar podría elevarse 2 metros. Las consecuencias podrían ser especialmente graves para las regiones costeras superpobladas de los deltas en los grandes ríos de Asia. Se produciría un desplazamiento de decenas de millones de personas, que engrosarían el número de millones de «refugiados del medio ambiente» que viven en las chabolas del Tercer Mundo. Este peligro demuestra cuán urgente es tomar alternativas de conjunto. De hecho, constituye una oportunidad para volver a lanzar la industria nuclear, sobre todo en Japón y en Europa del este. Por el contrario, y con razón, los movimientos ecologistas insisten en la necesidad de una política vigorosa de control y ahorro de energía. Igualmente crucial es el debate sobre las actuales modificaciones bioclimáticas que afectan a la producción forestal y sobre todo agrícola, y que podrían favorecer a las regiones frías para que abastezcan de cereales en óptimas condiciones; otras zonas tendrían que enfrentarse a situaciones más difíciles. Así, la estructura energética mundial está corriendo el riesgo de experimentar una redistribución general de las relaciones de fuerza y de poder entre grupos sociales, naciones y Estados, sin que por ello los Estados más desprotegidos se vean beneficiados.

Reorientar el sistema energético es invertir las tendencias extremadamente poderosas que se han impuesto desde principios de la revolución industrial. Este desafío tiene que afrontarse dentro de ciertas dimensiones ecológicas y técnicas, culturales y sociales. La mejora de la eficacia energética y el recurso a las fuentes renovables, la desaparición del despilfarro, el rechazo a la tala en los países tropicales, todas estas cosas sólo se podrán conseguir con una profunda reforma —a escala local, regional y continental— de los modos de producción y de reparto de las riquezas que predominan en el mundo.

La dimensión continental es particularmente pertinente para los pueblos europeos. En efecto, ciertos elementos de esta transición se han establecido perfectamente a esta escala. Estos elementos sufren un reacondicionamiento del espacio: espacio urbano —cuyo desarrollo está ligado a las selecciones de la producción, a la agricultura industrializada, a la hipertrofia de los aparatos del Estado, a las desigualdades sociales—, espacio rural y espacio marítimo. En el terreno del transporte existen varias alternativas.

Si se aplicasen las recomendaciones de un estudio reciente [1], basado en el uso de todos los recursos técnicos disponibles y de reglamentaciones más estrictas que las actuales, se lograría la reducción en un 25 por 100 del consumo de petróleo en este sector y en un período de veinte años; es decir, 50 millones de toneladas equivalentes de petróleo (tep) por año para la CEE.

Pero no habrá reorientación ecológica y humana sin un masivo traslado a los ferrocarriles de las inversiones en carreteras, sin una masiva reducción del uso del automóvil privado y de los transportes por carretera. En Europa, la intensificación de los transportes aéreos, así como el uso creciente del automóvil en la ciudad, sólo obedecen a la racionalidad del absurdo.

Cualquier producción electronuclear de un país europeo afecta a todos los pueblos del continente; lo mismo sucede con la combustión de los recursos fósiles. La transición a escala europea valorizaría la complementariedad entre los yacimientos de energías fósiles y renova-

---

[1] Jean-Pierre Orfeuil, «Transport, énergie, environnement: le scénario Prométhée», *Futuribles*, nº 148, París, noviembre de 1990. Veáse también Daniel Spelding, Alternative Transportation Fuels: An Environmental and Energy Solution, *Quorum Books-Greenwood*, *Westport*, Connecticut, Estados Unidos, 1989.

bles de las grandes regiones biogeográficas de la zona. A través de la economía de inversión se favorecería la puesta a punto técnica y científica de una alternativa energética. Esta transición implica recurrir lo menos posible a todas las energías renovables, en particular la solar[2], y el desarrollo de la cogeneración electricidad-vapor, que multiplica por dos la energía útil extraída de un recurso dado. Pero también es muy importante actuar sobre el consumo en todos los sectores: producción, hábitat, desplazamiento... Algunas medidas de ahorro y de uso racional ya han probado su eficacia: entre 1973 y 1987, la cantidad de petróleo necesaria para producir el equivalente de 1 dólar de Producto Nacional Bruto (PNB) disminuyó un 35 por 100 en América, un 40 por 100 en Europa y un 50 por 100 en Japón.

Mucho más eficaz que las inversiones concentradas de los programas petrolíferos y nucleares es el ahorro en el hábitat y en el sector terciario, en la industria y en los transportes; permitiría revitalizar el tejido industrial, crear empleos duraderos, participar en la nueva orientación de los modos de producción y de vida. Esto es una realidad en Europa occidental, pero mucho más en la del este, donde la drástica reducción de un insensato despilfarro ofrece enormes posibilidades de ahorro de recursos y de creación de empleo.

Estas nuevas orientaciones no pueden concebirse sin una radical modificación de las opciones económicas que moldean a las civilizaciones durante largos períodos de tiempo, sin una ampliación de la democracia política y social, sin transformaciones profundas en los comportamientos de los individuos y por tanto de los sistemas educativos. En Europa, la gran mayoría se encontró y aún se encuentra ante hechos consumados. Las opciones son privativas de los grupos tecnocráticos ligados al poder financiero y estatal.

En los dos frentes, ecológico y social

Mientras que los progresos científicos deberían incrementar las

---

[2] *Systèmes solaires*, número especial 64-65, «Du neuf sous le soleil», París, enero 1991; Jacques Roturier y Evan Mills, *Les économies d'énergie*, La Recherche, nº 229, París, febrero de 1991.

posibilidades de las opciones técnicas, el modo de producción capitalista restringe las opciones reales bajo el aparente viso de la diversidad del sistema mercantil. Nada variará si no se atacan estos problemas simultáneamente en los dos frentes, ecológico y social. El paro masivo no se ha generado debido a un sistema productivo ecológico, sino justo por lo contrario. La nueva orientación energética está ligada al pleno empleo y a la reducción del tiempo de trabajo asalariado que comporta. Sería irresponsable cualquier tipo de compromiso sobre la gestión ecológica que diese plenos poderes a los actuales dirigentes de la economía para regular los problemas de trabajo asalariado. La lucha contra la subordinación de los seres humanos a la máquina y la lucha contra la destrucción de los ecosistemas corren parejas. La reducción del tiempo de trabajo es inseparable de la orientación hacia una producción más económica en energía y en recursos. Durante los últimos veinte años, el haber tenido en cuenta los costes ecológicos ha provocado el aumento en un tercio de los costes de producción de los productos petrolíferos, y la mitad en los de la electricidad. Los costes ecológicos y sociales que no se han tomado en consideración siguen siendo enormes y están en general en alza para la mayoría de las formas de energía: riesgos de muertes o de enfermedades como consecuencia de emanaciones tóxicas o de accidentes en las centrales, consecuencias a largo plazo en la biosfera y sempiternas guerras del petróleo.

En los países industrializados, la gravedad de los problemas, la toma de conciencia de sus gentes, el mayor poder de los movimientos y de los partidos ecológicos van a favorecer sin duda el ensanchamiento de las prerrogativas del Estado protector con vistas a una gestión más «medioambiental» de los recursos. De este modo, asistiríamos a la emergencia de una nueva mutación del capitalismo, que aceptaría, al menos parcialmente y en sus «bastiones» del norte, ocuparse de la naturaleza como hiciera el keynesianismo con respecto a las contradicciones sociales. Sin duda, casi todos los países industrializados son capaces de orientarse hacia sistemas más económicos en recursos, sin agravar las condiciones de existencia y actuando sobre los aumentos de la eficacia energética financiados con impuestos sobre las energías más contaminantes. Y no hay que subestimar la colosal inercia de los sistemas empleados.

Dos ejemplos: con el actual ritmo de construcción, hasta el 2060, el sector francés de la vivienda no se beneficiará globalmente del ahorro de energía implicado en las nuevas reglamentaciones establecidas en 1989. En el parque automovilístico, el impacto de los programas de investigación de los años ochenta sólo se hará visible en Europa hacia 2010. ¿Cuántos choques energéticos y cuántas guerras habrá hasta entonces? La mayoría de los países en vías de desarrollo aspira, por su parte, a una industrialización comparable a la que conocieron los países ricos gracias a una energía barata. Su pobreza les conduce a soluciones cuyos costes económicos inmediatos son los más bajos. Los perjuicios del uso de energías contaminantes parecen ser el precio que hay que pagar para poder desarrollar la economía y, a la vez, hacer frente a una demografía galopante. La persecución del espejismo del crecimiento puede aumentar la factura que deberán pagar las generaciones venideras para paliar la degradación del medio ambiente. Sin embargo, estos países son los más proclives a esta degradación.

Hablando en términos económicos, el Banco Mundial ha evaluado en 100 mil millones de dólares anuales las necesidades del sector del equipamiento eléctrico de las naciones en vías de desarrollo; los organismos internacionales sólo pueden aportar 20 mil millones.

Se han cerrado para todos las vías del pasado al tenerse en cuenta inevitablemente los costes de producción de la energía. Los proyectos apoyados por el Banco Mundial, y que, dirigidos a aumentar la producción y el consumo a partir de grandes redes centralizadas, no responden ni a las necesidades ni a los medios de la mayoría de la población del Tercer Mundo. Las otras vías posibles se inscriben en una estrategia del tipo de DEFENDUS (por *development-focused, end-use-oriented, service-directed energy scenario*), que integra medidas de ahorro y de uso de energías renovables al servicio del conjunto de los usuarios [3]. Esta estrategia preconiza la instalación de luz eléctrica en todas las viviendas, de cocinas económicas, de calentadores solares, etcétera.

Recomienda el uso equilibrado de energías variadas, en particular renovables, con cuatro prioridades para lanzar las bases de un desarro-

---

[3] Amulya Reddy, José Goldemberg, «L'énergie dans les pays en développement». *Pour la science,* n.º 157, París, noviembre de 1990.

llo viable: dar una importancia preponderante a la satisfacción de las necesidades energéticas básicas; evitar las obligaciones económicas que dificultan actualmente las técnicas clásicas; consumir los recursos de forma más eficaz; organizar la producción y el uso de la energía de manera que el impacto ecológico sea menor.

¿Cómo se puede orientar voluntariamente hacia un nuevo equilibrio duradero y equitativo la transición energética en la que ha entrado casi inconscientemente la humanidad? Tal equilibrio sólo se podrá alcanzar con una concienciación colectiva sobre el estado del mundo. Esta comprensión podrá surgir únicamente a través de debates públicos sobre las relaciones entre los modos de vida y de energía, entre la guerra y la paz, a través de la búsqueda de soluciones democráticas para salir del actual estancamiento.

El interés de toda la humanidad está más ligado que nunca al de los «condenados de la Tierra». No obstante, las advertencias de control de la energía serán vanas mientras la transferencia masiva de recursos no permita a aquéllos la promoción de un desarrollo compatible con la mejora del medio ambiente y de las condiciones de vida; no tendrán efecto sin una encarnizada lucha contra las fuerzas que dominan el mundo, que han invertido mucho en las grandes industrias de producción de energía y que quieren sacar el máximo provecho de sus inversiones. Si la población sigue aumentando, dichas advertencias serán papel mojado. El crecimiento demográfico agrava los problemas sociales y ecológicos, y no se vislumbra en absoluto cómo podría estabilizarse la población antes de la mitad del siglo que viene, por debajo del doble de su nivel actual[4].

Cualquier otro discurso es pura demagogia e irresponsabilidad. En efecto, la estabilización del consumo actual —ya problemática, ecológica y técnicamente— conduciría, con un reparto estrictamente igualitario de la energía disponible, a unos niveles de consumo por cabeza de menos de la mitad los niveles actuales de consumo de los europeos del oeste. Si se admite este consumo-límite como un máximo aceptable para todos —cosa difícil de demostrar—, la producción de energía debería doblarse en menos de dos generaciones, teniendo en

---

[4] Léase al respecto «Démographie, développement, démocratie... et immigrations», *Le Monde diplomatique*, mayo de 1990.

cuenta las hipótesis más probables de crecimiento demográfico. En un contexto de crisis generalizada respecto de la atmósfera, el agua, la tierra, la alimentación, etc., el futuro de todas las sociedades está en una revolución energética que sólo se producirá si cesa la hemorragia que, desde hace un siglo, vacía el campo de su gente y engrosa la miserable población de las ciudades irracionales. Y esta revolución energética es indisociable de otra revolución —política, social y cultural— sin precedente histórico.

Capítulo 7

MUJERES Y EQUIDAD SOCIAL

La desigualdad entre los sexos se mantiene y se reproduce en todos los sistemas políticos y sociales, aunque adopte formas diversas y cree nuevos problemas.

La situación de las mujeres se mueve en un arco que va de la lucha por una interpretación del pensamiento religioso musulmán que permita el reconocimiento de los mínimos derechos a las mujeres a la brutal irrupción del paro en las antiguas democracias socialistas que las castiga con especial virulencia, pasando por el enfrentamiento en las democracias occidentales entre la discriminación positiva, que intenta paliar los resultados de la desigualdad social y el auge de las actitudes más virulentamente conservadoras, que pretenden el regreso de la mujer al hogar.

El derecho a la equidad entre los sexos está dificultado por la aparición de nuevas desigualdades, a veces sutiles y, más generalmente, escandalosamente injustas.

En el corazón del dominio masculino

Alain Bihr y *Roland Pfefferkorn*

Al cabo de tres decenios plagados de convulsiones, un nudo de contradicciones marca la inmersión de las mujeres en la sociedad francesa; deshacer ese nudo puede desembocar en múltiples posibilidades. Para darse cuenta basta echar una ojeada al elenco de materias propuestas por Francia para la IV Conferencia Mundial sobre las Mujeres, organizada por la ONU en Pekín, del 4 al 15 de septiembre de 1995 [1]. La segunda parte se titulaba: «*Un balance contrastado: ambigüedades y paradojas*». Los otros dos apartados— «*¿De la igualdad de derechos hacia la igualdad de hecho?, progresos y logros*» y «*¿Hacia una sociedad que integra mejor los componentes masculinos que femeninos?*»— indican los limitados avances conseguidos en el camino de la igualdad y las incertidumbres sobre el porvenir de estos logros.

La «cuestión femenina» está aún lejos de su resolución: cualquiera que sea el terreno y la dimensión de la vida social que se considere, es patente la persistencia de disparidades, a veces importantes, entre la condición otorgada a los hombres y la que padecen las mujeres, a pesar del principio continuamente afirmado de la igualdad entre los sexos. Esta proclamación enmascara mal las persistentes diferencias en el acceso a la formación y al empleo, en las calificaciones y las jerarquías definidas según la división social del trabajo, en las remuneraciones profesionales, en el reparto de las tareas y funciones en el seno de la pareja y la familia, en la probabilidad de acceder a una posición social más elevada, en el espacio público y, especialmente, en el

---

[1] Claire Aubin y Hélène Gisserot, *Les Femmes en France: 1985-1995*, La Documentation Française, París, 1994. Véanse también los artículos de Sophie Sensier, «La longue marche des femmes» y de Ingrid Carlander, «La lutte inachevée des femmes scandinaves», *Le Monde diplomatique*, septiembre de 1995.

acceso a los puestos de responsabilidad política y hasta en la percepción de las pensiones[2].

Lo mismo que las desigualdades sociales, se repiten y se acumulan las que existen entre los sexos[3]: se engendran y se alimentan mutuamente multiplicando las ventajas en beneficio de unos y los perjuicios en detrimento de otros. Así, la desigual división del trabajo doméstico se convierte en un serio obstáculo para la actividad o la inversión en una carrera profesional de las mujeres. Recíprocamente, las grandes dificultades encontradas para la búsqueda o la conservación de un empleo normal (de duración indefinida, con dedicación exclusiva), respondiendo al deseo de realización personal y de promoción social, les incita frecuentemente a replegarse sobre la esfera conyugal y familiar, limitándose al trabajo doméstico. La atribución de lo privado a las mujeres (pero también su consentimiento) y la hegemonía de los hombres en el espacio público se generan y se refuerzan en un círculo vicioso.

Las disparidades entre hombres y mujeres se reproducen a través de las generaciones, no sin cambios, es cierto. Por ejemplo, los modelos sociales dominantes incitan a las adolescentes y estudiantes a limitar deliberadamente sus ambiciones, primero escolares y luego profesionales, para hacerlas compatibles con sus futuras tareas maternales y domésticas. Se sitúan así muy pronto en el modelo tradicional[4].

Si bien es cierto que algunas transformaciones importantes han mejorado considerablemente la condición femenina, también lo es que estos cambios se revelan, en definitiva, un tanto ambiguos; han venido acompañados de efectos perversos, portadores de nuevas contrariedades y otras formas de discriminación.

Por eso, aunque las colegialas alcanzan más éxitos, a menudo se ven todavía excluidas (o se excluyen ellas mismas) de los estudios que conducen hacia los puestos de dirección[5]. Si las mujeres han sabido

---

[2] Sobre el conjunto de estos puntos se encontrará una síntesis de datos disponibles en nuestra obra *Hommes/Femmes: l'introuvable égalité,* Éditions de l'Atelier, París, 1996.

[3] Alain Bihr y Roland Pfefferkorn, *Déchiffrer les inégalités,* Syros, París, 1995.

[4] Marie Duru-Bellat, Les processus d'autosélection des filles à l'entrée en première», *L'orientation scolaire et professionnelle,* nº 22, 1993.

[5] Michèle Ferrand, Françoise Imbert, Catherine Marry, «Normaliennes scientifiques et polytechniciennes: des destins improbables?», *Regards sociologiques,* Estrasburgo,

imponerse en el aspecto salarial, están todavía más amenazadas que sus colegas masculinos por el paro y la precariedad, más obligadas a tener que aceptar empleos a tiempo parcial, en posiciones subalternas y, en conjunto, están peor remuneradas. Si las mujeres han sabido conquistar cierta autonomía en la familia, sobre todo gracias a sus propios ingresos, ha sido al precio de una «doble jornada», ya que los servicios domésticos continúan estando repartidos de forma desigual[6]. Y cuando la pareja se deshace, normalmente por su iniciativa, se ven enfrentadas a nuevas dificultades ligadas a la custodia de los niños y a su relativa desvalorización en el «mercado matrimonial». Finalmente, si bien han comenzado a ocupar el campo político, todavía son mínimas magnitudes las de quienes acceden a verdaderas funciones de responsabilidad[7].

Por eso es fácil entender la falacia de la tesis de una *«feminización de la sociedad francesa»* o una *«feminización de sus costumbres»*, desarrollada con relativo éxito en estos últimos tiempos. Esta afirmación se apoya, más o menos, en la superioridad demográfica de las mujeres; el aumento de las familias monoparentales con «cabeza» femenina; el objetivo creciente de la apariencia física, asumido por el género masculino, mientras que hasta ahora era una exclusiva de las mujeres, en paralelo al desarrollo de la práctica del deporte y la moda de los productos *light* o la *nueva cocina*, etc.[8]

Esta pretendida «feminización» no es más que una cortina tras la cual se renueva, y refuerza, la dominación masculina. Hemos omitido señalar que, ahora, la identidad femenina se define por dos aspectos clásicos de la masculinidad: la posesión de un título y el ejercicio de un trabajo asalariado. La sociedad, por tanto, se ha «masculinizado»,

---

n° 9-10, 1995. La Oficina Internacional del Trabajo (OIT) acaba de demostrar la importancia del nivel de educación en la promoción y remuneración de las mujeres, a lo largo de su carrera profesional: *More and Better Jobs Women: An Action Guide,* OIT, Ginebra, 1996.

[6] Monique Haicault, «La gestion ordinaire de la vie en deux», *Sociologie du travail,* 1984/3.

[7] Eliane Viennot (bajo la dirección de), *La Démocratie «à la française» ou les femmes indésirables,* Publicaciones de la Universidad de París-VII, 1996.

[8] Claude Fischler, «Une "féminisation" des moeurs?», *Esprit,* París, noviembre de 1993.

más bien, al alinearse las mujeres, de alguna forma, en las normas tradicionales de los hombres.

La desvalorización de lo masculino, por las críticas y las conquistas femeninas, sólo ha afectado a las formas más groseras, al tiempo que se mantiene lo más espectacular del machismo —el culto a la virilidad—, sin que de ninguna manera se hayan visto afectados los fundamentos de esta hegemonía, ya sea en la educación y la enseñanza, en el trabajo, en el universo doméstico o en la esfera pública. Únicamente entre las clases populares, donde las identidades sexuales tradicionales continúan siendo uno de los principales elementos de valoración, este desdibujarse la imagen masculina ha convulsionado un poco los esquemas clásicos [9].

La emancipación femenina sigue siendo una obra inacabada, por continuar, apoyándose en las conquistas gracias a las cuales las mujeres se han convertido, parcialmente al menos, en protagonistas de su propio destino y del de toda la sociedad [10]. El principal obstáculo es todavía la perpetuación del reparto desigual de los papeles en el cerrado universo de la casa. Con la mixtificación desalentadora de la representación política, este aspecto de las relaciones entre hombres y mujeres se mantiene inmóvil en los tres últimos decenios. Las mujeres continúan asegurando más del 90 por 100 del trabajo «privado», a pesar de que en estos últimos años ha aparecido una zona negociable (la cocina, las compras, el lavado de platos) [11]. Aquí se halla el núcleo duro del actual dominio masculino.

Asaltar directamente esta ciudadela se convierte en una misión casi imposible. Se está tocando el corazón de la vida privada de los individuos. Pues toda nuestra civilización, al menos desde el Renacimiento y especialmente desde el establecimiento de los regímenes democráticos, reposa sobre principios intangibles tales como la autonomía de la intimidad, la garantía de la libertad individual en el plano

---

[9] Sobre todos estos puntos, cf. François de Singly, «Les habits neufs de la domination masculine», *Esprit*, noviembre de 1993.

[10] Sobre el papel de las mujeres en las transformaciones de la sociedad francesa, véase Jean-Pierre Terrail, *La Dynamique des générations. Activité individuelle et changement social (1968-1993)*, L'Harmattan, París, 1995.

[11] Bernard Zarca, «La division du travail domestique: poids du passé et tension au sein du couple», *Economie et statistique*, nº 228, enero de 1990.

público. En otras palabras, la desigualdad entre los sexos se engendra a la sombra de la vida privada con la coartada de proteger los derechos de la persona.

Se choca así con una primera contradicción entre aspiración a la igualdad sexual y reivindicación de libertad individual. Más fundamentalmente, lanzarse al asalto del matrimonio y la familia desestabilizará las identidades, tanto femeninas como masculinas, verdaderos obstáculos para un reparto igualitario de tareas y una redefinición de estatus en el interior de este universo [12]. Pero la identidad sexual de los individuos es una componente esencial de su personalidad. Llegamos a una nueva paradoja entre igualdad de sexos e identidad de personas. El advenimiento de nuevos componentes individuales exigiría una amplia revolución cultural: la emergencia de otras instituciones domésticas y políticas, de otro modo de socialización de individuos, de un nuevo imaginario social, etcétera.

Por eso, más que un asalto habría que emprender una serie de ofensivas laterales. Las mujeres han conseguido sustraerse a esta «máquina» de generar y mantener el reparto de papeles gracias a la prolongación de su escolaridad y al trabajo asalariado, conseguidos allí donde es necesario desarrollar el efecto emancipador [13]. Por ejemplo, combatiendo la discriminación entre moldes «masculinos» y «femeninos», principal fuente de reproducción de desigualdades que canaliza, todavía muy a menudo, al segundo sexo hacia los empleos menos cualificados, o lo aleja de los puestos de responsabilidad. Todos los actores de la educación nacional —profesorado, consejeros de orientación, y también alumnos y padres de alumnos— deberían reconsiderar los métodos de selección y orientación, el imperialismo de las matemáticas, el desequilibrio entre disciplinas literarias y científicas, los criterios actuales de ingreso en las grandes escuelas, escuelas de ingenieros, escuelas superiores de comercio, etc., otras tantas vías reales conducentes a posiciones de poder.

Apoyar y desarrollar el empleo de las mujeres supone: una reducción masiva del tiempo de trabajo (en la semana, el año, la vida activa

---

[12] *Ibid.*

[13] Una parte de las propuestas que siguen han sido tomadas directamente de Claire Aubin y Hélène Gisserot, *op. cit.*

en su totalidad) a fin de luchar contra el paro y la precariedad, y para encontrar una solución de recambio al tiempo parcial, verdadera plaga para las madres de familia; una negociación por ramas, empresas y establecimientos para definir lo más estrictamente posible, en los convenios colectivos, los puestos de trabajo y que finalmente el principio «a trabajo igual, salario igual» se convierta en una realidad; el desarrollo de las estructuras de guarderías de niños sufragadas con fondos públicos; hogares colectivos, hogares familiares, redes de asistencia maternal, asilos parenterales, etc.; una revisión de las pensiones de custodia de niños enfermos o recién nacidos, de forma que se obligue a los hombres a hacerse cargo de su parte de responsabilidad, sin transferirla a su esposa o compañera.

Finalmente, y a pesar de las reticencias que suscita, la paridad podrá introducir el asunto de las mujeres en el corazón de las autoridades ejecutivas, legislativas o judiciales [14] y realizar la igualdad ciudadana. Este objetivo necesita de etapas y un conjunto de medidas estrechamente ligadas: escrutinio proporcional generalizado; limitación severa de la acumulación de mandatos simultáneos (un mandato municipal, provincial o regional, y un mandato nacional o europeo) o sucesivos (más de dos consecutivos); la obligación, en las formaciones políticas, de un umbral máximo (el 60 por 100 por ejemplo) de candidatos de un mismo sexo en posición elegible, cualquiera que sea la consulta de que se trate; sumisión de la financiación pública de los partidos políticos y también de los sindicatos y asociaciones al respeto de la proporcionalidad en sus órganos dirigentes (tantos hombres y tantas mujeres, en estas instancias, como entre sus afiliados).

Todas esas propuestas pueden parecer un catálogo heteróclito. Sin embargo, su unidad es muy real ya que todas tienden a acabar con la asignación prioritaria de mujeres al espacio y al trabajo domésticos, que es fundamento del dominio masculino. Estas medidas permitirán replantearse los papeles obteniéndose, del conjunto, un reparto más equitativo en la administración del hogar y garantizando a cada uno (a) la apertura al conjunto de las actividades fuera de él.

---

[14] Léase el artículo de Eliane Vogel-Polsky, «Hacer de la Unión un incentivo para la igualdad de los sexos», *Le Monde diplomatique,* edición española, n° 9-10 (extra), 1996.

Ilusiones perdidas para las mujeres del este

Jacqueline Heinen

Durante algunos años, la ciudad de Volgogrado se convirtió en un centro de atracción mediático-folclórico con su «diputada-propietaria» Antonina Jílina. Jurista de formación, ama de casa durante veinte años, reina hoy con su marido, un antiguo ingeniero, y sus dos hijos, en la industria de la construcción, la mayor parte de las compañías de seguros, bancos y comercios de la antigua Stalingrado.

Mientras que fue diputada, entre 1993 y 1995, esta mujer de negocios de fulgurante éxito conducía su fortuna y su poder desde una lujosa *suite* del Hotel Moscova, en Moscú, entre el Kremlin y el Parlamento. En diciembre de 1996 no fue reelegida pero mantuvo un pie en la política como consejera del Gobierno de Yeltsin. A su manera, Antonina Jílina encarna un nuevo modelo, es un símbolo de la economía de mercado y de la igualdad sexual.

En Rusia se han lanzado publicaciones para promover esta imagen, como *Dielóvaya Jenchíchina* («La mujer de negocios») o *Nóvaya Jenchíchina* («La mujer nueva»). Pero, con la entrada de algunas mujeres en las altas finanzas se empieza a percibir un movimiento inverso; el repliegue voluntario de mujeres cultas (investigadoras o profesoras) hacia la esfera de lo privado y el despido de trabajadores de la industria y de la Administración [1].

A pesar de todo, y frente a estas vacilaciones y a las presiones ejercidas, las mujeres no han abandonado masivamente el mercado del trabajo [2]. El índice de su actividad, muy elevado bajo el comunismo

---

[1] Katakyn Nagy, funcionario del Ministerio de Trabajo en Budapest, subraya la importancia del rechazo por parte de las jóvenes húngaras de la «mujer socialista» obligada en el pasado a desenvolverse entre un trabajo «glorioso», la educación de los niños y la búsqueda de la comida. *El paro en los países en transición* (OCDE), París, 1994.

[2] En *Economic Transition and Women's Employment in Four Central European*

(del 45 al 55 por 100 en el conjunto de la mano de obra hasta 1989), se mantiene estable: puede verse ahí la imperiosa necesidad de contribuir a unos ingresos familiares devaluados por los nuevos datos económicos. Por ello, su posición social no está menos deteriorada.

Muchos estudios recientes señalan que las mujeres sufren en los países de Europa central y oriental (PECO) una marginación, tanto económica como política [3]. Con el paso a la economía de mercado se han desarrollado con fuerza las prácticas discriminatorias en la contratación o en la formación profesional, muy especialmente en el sector privado. La democratización de los órganos de poder ha ido acompañada de una fuerte regresión en el número de cargos elegidos en éstos.

Los Estados del antiguo bloque comunista imponían cuotas superiores al 20 por 100, una exigencia suprimida por los nuevos códigos electorales. En 1995, 18 de los 27 parlamentos de Europa del este y de la ex Unión Soviética contaban con menos del 8 por 100 de mujeres elegidas, menos del 15 por 100 en los demás (aunque un 18 por 100, sin embargo, en Turkmenistán). En Rusia, la representación femenina ha caído del 30 por 100 (en el Sóviet Supremo) al 5 por 100 en las primeras elecciones libres de 1989 [4]. En 1993, para la primera Duma, Mujeres de Rusia, partido compuesto exclusivamente por antiguas notables de la *nomenklatura*, logró el 8,5 por 100 de los sufragios y constituyó un grupo de 42 diputadas. Pero, con ocasión de las elecciones legislativas de diciembre de 1995, las candidatas de este movimiento, con una sola excepción, han sido eliminadas.

Este retroceso institucional se ha combinado con ataques a otras conquistas logradas. El derecho al aborto ha sufrido constantes asaltos: en Polonia, las presiones de la Iglesia han dado lugar a la prohibición en 1993 (salvo excepción terapéutica) de la interrupción voluntaria del embarazo; también se han impuesto restricciones a este derecho

---

Countries, 1989-1994, Ginebra, 1995, muestra Lidia Paukert que esto se da especialmente en Europa central, pero que vale también para el conjunto de la región. Véase Programa de Naciones para el Desarrollo, *Forum de las ONG*, Pekín, 1995.

[3] Véase «Between East and West: Gender in an Era of East European Transitions», *Social Politics,* Vol. 2, n° 1, 1995 y «Transiciones en la Europa del este: ¿mano de obra y ciudadanía de segundo nivel?», *Cahiers du Gedisst*, n° 12, París, 1995.

[4] *Las mujeres en los parlamentos: 1994-1995*. Unión Interparlamentaria. Ginebra, julio de 1995.

en la ex RDA (a pesar de un comienzo tumultuoso), en Hungría, Eslovaquia y Eslovenia.

En el momento del hundimiento del «socialismo real», tras medio siglo más o menos de adopción de legislaciones que proclamaban la plena igualdad entre los sexos, la amplitud de las diferencias entre hombres y mujeres saltaba a la vista. La evolución del Código de familia en la URSS, adoptado en 1919, reelaborado en 1926 y 1936, ofrece un buen ejemplo de la devaluación del espacio de las mujeres bajo el régimen soviético. De un texto al otro, han sido incluidas restricciones al aborto, a la unión libre o, a la inversa, se formulan estímulos a la maternidad.

Inmediatamente después de la Revolución de Octubre, la Unión Soviética (seguida más tarde por sus satélites) proclamó la emancipación de la mujer por el trabajo y la maternidad conciliados armoniosamente. Las medidas adoptadas en los años setenta, como el permiso por maternidad o la asistencia a enfermos, para paliar las carencias sociales —particularmente la falta de equipamientos colectivos— han reforzado esta lógica de madre-trabajadora. Frente a las pretensiones totalitarias del Estado-partido, la familia aparecía así como un campo reservado a la iniciativa y a la autonomía de la persona —cualquiera que fuese el desfase entre estas ideas y la crisis de la institución familiar[5]—. Esta tendencia general a preservar a cualquier precio la privacidad contra las injerencias del poder no podía enmascarar las desigualdades por cuestión de sexo. El contexto heredado de la era comunista no anima a las mujeres a ocupar su espacio en primera línea.

El argumento de la naturaleza, invocado con frecuencia para definir los papeles esenciales masculino y femenino, había perdido su fundamentalismo en el este. Desde los años treinta, las deportaciones masivas de hombres y luego la guerra obligaron a las mujeres a transformarse en trabajadoras forzadas. Recíprocamente, hoy, la penetración de los hombres en los sectores hasta ahora considerados como «femeninos» (con la informatización de los empleos de oficinas) ha

---

[5] En países como la Unión Soviética y la República Democrática Alemana, Hungría y Checoslovaquia, el índice de divorcios a lo largo de los años setenta y ochenta era análogo al de muchos países de la Europa occidental. En Moscú, en 1991, el 70 por 100 de los matrimonios acabaron en separación.

contribuido a aumentar la mezcla. La segregación por el empleo (en ramas, funciones o niveles de responsabilidad) y la inferioridad salarial (del orden del 25 al 30 por 100) eran y siguen siendo, como en el oeste, muy pronunciados [6]. Así, según los países, no son más que de 3 al 10 por 100 las mujeres que dirigen empresas de cierta importancia. Excluyendo a Hungría y Bulgaria, las mujeres han sido las primeras víctimas de la recesión.

Con frecuencia el sector terciario y la industria ligera, con un predominio femenino, han sido víctimas de la crisis, mucho antes que la industria pesada. En Rusia, donde el movimiento de las reformas ha sido más lento, las mujeres constituían el 62 por 100 de los parados en 1995, mientras que pasaban del 65 al 55 por 100 de 1991 a 1995 en Bulgaria. En Rumania y en Polonia, los porcentajes eran, respectivamente, del 56 por 100 y del 53 por 100 en ese último año.

La edad y el lugar de residencia constituyen igualmente factores de desigualdad: en general un tercio de las paradas tiene menos de veinticinco años y son particularmente numerosas en ciertas regiones agrícolas o monoindustriales. Las probabilidades de encontrar un empleo siguen siendo desiguales según el sexo [7]: en Bulgaria, en 1995, el 15 por 100 de las mujeres permanecían inactivas, contra el 8 por 100 de los hombres. En Polonia este desfase era de tres puntos (14 por 100 y 11 por 100).

Hungría constituye un caso aparte. Las reestructuraciones han erosionado en primer lugar a los sectores industriales con predominio masculino, la industria ligera ha sufrido menos. El desarrollo del sector bancario y de seguros se ha traducido en la contratación de mano de obra femenina, contrariamente a lo que ha sucedido en los países vecinos. La política de incitación a la jubilación anticipada ha condu-

---

[6] En la mayor parte de los países del este, las mujeres representan del 70 al 90 por 100 de la mano de obra de ciertos sectores (sanidad, trabajo social, Administración, servicios financieros, educación, textil, confección), y del 10 al 15 por 100 en otros (minas, siderurgia, construcción). En Hungría, como en Polonia, se encuentran dos veces más mujeres que hombres en las tres categorías salariales peor pagadas.

[7] En muchos casos, las mujeres representan entre el 55 por 100 y el 65 por 100 de los parados de larga duración y esta tendencia crecerá a lo largo de los próximos dos años.

cido a numerosas mujeres a retirarse sin ser contabilizadas en las estadísticas del paro. En fin, los permisos por formación han permitido a muchas de ellas permanecer en el mercado de empleo sin trabajo efectivo. Pero la supresión, en abril de 1996, de una parte de las disposiciones que daban derecho a permisos por maternidad y la reducción de las jornadas percibidas han llevado de forma paralela al anuncio del despido de un tercio de los efectivos del sector bancario y a modificar profundamente estos datos.

Las reestructuraciones de empresas y la degradación de los servicios sociales ligados a la emergencia de la economía de mercado han entrañado un incremento en las cargas familiares mantenidas fundamentalmente por las mujeres. Casi la mitad de las guarderías, jardines de infancia o maternales, más desarrolladas que en los países occidentales, dependían de los empleadores (institutos, administraciones, fábricas, etc.): bien han desaparecido pura y simplemente, en el caso de la liquidación de las empresas, o bien han sido cerradas a causa de las dificultades económicas. El aumento de los gastos de mantenimiento de las guarderías públicas limita en lo sucesivo el acceso a éstas —en Polonia, en lugar de la práctica gratuidad hasta ayer, llevar allí a un niño puede costar ya hasta la mitad del salario mínimo—. En Lituania, donde la regresión fue particularmente brutal, las maternales acogían al 76,4 por 100 de los niños de tres a seis años en 1990, pero únicamente el 36,4 por 100 en 1993.

En casi todas partes, las cantidades dedicadas a las madres solas han sido revisadas a la baja aunque el número de familias monoparentales haya aumentado espectacularmente. Atrapadas por las normas y las tradiciones familiares, las mujeres soportan con mayor dificultad que los hombres las exigencias de la flexibilidad impuestas por las nuevas relaciones de mercado. En el este la precarización atañe al conjunto de los grupos sociales[8], pero la mano de obra femenina es la más afectada. Más que en el oeste, el discurso político se estructura sobre sobreentendidos —explícitos con mayor frecuencia que implícitos—

---

[8] Véase Jean-Ives Potel, «Efectos sociales de la transición», en *Transitions Economiques a L'Est*. La Documentation Française, París, 1995, y Jacqueline Heinen, *Paro y porvenir de la mano de obra femenina-El coste de la transición*, L'Harmattan, París, 1995.

en cuanto al «destino de las madres» y el «verdadero lugar» de las mujeres [9].

La evolución no se produce en todos los campos de forma tan lineal e impactante. En algunos años, los modelos se han ido modificando. En Rusia, por ejemplo, la prensa femenina difunde una imagen de mujer «libre», modelada en torno a la sexualidad. Los órganos emblemáticos de la mujer socialista (*Rabonitsa, Soviéskaya, Jenchíchina, Krestianka* —«La trabajadora», «La mujer soviética», «La campesina»—) han transformado sus líneas editoriales para tratar temas que en otros tiempos se habrían considerado «banales»; las revistas extranjeras (la francesa *Elle*, la norteamericana *Cosmopolitan*, la alemana *Burda*), adaptadas a la sociedad rusa, arrasan a pesar de su precio prohibitivo.

Contrariamente al movimiento, perceptible, de repliegue hacia el universo familiar que se promovió en los años ochenta, muchas chicas tratan hoy de abrir el camino a sus ambiciones profesionales y personales. Sensibles ayer a lo que transmitían las series televisivas norteamericanas, potenciadas por el Estado, habían desertado de la actividad salarial. Ahora reivindican el libre acceso al empleo y no están dispuestas a ceder un ápice de sus derechos.

---

[9] Véase Sibylle Meyes, Eva Schulze, «After German Unification. Families in Transition», *Cahiers du Gedisst*, n° 9-10, París, 1994.

Hacer de la Unión un incentivo para la igualdad de sexos

Eliane Vogel-Polsky

Las cumbres europeas interesan de forma desigual a los medios de comunicación. La del 16, 17 y 18 de mayo de 1996 en Roma pasó casi inadvertida. Cuatrocientas mujeres se reunieron por iniciativa de la presidencia italiana de la Unión con el fin de descubrir el papel de las mujeres en la renovación de la política y de la sociedad. Desde la conferencia organizada sobre el mismo tema en Atenas en 1992, han madurado las mentalidades, las actitudes, la voluntad política. Llegadas de todos los medios, enviadas por organizaciones muy diversas, con niveles de responsabilidad distintos, las participantes se encontraron con un programa consensuado: servirse de Europa para poner fin a la separación de las mujeres de los centros de poder. La carta firmada el 18 de mayo de 1996 por las ministras de los diferentes países de Europa refleja una determinación: el «género» deberá introducirse en todas las instituciones y políticas europeas [1]. Se toca el corazón de la ciudadanía y sus condiciones de ejercicio.

Las mujeres tienen en común una experiencia existencial y de identidad construida sobre relaciones sociales de sexo que estructuran todas las esferas de la vida. Los antropólogos han demostrado que, desde las épocas más remotas, la supremacía masculina se ha inscrito profundamente en las mentalidades [2]. Los *gender studies* (estudios feministas) han puesto en evidencia las diferenciaciones introducidas por la división de sexos [3]. Sin embargo, dos disciplinas continúan

---

[1] *Plan de acción para una participación equilibrada de mujeres y hombres en la toma de decisiones*, Comisión Europea, Unidad de Igualdad de Oportunidades, Bruselas, 1996.

[2] Françoise Héritier, *Masculin, féminin: la pensée de la différence*, Odile Jacob, París, 1995.

[3] Thomas Lagueur, *La Fabrique du sexe*, Gallimard, París, 1992.

impermeables a este objetivo conceptual: el derecho y la ciencia política. A pesar de ello, en este fin de milenio Europa está atravesada por debates virulentos sobre la democracia, la ciudadanía, la igualdad y la universalidad.

La igualdad cimenta la teoría democrática (liberal, socialdemócrata o republicana), pero expresa también lo esencial de la utopía feminista: la crítica de la dominación masculina y la exigencia de un equilibrio riguroso entre los sexos. Las mujeres no constituyen un grupo oprimido homogéneo, como históricamente podrían serlo los esclavos, los negros, los judíos, los aborígenes, los homosexuales, las minorías étnicas, etc., que no fueron considerados como ciudadanos completos en razón de una diferenciación decretada en relación a un modelo instituido o a una época dada. Estas comunidades tiranizadas no escapan a las relaciones sociales de sexo, infligiendo a sus «mitades» un escarnio reforzado y una desposesión todavía mayor del estatuto de ciudadano[4].

Las democracias sufren igualmente la marca de las relaciones sociales de sexo. La universalidad, la libertad, la igualdad responden a definiciones y contenidos diferentes para hombres y mujeres. Las relaciones de poder están pensadas según la división social del trabajo, los papeles supuestos de cada uno de los sexos, la separación entre lo público y lo privado, las divergencias entre el ejercicio de la democracia y la concepción de la ciudadanía.

La baja representación de mujeres en las esferas de decisión política, económica o social, en las instituciones europeas y en las de los Estados miembros, es conocida, repertoriada y analizada: el 51,3 por 100 de los europeos está marginado. A pesar de las considerables mejoras en el acceso a la educación, al trabajo, a la salud y a los avances jurídicos indudables, las desigualdades se reproducen.

En el norte, las suecas, pero también en menor medida sus vecinas, a pesar de su participación activa en las instancias políticas, no han logrado cambiar las relaciones de sexo. Su representación parlamentaria es, sin embargo, la más elevada del mundo, alcanzando casi la pari-

---

[4] Jean Vogel y Eliane Vogel-Polsky, *Les Femmes et la citoyenneté européenne*, Comisión de las Comunidades Europeas, 1994, V/233/94, FR.

dad: con el 41,1 por 100 en Suecia, el 33,5 por 100 en Finlandia y el 32,9 por 100 en Dinamarca (a título de ejemplo, sólo el 5,9 por 100 en Francia). También han entrado con fuerza en el Parlamento Europeo: 62,5 por 100 para Finlandia, 43,7 por 100 para Dinamarca y 40,95 por 100 para Suecia.

Pero, como todos los sistemas corporativistas, los Estados del bienestar escandinavos han desplazado los lazos tradicionales de los conflictos sociales. Han dado un verdadero monopolio en las decisiones económicas y sociales a ciertos grupos de interés (sindicatos, organizaciones patronales), en los que las mujeres son minoría. Los hombres también dominan las administraciones y las asociaciones (de consumidores, de iglesias, de trabajadores sociales...), que han modificado las orientaciones de la política del Estado del bienestar. Este sistema simplemente ha desplazando la dependencia patriarcal privada hacia una empresa estatal, mientras que una segregación económica mantenida ha impedido a las mujeres tomar parte en las negociaciones sociales. En estos países son tratadas como «sujetos» políticos, pero sexuados. El Estado se ocupa de ellas como de un grupo con problemas específicos, que exige una protección y medidas adecuadas [5]; una discriminación «positiva», en cierta medida, que se vuelve contra ellas, manteniéndolas separadas, lo que va en contra de la igualdad o la asimilación.

El paraíso o la excepción escandinava no existe. La experiencia de estos países pone los límites a la concepción de la igualdad de los sexos que ha prevalecido en los más comprometidos de los europeos. Se han concedido presupuestos considerables para la redistribución de recursos, incitaciones al empleo, educación, campañas publicitarias en los medios de comunicación, etc. El Consejo Nórdico (donde están los países escandinavos y Finlandia) reafirma regularmente la igualdad de los sexos como un objetivo central. Con este fin, Suecia ha puesto en marcha siete mecanismos institucionales. El mediador puede hacer aplicar la ley sobre la igualdad de hombres y mujeres en el trabajo. Sin embargo, en 1993 sólo cinco sectores de actividad,

---

[5] Dorothy Mac Bride Stetson y Amy G. Mazur (bajo la dirección de), «*Comparative State Feminism*», Sage, Londres, 1995. Christine Delphy (bajo la dirección de), «Les Femmes et l'État», en *Nouvelles questions féministes*, nº 6-7, París, 1984.

sobre cincuenta y dos, practicaban la equivalencia de tratamiento entre hombres y mujeres[6].

Desde los años setenta, todos los países de la Unión Europea se han dotado de legislaciones destinadas a instaurar este equilibrio en la vida social, la enseñanza o la familia. Los gobiernos han confiado esta misión a responsables ministeriales, bien a título principal o bien conjuntamente con otros sectores —familia y juventud (en Alemania) o empleo (Reino Unido, Irlanda y Bélgica)—. Han primado sus acciones un acercamiento antidiscriminatorio y las políticas de integración de la mujer. Un cuarto de siglo más tarde, la segregación persiste e incluso se adapta a las evoluciones de la sociedad (crecimiento de la pobreza y de las familias monoparentales) o de empleo (flexibilidad y precariedad).

¿Por qué después de medio siglo de «feminismo de Estado» no se ha logrado la igualdad de los sexos? Los progresos conseguidos en los distintos terrenos donde se emprendió el combate siguen siendo fragmentarios, frágiles y temporales: educativo, profesional, salarial, sexual (derecho a la contracepción y al aborto, rechazo del acoso, la violencia o las mutilaciones). «*La cuestión, tanto en Europa como para las entidades nacionales*, escribe la filósofa Françoise Collin, *es saber cuál es el contenido de la igualdad y si, como en la fábula de La Fontaine, no se limita a invitar a las cigüeñas a compartir el bodrio inaccesible e igual de los lobos*»[7].

El impulso dado por la Comunidad Europea al desarrollo del aparato jurídico de igualdad es incontrovertible. Este derecho comunitario y la jurisprudencia del Tribunal de Justicia de las Comunidades Europeas se ha construido a partir del artículo 119 del Tratado de Roma (1957): «*Cada Estado miembro asegura la aplicación del principio de igualdad de remuneración en un mismo trabajo entre los trabajadores masculinos y las trabajadoras femeninas*». Este conjunto aparece a menudo como el «faro» de la política social europea[8]. Sin embargo,

---

[6] Ingrid Carlander, «La lutte inachevé des femmes scandinaves», *Le Monde diplomatique*, septiembre de 1995.

[7] Françoise Collin, «Les femmes et la construction européenne, Egalité? Parité?, *Les cahiers du GRIP* (Grupo de Investigación y de Información Feminista), París, 1994.

[8] Entre 1975 y 1992, en los campos de los salarios, el empleo, la formación y la maternidad. También se han iniciado tres propuestas europeas para promover la inserción profesional de las mujeres.

un examen más crítico revela los defectos conceptuales de la no-discriminación. Este principio tiene un «efecto» negativo —permite luchar contra las manifestaciones evidentes de segregación—, pero no es «positivo», creador de un derecho autónomo de las mujeres, y no permite eliminar las desigualdades indirectas o más sutiles, consecuencia de las relaciones sociales de sexo.

El carácter sexual de una discriminación se interpreta de forma diversa, según las tradiciones jurídicas de los Estados y de los valores de la sociedad en un momento dado. Pero la igualdad de los sexos no aparece en ninguna parte como un derecho fundamental. En todas partes es la víctima la que debe aportar la prueba del delito. Los respectivos papeles atribuidos a los sexos permiten, lo más a menudo, justificar «objetivamente» una discriminación indirecta.

¿Podían los 186 millones de europeas tener una esperanza común en la construcción europea y en la revisión del Tratado de Maastricht, celebrada a finales de marzo de 1996 en Turín por la Conferencia Intergubernamental? El Tratado define la ciudadanía (para hombres y mujeres) como un reforzamiento de la proyección de los derechos y de los intereses de los individuos miembros de la Comunidad. Tres principios completan este objetivo: la Unión respeta los derechos fundamentales y las tradiciones constitucionales de los Estados miembros, así como los principios democráticos de cada uno; se dota de los «medios necesarios» para la puesta en marcha de estas decisiones. El examen detallado de las instituciones, de su composición, de sus atribuciones, de su funcionamiento, lleva a concluir que, desgraciadamente, estos medios siguen siendo decididamente insuficientes.

Si la igualdad de la mujer y del hombre constituye una base esencial de la democracia, conviene asumir las exigencias tomando las medidas jurídicas e institucionales pertinentes. La exclusión política de las mujeres, su ausencia de los lugares de decisión, su débil representación en los gobiernos y las instancias de poder económico no se han analizado nunca, ni tampoco se han percibido como lo que son: una tara inadmisible de la democracia. La Unión Europea acomoda en su acepción de la igualdad de los sexos y su funcionamiento institucional (149 mujeres para 1.106 hombres entre los cuadros y 11 contra 210 en los puestos de dirección y ninguna en el Tribunal de Justicia o en el Banco Europeo de Inversiones, por ejemplo, el 1 de enero de 1996) la hipocresía colectiva de los regímenes democráticos de los Estados miembros.

A partir de la inscripción de la ciudadanía europea en el Tratado de Maastricht puede proponerse una reconstrucción de aquélla (para las mujeres y para los hombres) que satisfaga las exigencias, las garantías y el control de los derechos de los ciudadanos en el conjunto de las esferas política, económica, social y civil. Los europeos deben presionar prioritariamente, en sus países respectivos, sobre las instituciones comunitarias con el fin de modificar la democracia, en la medida en que ellas están sometidas a los tratados así como a las directivas que se adoptan en Bruselas. La aparición reciente de la paridad en el campo político [9] da un nuevo impulso al proyecto de ejercicio de una ciudadanía europea que no sería ni pasiva ni virtual.

---

[9] Gisèle Halimi, «Un référéndum por les femmes», *Le Monde diplomatique*, octubre de 1994; Françoise Gaspard, Anne Le Gall, Claude Servan-Schreiber, *Au pouvoir, citoyennes! Liberté, égalité, parité*. Le Seuil, París, 1992; Marie-Victoire Louis (bajo la dirección de), «L'actualité de la parité», *Projects Féministes*, nº 4-5, París, 1996; «Le Manifeste des Dix pour la parité», *L'Express*, 6-12 de junio de 1996.

Capítulo 8

REFUGIADOS E INMIGRANTES

«...*Poco a poco, cada vez más en progresiva sintonía con la extrema derecha y con una aparente buena conciencia, ha ido instalándose una atmósfera casi fascista de acoso al extranjero...*». *La constatación de Ignacio Ramonet para Francia puede aplicarse a otros territorios europeos donde empieza a verse al extranjero (a veces incluso entre los más jóvenes) como una amenaza para la seguridad o para el empleo, como a un enemigo. Europa, y en particular algunos Estados, como España, empieza a comportarse como ciudadela asediada por personas que huyen de la represión y/o el hambre y esperan sobrevivir con un mínimo de dignidad en otros países, haciendo casi siempre trabajos ínfimos que los nativos desdeñan.*

Mientras el ACNUR no cesa de ampliar su protección a un número de refugiados exponencialmente creciente, los países desarrollados implantan sistemas de control y estimulan a sus policías para impedir la llegada de extranjeros indeseables. Los efectos sociales de tales controles redundan en un recorte de las libertades, la exacerbación de sentimientos xenófobos y el olvido del derecho al asilo.

Una humanidad sin domicilio fijo

Jacques Decornoy

Había comenzado hace tres semanas su estancia en Hong Kong, prevista para un año. La multinacional para la que trabajaba, con sede en Düsseldorf, había tenido que enviarle a la (provisional) colonia británica porque los altos técnicos chinos tenían tendencia a partir para Melbourne o Houston, muchas veces además a demanda de su empleador. «Trabajador inmigrado», se calificaba bromeando. Este territorio, durante tanto tiempo refugio de chinos que huían del sistema comunista y que da hospitalidad todavía a miles de vietnamitas llegados por vía marítima (¿oponentes políticos? ¿exilados económicos?), trasladaba desde ahora una buena parte de su actividad hacia el Quangdong vecino. A este respecto, acababa de enterarse de que la firma filipina que se hacía cargo de los documentos para su multinacional tenía una subcontrata anterior con una empresa china... Hojeó un periódico: enésimo artículo sobre las eventuales migraciones (¿quiénes? ¿por qué? ¿hacia dónde?) en el momento de la integración en China en 1997. Después se puso a ver la CNN: primer plano, de nuevo, sobre masas despavoridas que se apresuraban sobre una pista en la región de los Grandes Lagos. Después de aquello se anunció un reportaje sobre los trabajadores ilegales en Tailandia.

¿Es esta historia ficción? Una actualidad apenas novelada y, pese a las apariencias, simplificada. En este mundo cambiante de los flujos migratorios, las fronteras se desmoronan o se oscurecen. Cualquiera puede comprobarlo al visitar en Ginebra, por ejemplo, ya sea el Alto Comisariado de Naciones Unidas para los Refugiados (ACNUR), o la Organización Internacional para las Migraciones (OIM), como el Instituto de Investigación de Naciones Unidas para el Desarrollo Social (UNRISD), la Organización Internacional de Trabajo (OIT) o el Consejo Ecuménico de las Iglesias (CEI). El mundo se agita, con seis mil millones de humanos, pero no más que antiguamente en cifras relativas quizá menos que cuando el planeta acogía solamente a mil millones de individuos. Las irreemplazables categorías jurídicas nacionales e internacionales tienden a ahogarse en las aguas mezcladas de una realidad social agitada.

Damos como prueba este ejemplo proporcionado por Costa Rica. La agricultura de ese país emplea desde hace cincuenta años a trabajadores estacionales, esencialmente venidos desde Nicaragua. 1979: los sandinistas triunfan en Managua. Se produce un enorme crecimiento de las migraciones por razones económicas y políticas, inextricablemente anudadas. Con claras razones financieras en todo caso, pero no disgusta al Gobierno costarricense que muchas de esas personas se llamen refugiados; en cuanto a los empresarios locales, la aportación de una mano de obra dócil y barata no puede más que satisfacerles. 1990: Nicaragua en paz organiza elecciones pluralistas y se encamina de nuevo hacia el capitalismo. Los «refugiados» que no lo son verdaderamente no regresan a su país, donde el trabajo es una cosa rara, una rareza agravada aún más por la mutación política... que provoca nuevas salidas, puramente económicas esta vez, hacia Costa Rica, donde, en adelante, permanecerán unos 400.000 nicaragüenses, de los que la mitad lo están ilegalmente.

Una situación que sólo marginalmente es competencia del ACNUR, pero que preocupa mucho a la OIT, la OIM, el CEI, porque desde entonces se plantean claramente los problemas de flujos migratorios y de tratamiento de los trabajadores emigrantes. En crisis la propia Costa Rica (menos, sin embargo, que Nicaragua), intenta continuar siendo competitiva en los mercados agrícolas mundiales; sus empresarios tienen todo el interés en ver perennizarse una situación que les permita explotar a sus asalariados con tantos menos escrúpulos cuanto la ilegalidad permite tapar las recriminaciones. El Gobierno estaría satisfecho con ese estado de cosas (desde luego, sin ninguna contrapartida patronal y sin pago de impuestos... por parte de los ilegales) si no tuviese que financiar un *mínimum* de protección social (sanidad, escuelas) en beneficio de esta población. Un rompecabezas para toda la región y que muestra bien cómo sobre una misma situación geográfica y socialmente circunscrita vienen a superponerse y a imbricarse en un cortísimo período de tiempo varios de los aspectos más graves del mismo problema.

Las estadísticas sorprenden o asustan, en todo caso, durante el tiempo de una imagen televisada: barcos llenos de albaneses acercándose a Italia, campo de Goma, en los confines entre Zaire y Ruanda... Frecuentemente, el tiempo borra de los espíritus estas realidades: 4 millones de refugiados palestinos, 2,2 millones de refugiados afganos e iraquíes en Irán. O bien «ellos» vagan como impalpables, en el seno de sociedades hechas girones, por su país o por el vecino: liberianos, sierraleoneses, sudaneses... En total, alrededor de 20 millones de refugiados (de aquellos que franquean una frontera, huyendo de guerras y persecuciones), 30 millones de desplazados (por estas mismas razones, en sus propios países) y unos 80 millones de emigrantes —magma enormemente heteróclito, del trabajador estacionario comprometido para la recolección en Canadá al minero bajo contrato, del clandestino empalmando tejidos al expatriado dirigente de un banco en Kuala Lumpur.

Todo un mundo de confusión; dos humanos de cada cien viven desplazados. Pero justamente esta confusión no tiene sentido alguno, como no la tiene la contabilidad del regreso de los refugiados (9 millones desde el principio del decenio) a sus países: si no se ponen en marcha planes de reinserción incluidos a su vez en un programa de reconstrucción nacional, el aparente fin del drama pudiera no ser más que una breve transición hacia nuevos desplazamientos [1].

El ACNUR ha sido acusado de querer jugar el papel de una agencia de desarrollo, tras haberse salido de su tradicional terreno de análisis en su informe de 1995 [2]. En el otro «extremo» se le ha reprochado que continúe distinguiendo demasiado entre refugiados y emigrantes, que omita que estos últimos son raramente viajeros voluntarios, sino más frecuentemente desarraigados por razones políticas, económicas, ecológicas [3]. El ACNUR estima, sin embargo, que la *fragmentación social y política* amenaza con el desarraigo de más y más seres huma-

---

[1] Cf. el informe «The Challenge of Rebuilding War-torn Societies», Instituto de Investigaciones de Naciones Unidas para el Desarrollo Social, Ginebra, 1995.

[2] Alto Comisariado de Naciones Unidas para los Refugiados, *Les Réfugies dans le monde*. En quête de solution. Edición francesa, La Découverte, París, 1995. Otra fuente esencial de información: Word Refugee Survey 1995, US Committee for Refugees, Washington, 1995.

[3] Comunicado del COI, 16 de noviembre de 1995.

nos, que la acción humanitaria no puede ocupar el lugar de la política, que es necesario enfrentarse a las causas que «fabrican» refugiados, y entre ellas la explícita voluntad (con su traducción militar) de provocar movimientos de población: tal ha sido el caso especialmente en la antigua Yugoslavia, en el Cáucaso, en Ruanda, en Bután (opresión de la etnia nepalesa).

El ACNUR se niega a establecer una relación mecánica entre situación económica y movimientos de población; pero tampoco subraya las consecuencias frecuentemente dramáticas a corto plazo de las políticas de ajuste que imponen desde el exterior un «todo-mercado» y un «menor-Estado»; también aquéllas debidas a la presión demográfica y a la destrucción del entorno. Y a propósito de las fuentes de la crisis ruandesa, insistir sobre la densidad de la población, la salinización de las tierras cada vez más agotadas, las medidas de ajuste, las variaciones en los precios mundiales del café.

El Alto Comisariado para los Refugiados pone por delante una noción con fuerte carga ética y con doble filo: el derecho de quedarse. Este derecho implica el deber, para la potencia pública, de crear las condiciones de vida (materiales y otras) que permitan a las personas y a los grupos no tener que desplazarse fuera del país o en su interior. Pero esa noción puede ser utilizada cínicamente en caso de crisis para obligar a las gentes a permanecer sobre el terreno, en las zonas llamadas de seguridad, y a no poderse refugiar, cuando lo más sensato sería que pudiesen emigrar.

El ACNUR y la OIM, al igual que la Cruz Roja Internacional [4] o la UNICEF, están prisioneros de graves contradicciones: sus análisis se orientan cada vez más hacia la toma en consideración de las cuestiones de fondo; pero, en la práctica, estas organizaciones deben hacer frente, cada vez más, a situaciones de urgencia o, usando la imagen forjada por uno de los responsables del Alto Comisariado, comportarse como *aspirina* cuando sería necesario desempeñar un papel de *antibiótico*.

Desde hace varios años, se asiste a una explosión del número de refugiados o, en todo caso, del número de personas que dependen de

---

[4] Cf. Jacques Decornoy, «En todos los frentes, la Cruz Roja», *Le Monde diplomatique*, edición española, diciembre de 1995.

las competencias del ACNUR: alrededor de 2,5 millones en 1975; más de 27 millones en 1995, un total que es necesario detallar así: 14,5 millones de refugiados *stricto sensu*, 5,4 millones de personas desplazadas en el interior del propio país, pero de las que se ocupa el ACNUR, al igual que 4 millones de antiguos refugiados de regreso a sus casas; y finalmente 3,5 millones de personas que han salido al extranjero sin tener el estatuto de refugiados, pero que dependen del mandato de la organización. Explosión, pues, pero que puede ser menos significativa que las condiciones en las que se produce.

En efecto, es cada vez más difícil para quien huye de una situación conflictiva llamar con alguna posibilidad de éxito a la puerta de los países industrializados. Es también muy difícil para los países de acogida del sur, a su vez frágiles y pobres, albergar durante mucho tiempo a las masas de huidos. ¿Y qué solución puede plantearse para quienes de la antigua Yugoslavia al Cáucaso no disponen ni siquiera de la opción de regreso, porque el objetivo del conflicto ha sido precisamente echarles? Otro fenómeno nuevo, subrayado por el ACNUR: hubo un tiempo en que los refugiados constituían un capital político que parecía útil alentar (y del que se beneficiaban): refugiados del mar vietnamita utilizados para desprestigiar al régimen de Hanoi, refugiados nicaragüenses, de Guyana, cubanos, angoleños. Hasta hace poco masas para maniobras ideológicas, estas gentes han perdido su utilidad ahora que en todas partes triunfan los representantes de una bebida con burbujas. En cuanto a los territorios en que los grandes Estados no tienen intereses estratégicos, ni las multinacionales intereses financieros, de Ruanda a Liberia, de Sierra Leona al sur de Sudán, ¿por qué serían dignos de atención?

Enfrentado a este torrente de crisis inéditas, ¿a dónde va el ACNUR? En todo caso, se encuentra metido entre dos fuegos: su misión original —proteger a los refugiados— y otra consistente en lanzarse, de acuerdo con los Estados donantes, en acciones de ayuda, aboliendo en esos casos las diferencias con las grandes ONG humanitarias [5]. Cualesquiera que sean los dramas que prevenir y los sufri-

---

[5] Hasta, a veces, en la manera de recoger fondos. Bajo el título «La HCR (ACNUR) veut vendre aux enchères l'aide aux réfugiés», *Le Nouveau Quotidien,* de Lausana (8 de diciembre de 1995) fue el primero en mostrar el proyecto del Alto Comisariado de organizar el 8 de mayo de 1986 en Zúrich una especie de subasta de algunos proyectos para

mientos que aliviar, ¿no crece la confusión de papeles al planificar acciones con los estados mayores militares, generalmente norteamericanos, cuando la ONU está declarada incompetente de hecho?

Queda la noción de protección de refugiados, que permanece muy viva; lo prueban recientes textos en los que el ACNUR no oculta su preocupación respecto de la actitud de los europeos. Quien en los tiempos de la guerra fría huía de una dictadura comunista era acogido sin dificultad en virtud del artículo 1A de la Convención de 1951, que protegía a las personas víctimas de persecuciones. A situación nueva, respuestas nuevas: Europa occidental, para la que la «amenaza soviética» pero también la expansión que demanda mano de obra pertenecen al pasado, hace del Derecho internacional una lectura cada vez más restrictiva.

¿La Convención de 1951? Según esa lectura, afecta únicamente a las violencias ejercidas por los Estados y no por tal o cual grupo armado o partido: por ello no pueden refugiarse las personas que escapan, por ejemplo, al terror islamista en Argelia, o a las exacciones sin nombre de un clan liberiano. A lo que, con conocimiento de la moral y del derecho, el ACNUR replica con razón que la Convención de 1951 no especifica en ningún lugar que la sola violencia digna de ese nombre es la ejercida por un poder establecido y que, de todas formas, ¿de qué Estado se podría huir en Somalia, en Sierra Leona o Liberia, cuando todo no es más que caos [6]? El ACNUR recuerda que cuatro países de la Unión Europea (Alemania, Francia, Italia y Suecia), así como Suiza y Noruega, no reconocían como refugiados a las víctimas de violencias cometidas por «agentes exteriores al Estado», y se inquieta al ver a los Quince armonizar sus políticas en un sentido que amenaza el principio de asilo. Tiene la misma inquietud a propósito de *la utilización cada vez más corriente de la detención de los solicitantes de asilo por los países europeos»* en *«campos cerrados, prisiones o zonas de tránsito en los aeropuertos»* [7].

El mundo industrializado se rodea de muros, se eriza de fortifica-

---

firmas helvéticas, que les apadrinarían. Idea luminosa sugerida por un asesor americano contratado por el ACNUR.

[6] Sobre este tema léanse los importantes estudios de la revista *Refugiados* (publicación del ACNUR), n° 101, III, 1995, Ginebra.

[7] ACNUR, comunicado del 23 de noviembre de 1995.

ciones, se llena de zanjas jurídicas cuya transgresión conlleva una denuncia judicial; no se trata, sin embargo, de ninguna novedad[8]. Pero tampoco el problema se limita al norte; lejos de eso, como lo prueba la violencia con la que algún Estado del sur se «purga» periódicamente de sus comunidades extranjeras, contribuyendo un poco más a romper las barreras conceptuales. Porque, *de facto*, trabajadores emigrantes expulsados en masa se convertirían en refugiados si fuesen devueltos a sus lugares de origen: cuando Nigeria expulsa a 1,5 millones de personas, entre 1983 y 1985, porque el *boom* petrolífero se ha agotado; cuando Arabia Saudita se desembaraza de 800.000 yemeníes durante la crisis del Golfo; cuando, más recientemente, en agosto de 1995, Jordania decide excluir a los extranjeros de quince sectores de la economía. Como consecuencia, unos 70.000 tuvieron que dejar el país durante el mes de octubre de 1997[9].

¿Cuándo cesa la búsqueda de un refugio? ¿Dónde comienza la emigración? ¿Donde se sitúa la distinción entre huida de una situación conflictiva armada y de una situación conflictiva de orden socioeconómico? Dos citas de documentos recientes traídos de África muestran la precariedad de las distinciones. En un texto dedicado a los «refugiados africanos»[10] se escribe: «Los refugiados en África continúan huyendo de sus países, como en el pasado, por toda una serie de razones: conflictos armados, rivalidades étnicas, deterioro o hundimiento de la situación económica... Durante estos últimos años, el número de refugiados y de personas desplazadas ha aumentado en África a un ritmo vertiginoso. Se cuentan más de 7 millones de refugiados y tres veces más de personas desplazadas en el continente».

Otra constatación[11]: «África conoce la tasa de movilidad más ele-

---

[8] Por ejemplo, Estados Unidos dio en 1924 un brutal corte en seco en el plano legislativo a las posibilidades de inmigrar, que de hecho puso en práctica durante la crisis de 1929. Otro ejemplo, las dificultades kafkianas encontradas por los alemanes que huían del nazismo en Francia y frente a las burocracias de las representaciones extranjeras para obtener visados. Cf. el testimonio de Anna Seghers, *Transit,* Aufbau Berlin Weimar, 1983.

[9] Despacho de Reuter fechado en Amman, *Financial Times,* 28 de noviembre de 1995.

[10] «Refugiados africanos. ¿Qué respuesta a la crisis?», documento del ACNUR-Organización de la Unidad Africana, Addis Abeba, octubre de 1995.

[11] Abdulaye Bara Diop, en la introducción al informe «Dynamiques migratoires et recompositions sociales en Afrique de l'Ouest», *Mondes en développement,* nº 91, 1995, París-Bruselas.

vada del mundo. Se estima en 35 millones el número de sus habitantes fuera de las fronteras de su país y en un 10 por 100 el número de emigrantes en el África subsahariana. Por otro lado, aunque esta parte del continente alberga solamente el 10 por 100 de la población mundial, actualmente acoge, sin embargo, a cerca del 30 por 100 de los refugiados reconocidos como tales en el mundo. Además de estos desplazamientos bajo presión, provocados esencialmente por las guerras civiles y las violencias políticas, de los que África poseería el triste récord, existe una fuerte emigración económica relacionada con las dificultades de empleo en los países de origen». Presentando por su lado la situación actual en África, la FAO tiene censados catorce países «enfrentados a crisis alimenticias excepcionales [12]»: en tres casos, sólo la sequía y las dificultades logísticas son responsables del desastre. En cualquier otra parte, sin que las distinciones aparezcan claramente, se mencionan «desplazamientos de población rural», «disturbios civiles», presencia de refugiados o de «personas vulnerables».

¿Se asiste, o estamos en vísperas de asistir, a una explosión del número de emigrantes internacionales? Planteado el tema, la cuestión refleja sobre todo la inquietud, espontánea o provocada, experimentada en los países industrializados frente a las poblaciones del sur. Por lo menos debe medirse con el rasero de otros precedentes históricos, algunos de los cuales están muy próximos a la época actual.

En el siglo pasado y hasta la segunda guerra mundial, los occidentales han venido constituyendo la masa de los emigrantes y han organizado las emigraciones salidas de otros pueblos. Más de 50 millones de personas han dejado Europa en cien años; las islas Británicas (40 por 100), Noruega (36 por 100) y hasta Suiza se vaciaban, sobre todo por razones de orden económico, a las que se añadían a veces persecuciones (pogromos en el este del continente). Una mano de obra que esperaban en América del Norte, Brasil, Argentina, África del sur, Australia. Por otra parte, millones de chinos y de indios se veían obligados, por medios raramente amistosos, a ir a trabajar a Isla Mauricio

---

[12] «Situation alimentaire et perspetives de récoltes en Afrique subsaharienne», nº 3, octubre de 1995, Organización de Naciones Unidas para la Alimentación y la Agricultura (FAO), Roma. Los países donde los disturbios y los desplazamientos de población explican la crisis son: Angola, Burundi, Eritrea, Liberia, Malawi, Mozambique, Ruanda, Sierra Leona, Somalia, Sudán y Zaire.

a Fiji, de Malaisia a Surinam y al Caribe, a África del Sur o a las canteras de los ferrocarriles norteamericanos.

Desde 1945, las migraciones internacionales son muy diferentes. Si se excluyen los vastos movimientos de población provocados por las consecuencias, directas o indirectas, del conflicto (conciernen a unos diez millones de alemanes, seis millones de japoneses obligados a regresar al archipiélago, cientos de miles de judíos y después de palestinos, enormes masas de indios y de paquistaníes), parece que las necesidades de algunas economías europeas han dado forma a muchos de los flujos: españoles, portugueses, italianos, yugoslavos, parten a trabajar hacia el norte, llegan numerosos magrebíes y turcos o también (hacia el Reino Unido) ciudadanos (de Asia, del Caribe) de la Commonwealth. Otra zona de atracción, además de la tradicional América del Norte: los Estados del Golfo [13].

Para los países ricos, el viraje va a comenzar en 1973: el «choque» petrolero desencadena la crisis. El sur va a continuar alimentando el grueso de la emigración internacional, alrededor de las tres cuartas partes, pero tiende a hacerse clandestina en Occidente así como en los nuevos países industrializados o a punto de convertirse (Malaisia, Tailandia). El norte, en particular en Europa occidental, ha producido parados por decenas de millones y tiene menos necesidad de mano de obra (local o exterior) debido a las revoluciones tecnológicas que se están produciendo.

Desde entonces, el norte, agitado además en muchos lugares por corrientes xenófobas, se cierra al extranjero, con todas las «tendencias» confundidas en un vocabulario común (refugiados, demandantes de asilo, demandantes de empleo...). Sobre la base de informes que muestran cómo, a partir de países-plataforma (Guatemala, República Dominicana, Rusia, etc.) cientos de miles de personas intentan ganar ilegalmente Estados Unidos, Washington querría ver coordinar sus acciones a los Estados «amenazados» [14]. Declaró que en el año fiscal

---

[13] Hay dos estudios fundamentales acerca de los movimientos de población: Peter Stalker, *Les travailleurs inmigrés. Études des migrations internationales de main-d'oeuvre,* BIT, Ginebra 1995, 346 pp. Y Gildas Simon, *Géodynamique des migrations internationales dans le monde,* PUF, París 1995, 430 pp.

[14] Léase «US Targets World Traff in Migrants», *International Herald Tribune,* 29 de diciembre de 1995, y «Enforcement Reduces Illegal Crossing fron Mexico», *International Herald Tribune,* 25-26 de diciembre de 1995.

de 1995, 1.271.390 mexicanos fueron detenidos cuando pasaban ilegalmente la frontera (son millones los que han pasado a acrecentar en su país el ejército de parados después de la devaluación del peso en diciembre de 1994). Mientras que, en medios de la derecha relacionados con sectores punta, algunos se oponen al establecimiento de una reglamentación que privaría de cerebros, es decir, de «genios» exteriores de toda suerte a Silicon Valley [15].

En el otro extremo de la escala social, millares de asalariados, inmigrantes del sector de la confección (cifra de negocios anual: 282 mil millones) sufren la «esclavitud» (la palabra es de Robert Reich, secretario americano de Trabajo) [16]. «Omisión» significativa: fruto sin embargo de diez años de debates, la muy importante convención votada por la Asamblea General de Naciones Unidas, el 18 de noviembre de 1990, sobre la protección de los trabajadores emigrantes y sus familias, espera todavía ser ratificada masivamente por los Estados [17]. Hasta el momento sólo lo han ratificado Egipto, Colombia, Marruecos, Filipinas, Seychelles y Uganda.

Los países ricos buscan acabar con los flujos migratorios que tienen a las poblaciones por actores, pero dejan operar a su antojo a los que toman las decisiones en la economía transnacional. Gildas Simon escribe a este propósito: «Sostenido por un sistema financiero mundial que ha abolido ya las fronteras entre Estados, se establece un mercado unificado en donde se organizan a escala planetaria la investigación, la concepción, la producción y el consumo de bienes y servicios. Esta nueva organización económica del mundo se expresa en el plano migratorio a favor de la mundialización de los flujos humanos, la generalización de las migraciones de especialistas, el drenaje de las élites personales y su redistribución espacial en y por los polos más desarrollados del sistema económico mundial» [18].

Análisis que se une al de Allan F. Findlay, profesor en la Universidad de Glasgow, para quien la libertad de emigrar tiene cada vez

---

[15] George Gilder, «Geniuses From Abroad», *The Wall Street Journal Europe,* 21 de diciembre de 1995.

[16] «Slaves to Fashion», *Multinational Monitor,* Washington, octubre de 1995.

[17] Para un estudio de este documento, léase *Proclaiming Migrants Rights,* COI, Ginebra, mayo de 1991.

[18] Gildas Simon, *op. cit.,* pp. 94 y 95.

menos realidad. Las decisiones se toman por los Estados, y sobre todo por «los que dominan y desarrollan las nuevas tecnologías y los modos de producción en los que ellos intervienen». De forma creciente los mercados de empleo «no descansan sobre la "libre" concurrencia, sino principalmente sobre las transferencias geográficas de competencias en el seno de la empresa, entre la sede y las sucursales. Lo que explica sin duda el mayor espacio en las migraciones internacionales de mano de obra cualificada»[19]. Flujos extremadamente volátiles, que conciernen a una fracción infinitesimal de la población, pero que pesan duramente en términos de poder económico, de transferencia (o no) de saberes y de división internacional del trabajo.

Hecho grave en consecuencias, pero raramente señalado porque pone en tela de juicio los dogmas dominantes sobre la «modernidad»: un desarrollo rápido tiene efectos sociales desestabilizadores que refuerzan las pulsiones migratorias. Un investigador americano resume así este fenómeno capital: «La modernización rural que acrecienta la productividad agrícola contribuye... a desintegrar las redes sociales y las relaciones económicas tradicionales y, por consiguiente, favorece el éxodo de las poblaciones del campo hacia las ciudades. La urbanización rápida produce mercados de trabajo saturados y una distribución desigual de las rentas. Al mismo tiempo, el marco urbano aviva las aspiraciones, vehicula informaciones sobre migraciones internacionales y los medios de tomar parte, para los que sólo tienen acceso a trabajos mal pagados al margen de la economía nacional»[20].

Una observación que permite llegar, a partir de una referencia a la suerte de los refugiados, a la de los emigrantes, no sólo internacionales sino en el seno de las sociedades. Personas desplazadas sin duda alguna por las grandes obras públicas, la explotación de bosques, los múltiples estragos del medio ambiente. Pero más todavía —y Occidente habrá indicado el camino de manera radical en algunos decenios—, por los gigantescos éxodos rurales y la masificación de miles de millones de seres humanos en las ciudades. La estadística es aproximativa,

---

[19] Léase Allan Findlay, «Les nouvelles technologies, les mouvements de main-d'oeuvre très qualifiée et la notion de fuite de cerveaux», en *Migrations Internationales. Le Tournant*, OCDE, París, 1993, 300 pp.

[20] Michael S. Teitelbaum, «Les effets du développement économique sus les pressions à l'émigration dans les pays d'origine», OCDE, *op. cit.*

pero hay más de 80 millones vagando entre las ciudades costeras. Y ¿en qué categoría es necesario colocar a las 700.000 personas sin domicilio fijo en Estados Unidos, a las que se prohíbe la estancia en más de cuarenta ciudades celosas de su honorabilidad? El extranjero puede surgir también del interior... ¿Y en dónde clasificar a los cerca de 2,7 millones de ciudadanos de la Unión Europea, que, sin domicilio, tienen que recurrir a asociaciones de beneficencia?

Salvo que nos resignemos a lo peor, la revolución demográfica que está produciéndose habrá de suscitar, tanto en el campo de las migraciones como en el resto, un pensamiento y proyectos de acción sin precedentes. Más allá de la necesaria organización del flujo de poblaciones, que cambian de sentido cuando a los mil millones de humanos de ayer les sucedan siete u ocho mil millones de sus hijos, su «derecho a permanecer» tiene como condición, sin duda alguna, la revisión de un desarrollo que tritura las raíces y destruye la tierra que les acoge.

Las «zonas internacionales» de retención

Ramón Ferri

Cuando el nuevo Gobierno de Francia empieza una revisión a fondo de la política con respecto a la inmigración, lejos de la histeria ultra que situaba a los extranjeros como la causa de todos los males, España es el país de Europa que aplica medidas más duras contra los inmigrantes, ejerciendo desde hace varios años el papel de puerta blindada (a veces también electrificada) entre el sur y el norte.

Pese a que la península ha sido históricamente una tierra en la que se han mezclado razas y civilizaciones, y sus habitantes fueron acogidos por millones como emigrantes económicos o políticos en todo el mundo, la inmigración, sobre todo si se trata de «moros» o de «negros», empieza a señalarse en España como un grave problema que hay que atajar con dureza, antes de que sea demasiado tarde.

«Había un problema y lo hemos solucionado», declaraba ufano el presidente Aznar en el verano de 1996, tratando de justificar la expulsión salvaje de 103 inmigrantes, previamente drogados, a países que en muchos casos no eran los suyos de origen, pero que contaban con funcionarios sobornables en las fronteras.

El «problema» está completamente falseado en su naturaleza y magnitud. España es uno de los Estados europeos con menor proporción de extranjeros, el 1,5 por 100. Países como Francia, Holanda, Bélgica, Francia o Alemania están entre el 10 y el 17 por 100. Y de los extranjeros que residen en el territorio español la mayor parte (un 66 por 100) son europeos.

Las actitudes contrarias a los derechos humanos de la última década arrancan de la etapa del Gobierno socialista, cuando se llevó a cabo una frenética actividad legislativa para imponer restricciones a la adquisición de la nacionalidad, el derecho de asilo, la asistencia jurídica a los extranjeros sin recursos, etc. En 1995, sólo en Cádiz fueron expulsadas 35.000 personas y fue rechazado el 90 por 100 de las peticiones de asilo. Los «excesos de celo», guiados por una xenofobia latente, llegaron hasta el extremo de que en Granada la policía exigiera buenas notas a los escolares marroquíes para dejarles seguir viviendo en la ciudad.

El año 1996, según datos de las organizaciones pro-derechos humanos de Andalucía, Ceuta y Melilla, podría resumirse así:

— 2555 detenidos en las costas andaluzas.

— 2673 expulsados.

— Más de 35 muertos en aguas del estrecho de Gibraltar al naufragar las pateras o intentar ganar la costa a nado, e incontables desaparecidos.

— Expulsión de 15 personas después de tenerlas en la «zona internacional» de Barajas en condiciones infrahumanas durante 26 días.

— 103 inmigrantes expulsados, previamente drogados.

Y el año1997 no parece haber sido mejor en el respeto a los derechos humanos y la eliminación del racismo institucional. Las organizaciones no gubernamentales más importantes han dirigido informes y protestas en este sentido a instancias internacionales como Naciones Unidas y el Consejo de Europa, y españolas, como el Parlamento y el Senado, el Defensor del Pueblo, etc.

En enero de 1997 se devolvió a Marruecos a 35 inmigrantes subsaharianos indocumentados (actuación denunciada ante 13 organismos internacionales). El 3 de marzo se expulsó a Senegal, sin cumplir ningún requisito, a tres inmigrantes presuntamente originarios de ese país. Uno murió en Dakar a consecuencia de los malos tratos.

Durante todo el mes de abril se expulsó a inmigrantes, previo internamiento y casi siempre malos tratos «por resistirse a la policía». Al menos en dos ocasiones se administró narcóticos a los que iban a ser expulsados sin orden judicial alguna. Las denuncias por estas prácticas han seguido repitiéndose.

Uno de los procedimientos habituales para la aplicación de las políticas antimigración (o antiasilo) en diversos países europeos es la creación de las llamadas «zonas internacionales». En estos espacios las libertades no existen y las policías gozan de poderes desorbitados, dentro de una discrecionalidad administrativa que nada tiene que envidiar a las arbitrariedades y abusos que se denuncian en regímenes alejados de la tradición europea ilustrada.

Una vez que la policía niega la entrada a un viajero procedente de un país tercero, el ciudadano-viajero es trasladado a una «sala de tránsito» donde se le aísla a la espera de ser devuelto a su país de origen. A pesar de que las propias leyes de asilo y extranjería de los países democráticos de nuestro entorno establecen límites temporales reducidos a dicho aislamiento, lo cierto es que es costumbre y práctica habitual que tales aislamientos se prolonguen excesivamente. Así, el Defensor del Pueblo advertía a la Administración que, en el año 1992, se comprobó que las personas permanecían por períodos prolongados, más de una semana, sin poder salir de las dependencias ni tener acceso a su equipaje y custodiadas por vigilantes jurados. A esta situación de aislamiento forzoso hay que añadir la práctica de no informar a los afectados de las causas por las que se les ha prohibido la entrada, ni sus derechos, ni de su situación legal. Tampoco se les entrega copia de la decisión policial, ni se les informa del momento en que se les permitirá regresar a sus países de origen. Se ha denunciado igualmente que se les prohíbe realizar llamadas telefónicas; que, en muchas veces, se les somete a tratos vejatorios y degradantes (obligación de desnudarse para ser sometidos a cacheos sin explicarles por qué), e incluso a torturas. En el mejor de los casos, un asistente social es el encargado de mantener al aislado en contacto con el exterior.

Los reclusos forzados de este modo, así como el espacio en que se encuentran, se convierten en realidades virtuales que, simplemente, no existen de hecho, sometidos, por lo mismo, a los designios, caprichos y arbitrariedades de los que guardan la llave de su prisión de cristal.

Esta cruda realidad queda oculta a la opinión pública, se produce casi clandestinamente, fuera de los mecanismos habituales que en un Estado de derecho sirven para controlar la actuación gubernativa y para garantizar las libertades y los derechos fundamentales.

Tales prácticas violan sistemáticamente los derechos proclamados en la Declaración Universal de los Derechos Humanos.

El artículo 16 de la Convención sobre el Estatuto de los Refugiados (1951) señala que «en el territorio de los Estados contratantes, todo refugiado tendrá acceso a los tribunales de Justicia»: hemos subrayado territorio porque las llamadas «zonas internacionales» o «salas de tránsito» no se consideran territorio propiamente del Estado en cuestión, eufemismo y perversión intencionadas que pretenden justificar el incumplimiento sistemático en tales zonas de las leyes nacionales e internacionales, situando, insistimos, al violador de los derechos y a sus víctimas en una especie de limbo jurídico en el que todo acto de violación simplemente no existe al no haber pecado ni, por lo tanto, pecador. Tal es el origen y el escenario de las mayores violaciones de los derechos humanos: sin testigos, las víctimas desaparecen sin dejar rastro.

Detrás de las arbitrarias «zonas internacionales», «salas de tránsito», «centros de internamiento», etc., se hallan las injustas condiciones, imposibles de cumplir en la mayoría de los casos, impuestas a los ciudadanos de terceros países que llegan hasta las fronteras exteriores de los Estados de la Unión Europea. Así, el artículo 5 del Convenio de Schengen establece que, para una estancia no superior a tres meses, se podrá autorizar la entrada en el territorio de las Partes Contratantes a los extranjeros que cumplan los siguientes requisitos:

— poseer un documento o documentos válidos que permitan el cruce de la frontera, determinados por el Comité Ejecutivo;

— estar en posesión de un visado válido cuando éste sea exigido;

— presentar, en su caso, los documentos que justifiquen el objeto y las condiciones de la estancia prevista y disponer de medios adecuados de subsistencia, tanto para el período de estancia previsto como para el regreso al país de procedencia o el tránsito hacia un tercer Estado en el que su admisión esté garantizada, o estar en condiciones de obtener legalmente dichos medios;

— no estar incluidos en la lista de no admisibles;

— no suponer peligro para el orden público, la seguridad nacional o las relaciones internacionales de una de las Partes Contratantes.

Así pues, los impedimentos, los obstáculos se suceden en cascada: desde la exigencia de estar documentados convenientemente (algo, como sabemos imposible para una gran parte de los llamados extranjeros); a la barrera económica (pobres, no, gracias), a la arbitrariedad absoluta que viene a constreñir en el círculo de la exclusión, del rechazo y de la insolidaridad de los países ricos hacia los pobres. El mensaje está claro: has podido escapar de tu país; has podido atravesar cientos o miles de kilómetros hasta llamar a nuestra puerta; has podido hacerlo con la documentación preceptiva; has tenido la posibilidad de ahorrar algún dinero, sorteando otros de los requisitos, pero estás incluido (o te incluimos ahora mismo ¿quién controla la mano del funcionario que teclea un nombre en un ordenador de un puesto fronterizo perdido? en la lista de ser-humano-no-admisible, diríamos nosotros indeseable, no asimilable, etc.; si no estás ni te incluimos, parece (por tu ropa, por tus facciones, por tu extraña forma de hablar ininteligible, por tu mirada) que vas a representar un peligro para el orden público, la seguridad nacional o las relaciones internacionales, no de este país que es muy humanitario, sino de otro cualquiera; por lo que se acabó la fiesta: pasa a este territorio inexistente y espera a que te devolvamos a donde nunca debiste soñar con salir, a tu tierra.

Aunque la Ley Orgánica 7/1985, y su Reglamento de ejecución (1996) establecen que «la denegación de entrada por los funcionarios encargados del control... deberá verificarse por resolución motivada, que será notificada al extranjero, con referencia a los recursos que contra la misma pudieran imponerse», es un hecho ampliamente conocido, extendido y documentado, que gran parte de las actuaciones y decisiones de rechazo se toman sobre la base de la presunción de que determinados ciudadanos procedentes de países de bajo nivel de rentas vienen a nuestro país con el único objetivo de buscar trabajo, sin que los funcionarios intervinientes den crédito a las manifestaciones de estas personas sobre la razón de su viaje... La mayoría de las personas que acceden a la frontera cumplen los requisitos legales exigidos. Muchos son rechazados bajo la mera sospecha policial, sospecha que se alimenta de la apariencia externa del extranjero, su nacionalidad, su raza, la falta de un viaje programado o de reserva de hotel. Criterios todos ellos fabricados por una práctica policial que no se ve sometida a ningún control de calidad, legalidad o pertinencia. No es sólo una coincidencia que el Parlamento Europeo reclame en todas las resoluciones aprobadas sobre asilo e inmigración de las autoridades competentes de los Estados de la Unión que se respeten los derechos de los inmigrantes y solicitantes de asilo en las fronteras exteriores, que se les garantice un intérprete, asistencia letrada, que se le notifiquen por escrito las resoluciones administrativas adoptadas en el caso, que se le indiquen las vías jurídicas que puede utilizar para recurrir la decisión administrativa, etc. La reiteración e insistencia del Parlamento Europeo, de ACNUR, de las organizaciones internacionales, de las ONG, al respecto, son prueba más que evidente de su sistemático incumplimiento por las autoridades. Por ello, en la situación en que se encuentran, a los extranjeros rechazados en las fronteras les resulta imposible acudir a la vía jurisdiccional ordinaria (orden contencioso-administrativo) por su situación de aislamiento, la falta de notificación de la decisión gubernativa, la imposibilidad de contactar con abogados, el desconocimiento de la lengua y la falta de intérprete.

Con esto, entramos de lleno en otro de los aspectos relacionados con los inmigrantes, las «zonas internacionales» y la violación de los derechos humanos. Podríamos plantearlo así: un inmigrante o solicitante de asilo recluido en una «zona internacional» es obvio que se encuentra privado de libertad. Algunos opinan que sólo se encuentra retenido y que esto no puede considerarse como privación de libertad, pero la «retención», aparte de ser un término ajeno al ordenamiento jurídico de cualquier país democrático y civilizado, es una trampa para desposeer de garantías a la libertad frente a la actuación de los agentes del sistema.

Lo tangible es que los viajeros rechazados en la frontera se ven privados de libertad durante cierto tiempo porque:

— se les reduce a un lugar de espera de pequeñas dimensiones del que no pueden salir (las zonas de tránsito de los aeropuertos, por ejemplo);

— se les somete a un control permanente por un vigilante armado;

— se les prohíbe tener relación con el mundo exterior;

— su tiempo de privación de libertad es variable: entre unas horas y varias semanas.

Desde el momento en que el ciudadano no puede elegir su situación en el espacio físico a causa de una actuación policial, se habrá producido una injerencia en su libertad. El viajero se encuentra en una situación especial y distinta de los pasajeros de tránsito: sencillamente no puede moverse a su capricho y voluntad por esa zona. Se encuentra, de hecho, detenido, desconociendo la causa de su detención, sin asistencia letrada ni intérprete, etc.

De hecho, en el ordenamiento jurídico español no existe un precepto que habilite a la autoridad a detener a ciudadanos extranjeros en la frontera. Como ello es así, la reciente Ley de Extranjería señala eufemísticamente: «al extranjero que le sea denegada la entrada en el territorio nacional por los funcionarios encargados del control... se le estampará en el pasaporte un sello de entrada tachado (con lo que, de paso, le niega la posibilidad de intentar entrar en cualquier otro Estado signatario de Schengen) debiendo permanecer (no se dice: invitándole a permanecer si lo desea; se utiliza el gerundio para subrayar que es una obligación imperativa, frente a la que no se puede objetar nada) en las instalaciones destinadas al efecto en el puesto fronterizo hasta que, a la mayor brevedad posible (¿cuántas horas, cuántos días, cuántas semanas?) regrese al lugar de procedencia o continúe hacia otros países donde sea admitido» (art. 41).

La situación en que se encuentran los extranjeros en las zonas internacionales de puertos y aeropuertos está llegando a tales extremos, que muchas organizaciones no gubernamentales como Amnistía Internacional están haciendo un seguimiento especial de este tema y se multiplican las denuncias de violaciones de los derechos humanos, incluidas torturas y asesinatos, de extranjeros en esos espacios.

Capítulo 9

NUEVOS DESAFÍOS PARA LOS MEDIOS DE COMUNICACIÓN

Durante décadas, se habló mucho del «cuarto poder», una piadosa mentira del poder real para cultivar el ego de una profesión dura, escasamente autónoma y con éxitos problemáticos contados una y otra vez: el «J'acusse» de Émile Zola en L'Aurore *denunciando el caso Dreyfuss, la guerra de Cuba y contra España de la cadena Hearst que sobredimensionaría Orson Welles en* Ciudadano Kane...

En los años sesenta, Marshall McLuhan hablaría del fin de la «galaxia Gutemberg», incluso de la radio, aquel amplificador decisivo de los dictadores de entreguerras —Mussolini, Hitler—, cuya gesticulación y violencia verbal «no habrían resistido una semana en televisión».

El reinado de los medios electrónicos, televisión, Internet, está transformado ese panorama, sin restar presencia a los medios escritos y sonoros. La inmediatez del mensaje, la indiferenciación progresiva entre lo virtual y lo real se ha enseñoreado de los medios de comunicación. Podría hablarse de la transformación en verdad de grandes mentiras —Timisoara, guerra del Golfo.

Además, del desequilibrio norte/sur que se denunciaba ya hace algunas décadas se ha pasado a la formación y guerra interna de los nuevos gigantes mediáticos.

Nadie habla ya de «cuarto poder», se prefiere lo de «función social de la prensa», «amarillismo», «prensa responsable», medios públicos y privados como acepciones «correctas» de monopolio y oligopolio...

Los medios son hoy no sólo un sector industrial prioritario en alza, sino un vehículo necesario del poder inmaterial del mercado, hasta un punto en el que cada vez se considera más necesario redefinir el propio concepto de libertad de expresión.

Los nuevos escenarios de la comunicación mundial

Armand Mattelart

El paisaje mundial de la comunicación está marcado por el desorden. Así que puede no ser del todo inútil señalar algunos puntos para distinguir qué parte ocupa la mitología, en especial cuando se trata de nuevas tecnologías, y cuál corresponde a las realidades concretas derivadas de la internacionalización.

La ideología contemporánea de la comunicación se caracteriza por lo efímero, el olvido de la historia y del por qué de los objetos y su articulación social. Dado que nos encontramos en las postrimerías del siglo XX, puede ser oportuno remontarse al final del siglo precedente para comprender mejor cómo se han desarrollado las cosas.

Hacia 1860 la comunicación fue consagrada como agente de civilización, con una universalidad semejante a la del imperio victoriano de la Gran Bretaña. Las redes ferroviarias, las del telégrafo eléctrico y los cables submarinos, junto al nuevo canal de Suez y la navegación a vapor, iban tejiendo una representación del mundo como gran organismo compuesto de partes, solidarias entre sí.

Las redes que cubrían entonces el globo —popularizadas por autores como Julio Verne—se convirtieron en el símbolo de un mundo interdependiente en el que las economías nacionales cedían el puesto a una nueva división internacional del trabajo. Las primeras redes de comunicación fueron expresiones físicas del nuevo concepto positivista de la «solidaridad orgánica»; concepto que choca frontalmente con el antiguo de la solidaridad como obligación moral. Fue entonces cuando se creó la primera organización gubernamental de la era moderna, la primera instancia internacional para la reglamentación de los flujos transfronterizos. De hecho, en 1865, cincuenta años antes de la Sociedad de Naciones (precedente de la actual Organización de Naciones Unidas), una veintena de países, casi todos europeos, fundaron en París la Unión Telegráfica Internacional, antepasada directa de la actual Unión Internacional de Telecomunicaciones (UIT), nacida en Madrid, en 1932, como resultado de la fusión de la mencionada Unión Telegráfica y la Unión de la Radiotelegrafía Internacional, creada en Berlín, en 1906. Por su parte, la Unión Postal Universal vio la luz en Berna, en 1874.

Correos y Telégrafos fueron, por tanto, un soporte importante en los discursos utópicos acerca de las virtudes «universalizadoras y pacíficas» de las técnicas de la comunicación. Un papel similar habían desempeñado, ya en 1830, las redes ferroviarias. Estos tres tipos de redes internacionales alimentaron el imaginario religioso de la esfera de las comunicaciones. Tenían en común con la religión el deseo de *religare* (unir) a las personas y a los pueblos. Así que, ya desde el siglo XIX, se colocaron los pilares de la ideología redentora de las comunicaciones.

«Todos los hombres se hacen hermanos», proclamaban las grandes exposiciones universales que sucedieron a la de Londres de 1851, mientras se inauguraba el primer cable submarino internacional. Durante medio siglo, y hasta la Exposición Internacional de París de 1900, todas las exposiciones y las técnicas de comunicación llevarían el mismo mensaje, y la misma utopía, acerca del advenimiento de la «Asociación Universal». Y sin embargo, al margen de estas «reuniones pacíficas del progreso» y bajo la égida de la civilización occidental, la cantada solidaridad entre los pueblos se vio continuamente desmentida por el ruido y la furia de la guerra y las conquistas coloniales. Es verdad que el final del siglo vio emerger nuevas formas de asociacionismo internacional, por un lado entre sociedades civiles y, por otro, entre Estados. Pero el siglo terminó con el desembarco de los *marines* americanos en Cuba con el pretexto de ayudar a los autóctonos a liberarse de un imperio español moribundo.

Por primera vez en la historia, la opinión pública, estimulada por la prensa sensacionalista de William Randolph Hearst (el famoso *Ciudadano Kane* de Orson Welles), se convirtió en la coartada de una intervención imperialista.

Es conocida la anécdota que dibuja la extravagancia del momento: Hearst envió a La Habana a un reportero y conocido dibujante, Frederic Remington que, desde allí telegrafió a su patrón: «Nada que reseñar. Todo tranquilo. No habrá guerra. Quiero volver». Hearst le respondió de inmediato: «Le ordeno que se quede. Envíe ilustraciones; de la guerra me ocupo yo».

Finales del siglo XX: la comunicación es ahora el principal paradigma de la nueva sociedad global. La economía de los flujos intangibles está en continuo desarrollo. Su esfera de producción y de comercialización coincide con la del mercado mundial. En un planeta obligado a reconocer los daños de la ideología del progreso, las utopías han perdido terreno.

Para caracterizar la fase actual de la internacionalización de las redes y los sistemas, en los años ochenta surgió un nuevo concepto que se expresa con una palabra extraída directamente del inglés: globalización.

¿Quién podría negar que nuestras sociedades están cada vez más interconectadas por productos y redes que funcionan con lógica «universal»? La globalización es un hecho pero constituye, también, una ideología que se está transformando en un *prêt-à-porter* ideológico». El término oculta la complejidad del nuevo orden internacional, en lugar de mostrarla. Al llegar aquí puede ser de utilidad preguntarse de dónde viene la palabra «global».

La aparición de este término, en la forma de representar el mundo, se remonta a finales de los años sesenta. Fue introducido por dos publicaciones: *War and Peace in the Global Village,* de Marshall McLuhan (en colaboración con Quentin Fiore), publicado en 1969 [1], y *Between Two Ages, America's Role in the Technotronic Era,* de Zbigniew Brzezinski, aparecido también en 1969 [2].

La primera de estas obras extrapola el efecto televisión-guerra del Vietnam: según el autor, con este conflicto «en directo», al que pudieron asistir todas las familias americanas, los telespectadores dejaron de ser pasivos y se convirtieron en «participantes» haciendo, al tiempo, desaparecer la dicotomía entre civiles y militares, lo que constituyó una regresión. Mientras que, en tiempo de paz, los medios electrónicos encauzarían hacia el progreso todos los territorios no industrializados. Por tanto, es el imperativo técnico el que puede controlar el cambio

---

[1] Marshall McLuhan, *Guerra y paz en la aldea global,* Laffont, París, 1970.
[2] Zbigniew Brzezinski, *La revolución tecnocrática,* Calmann-Lévy, París, 1970.

social y explicarlo. Al mismo tiempo, entre el gran público norteamericano comienza a circular el eslogan «revolución de las comunicaciones». Son éstas, se afirma, las que «desarrollan el impulso del consumo, la responsabilidad social colectiva, la rebelión de los jóvenes, la de las mujeres, la de la moda...; la era del juicio individual. En pocas palabras, una nueva sociedad». Y, seguidamente, se afirma que esta revolución es la sentencia de muerte de las últimas utopías de la revolución política: significa «el fin de las ideologías».

La «aldea global» comienza, entonces, su andadura en el megamercado del *prêt-à-penser* planetario. De inmediato, el concepto de «aldea global» se esgrimirá en cada gran catarsis mundial o, mejor, en cada «mundovisión». La referencia volvió a hacerse omnipresente en 1991, durante la guerra del Golfo, incluso cuando se hicieron necesarios el bloqueo y la censura de la guerra psicológica que pusieron en evidencia la oposición entre civiles y militares. Al contrario de lo que creía Marshall McLuhan.

El politólogo norteamericano Zbigniew Brzezinski, director del Instituto de Investigaciones sobre el Comunismo de la Universidad de Columbia, usa el término «ciudad global». La connotación de regreso a la comunidad, y a la intimidad, que sugiere la palabra aldea le parece poco adecuada al nuevo ambiente internacional, ya que la interconexión de las redes, que él define como «tecnotrónicas», fruto del matrimonio del ordenador, el televisor y las telecomunicaciones, habría transformado el mundo en un «nudo de relaciones interdependientes, nerviosas, agitadas y tensas», y habría, por tanto, aumentado la amenaza de anemia además del riesgo de aislamiento y de soledad para los individuos.

Para Brzezinski, que poco después se convirtió en consejero de seguridad nacional del presidente Jimmy Carter y uno de los fundadores de la famosa Comisión Trilateral, la primera «sociedad global» de la historia es la estadounidense. Es ella la que propaga esta «revolución tecnotrónica» y la que «comunica» más que cualquier otra, ya que, sostiene, el 65 por 100 de las comunicaciones mundiales tienen como punto de partida Estados Unidos.

América, con los productos de su industria cultural, pero también con sus «técnicas, sus métodos y sus prácticas organizativas nuevas», es el único país que propone «un modelo global de modernidad», cánones de comportamiento y valores universales. En la parte opuesta, en el bloque dominado entonces por la antigua Unión Soviética, se veían tan sólo sociedades de penuria y aburrimiento. La nueva idea de ciudad y de sociedad global, según Brzezinski, hace definitivamente caduco el viejo concepto de «imperialismo» que se usaba para definir las relaciones de Estados Unidos con el resto del mundo. La «diplomacia de los cañones» pertenece al pasado y, según él, la del futuro será la «diplomacia de las redes».

Contraseña: integración

La caída del muro de Berlín, en 1989, y el fin del universalismo comunista consagrarán ésta como la única posible. En el mundo unipolar, el «fin de las ideologías» se transformará en «fin de la historia», bajo la batuta mágica del consejero del Departamento de Estado norteamericano Francis Fukuyama. Veinte años después de la publicación de su libro sobre la revolución tecnotrónica, Zbigniew Brzezinski seguía insistiendo: «La base de la potencia americana reside, sobre todo, en su dominio del mercado mundial de las comunicaciones... Esto crea una cultura de masas que incita a la imitación política». La geopolítica empieza a levantar la cabeza después de diez años dominada por la geoeconomía.

En los años ochenta, el lenguaje de la globalización fue, sobre todo, el de los negocios. El más conocido de sus promotores es el profesor Theodor Levitt, director de Harvard Bussiness Review, cuyos trabajos fueron ampliamente citados en los discursos que legitimaban las estrategias de expansión de las empresas de dimensión mundial. Los balances anuales de los grandes grupos de comunicación, o de publicidad, están llenos de proclamas sobre esta globalización. Es frecuente encontrarse frases como estas, verdaderas odas a la gloria de las redes: «Los científicos y las tecnologías han conseguido lo que, desde hace mucho tiempo, intentaban sin éxito los militares y los hombres de Estado: el imperio global... Los mercados de capitales, productos y servicios, gestión y técnicas de fabricación son ya, todos ellos, globales por naturaleza... Es el *global marketplace*. Esta nueva realidad aparece en el mismo momento en que las técnicas avanzadas transformarán la información y la comunicación».

La globalización de los mercados, los circuitos financieros, el conjunto de las redes intangibles y las empresas (reestructuradas también en redes y transformadas en «empresas-redes») necesitará una desregulación radical. Con todo lo que esto implica de regresión de las fuerzas sociales y de retroceso del papel asistencial del Estado-nación y de la filosofía del servicio público. Es el triunfo de la empresa, de sus valores, del interés privado y de las fuerzas del mercado.

En el curso de esta mutación, la comunicación se profesionalizaba e iba imponiéndose, como modelo único, el de la comunicación empresarial. Ahora, el Estado considera la comunicación como una tecnología óptima para la gestión social. Como ejemplo, basta recordar lo que ocurrió en los años ochenta cuando copiaron el modelo de comunicación empresarial las instituciones públicas, asociaciones humanitarias y entes locales, y definieron sus relaciones con los ciudadanos y con la sociedad civil echando mano del imaginario de la publicidad.

Se trata de una cuestión seria, frecuentemente ignorada, aunque tenga repercusiones en el campo internacional, como lo demuestran las formas de comunicación adoptadas por las organizaciones más diversas, de Médicos sin Fronteras a Greenpeace o Amnistía Internacional.

La globalización se ha convertido en recurso de especialistas en mercadotecnia y empresas. En cierto sentido, representa su clave de lectura del mundo y del nuevo orden internacional en gestación, aunque, en el interior de los ambientes profesionales, los doctrinarios de una globalización a ultranza chocan con quienes piensan que la evolución de la economía mundial está muy lejos de resumirse solamente en la lógica de la homogeneización; y considera, igualmente, que la idea de la segmentación de mercados y objetivos —o sea, de una desmasificación general— es tan importante como el concepto de estandarización.

He aquí lo que significa, para los defensores frenéticos del mercado mundializado, la globalización. Mientras en la empresa taylorista, a la distribución jerárquica de los trabajos y los poderes correspondía una diseminación de los espacios: el nivel local, el nacional y el internacional estaban separados y eran impermeables uno respecto del otro; el nuevo modelo de empresa y del mundo en que opera (estamos hablando de la empresa-red) presupone una interacción entre los tres niveles.

En un mercado mundializado es necesario que cada estrategia de la empresa-red sea local y global al mismo tiempo. Esto es lo que quieren decir los empresarios japoneses con el neologismo *glocalice,* contracción de *global* y *local.*

Hay una palabra que domina esta lógica empresarial: la integración. Es un vocablo que recuerda una visión cibernética de la organización de las grandes unidades económicas en el mercado mundial. Integración de los espacios del diseño, de la producción y del consumo. Y, finalmente, integración de los sectores de actividades antes separadas. Para convencerse, no hay más que recordar los neologismos aparecidos recientemente en el lenguaje técnico, angloamericano por excelencia: *Advertorials* (contracción de *advertising* y *editorials), informercials (information* y *commercials), infotainment (information* y *entertainment)* y, más recientemente, *edutainment.* Una hibridación de palabras que corresponden a la hibridación que ha hecho posible la informática, de tecnologías de la información y la comunicación.

La nueva estrategia global de los empresarios ha desplazado el centro de gravedad de la atención y de los objetivos, además de los territorios de los negocios internacionales, hacia el campo de las redes de la comunicación.

El primer desplazamiento se refiere a la propia definición de «libertad de expresión». La libertad de expresión de los ciudadanos está en competencia con la «libertad de expresión comercial», presentada como nuevo «derecho del hombre». Asistimos a una continua tensión entre la «soberanía absoluta del consumidor» y la voluntad de los ciudadanos, garantizada por las instancias democráticas.

En torno a estas reivindicaciones de libertad de expresión comercial se han movido los *lobbies* de varias asociaciones profesionales (anunciantes, agencias publicitarias y medios) durante los debates que tuvieron lugar en la segunda mitad de los años ochenta, tanto en el Consejo de Europa como en el seno de la Unión Europea, en torno a las nuevas reglas de la televisión sin fronteras. Su objetivo consistía en atenuar las restricciones impuestas por la sociedad civil a la «utilización de la esfera pública con fines publicitarios», como diría el filósofo alemán Jürgen Habermas.

A su vez, la libertad de expresión comercial —principio nuevo sobre el que tiene que apoyarse el eje del mundo— es indisociable del viejo principio, inventado en los comienzos de la guerra fría por la diplomacia del Departamento de Estado norteamericano, del Free Flow of Information (libre flujo de información), que atribuye muy poca importancia al problema de la desigualdad de los intercambios en materia de comunicaciones.

La doctrina de la globalización recicla el mismo principio que consiste, justamente, en equiparar, sin más, la libertad de comerciar con la libertad.

Además, el desplazamiento principal causado por este nuevo referente empresarial afecta a las mismas sedes en que tiene lugar el debate. En los años setenta, y en los comienzos de los ochenta, la UNESCO fue el foro central en que se discutían los sistemas de comunicación. Se recuerda cómo acabaron estos debates sobre «El nuevo orden mundial de la información y la comunicación» (NOMIC), propuesto por los países no-alineados y del que nadie osa hablar ahora. Hacia la mitad de los años ochenta el debate se cerró definitivamente con la retirada de la UNESCO de la delegación norteamericana reaganiana y del Reino Unido thatcheriano, con el pretexto de la extremada politización de la controversia.

Desde la segunda mitad de los años ochenta son organizaciones más técnicas las que se ocupan del nuevo orden de las comunicaciones, como el GATT (Acuerdo sobre las Tarifas de Aduanas y el Comercio), convertido ahora en Organización Mundial del Comercio (OMC).

La comunicación inserta en la categoría de los «servicios» ha provocado un enfrentamiento directo entre la Unión Europea y Estados Unidos que concluyó el 15 de diciembre de 1993 con una retirada estratégica de la Unión (como el resto de los servicios, el audiovisual estará expuesto, a partir de ahora, a las reglas del librecambio); el desastre, disfrazado de retraso, se ha presentado como una victoria explicando que la Unión adoptó el principio de «excepción cultural» que rechaza muchas de las exigencias americanas. De momento, por tanto, ningún acuerdo, pero Hollywood, el Congreso y las autoridades de Washington no se resignan y están volviendo a la carga en el nuevo marco librecambista de la OMC. En el transcurso de la controversia se ha ensanchado la distancia entre los ideólogos de la mercancía —como parámetro aplicable a cualquier tipo de producción— y los defensores de las identidades culturales, con nuevas contradicciones por ambas partes. Para recordar el contenido y el tono de los debates y para destacar estas dos concepciones antagónicas de la cultura y su papel geopolítico se pueden examinar contextualmente dos declaraciones: la del ex presidente francés François Mitterrand: «Sería desastroso que contribuyéramos a generalizar un modelo cultural único. No lo consiguieron, a pesar de todo, los regímenes totalitarios. ¿Es posible que lo consigan las fuerzas del dinero aliadas con la fuerza de la técnica?» [3], y la de Jack Valenti, responsable de la MPAA (Motion Picture Association of America), que encarna la defensa de los intereses de Hollywood: «La última oferta de Bruselas es, en realidad, penosa, insultante, llena de palabras sin sentido... Esta negociación no tenía nada que ver con la cultura... La triste verdad es que Europa está volviendo la espalda al futuro».

El debate está lejos de haberse cerrado. En seguida, el problema de la industria de la imagen se ha unido al de las redes informáticas, presentadas por el simbolismo mediático como las «autopistas de la información», fruto de la comprensión digital y del cruce del televisor, el teléfono y el ordenador [4]. En la nueva fase del debate sobre la cuestión de la reglamentación (o de la desregulación) de las redes y los sistemas de comunicación internacionales, la ideología librecambista ha intentado sacar adelante su razonamiento populista. El contenido es simple, simplista. Pero sus derivaciones son más complejas de lo que a primera vista parece.

La idea central está representada por la necesidad de libre curso a la libre competencia, en un mercado libre compuesto de individuos libres para elegir. Se expresa, más o menos, en los términos siguientes: «Dejemos a la gente mirar lo que quiera. Dejémosla libre para valorar.

---

[3] *Le Monde,* 25 de octubre de 1993.

[4] Léase, a este respecto, Serge Regourd, «Por la exclusión cultural»; Asrad Torres, «¿Quién sacará provecho de las autopistas de la información?»; Jacques Robin, «Los peligros de una sociedad de información planetaria»; y Asrad Torres, «A tumba abierta sobre las autopistas de la información», en *Le Monde diplomatique,* respectivamente, de noviembre de 1993, noviembre de 1994, febrero de 1995 y abril de 1995.

Confiemos en su sentido común. La única sanción que se aplique a un producto cultural debe ser el éxito, o el fracaso, en el mercado».

Este axioma neoliberal sobre la absoluta soberanía del consumidor de productos culturales ha tenido un paralelismo en el campo teórico: la rehabilitación del papel del receptor en los mecanismos de la comunicación. Sin embargo, un retorno tal al «practicante» mediático activo comporta aspectos perversos: mientras se concentra unilateralmente sobre la libertad del consumidor de descodificar programas u otros productos culturales de cualquier origen, se liquida a bajo precio el problema de la desigualdad de los intercambios en un mercado de flujos que sigue siendo profundamente desigual. ¿Puede la libertad del telespectador reducirse a la libertad de descifrar los productos de una industria que es hegemónica en el mercado? ¿No debería concebirse como libertad de leer los productos culturales no hegemónicos comenzando, a menudo, por los propios?

Si no nos fijamos bien, la rehabilitación teórica del «receptor» puede llevar directamente a legitimar la subordinación cultural de determinados pueblos o culturas, lo que —a finales de los años setenta— se llamaba «imperialismo cultural». El problema está en el hecho de que en estos debates es difícil saber dónde comienza el localismo y dónde termina la defensa de la exigencia de conservar la diversidad cultural, como medio de acceso al enriquecimiento de la creación «universal».

Lo que preocupa es la forma en que se han impuesto estos conceptos de lo global y la globalización, para explicar los nuevos marcos de la comunicación internacional. La fase actual de la internacionalización es la del emerger de una «comunicación-mundo». Un concepto que tiene el mérito de remitirnos a la historia recordándonos la idea que el historiador Fernand Braudel expresaba con la expresión «economía-mundo».

La «comunicación-mundo» permite explicar las lógicas de la mundialización sin mixtificarlas. Frente a todo lo que lleva a creer la representación globalista e igualitarista del planeta, estas lógicas nos recuerdan que la mundialización de las economías y de los sistemas de comunicación es indisociable de la creación de nuevos desequilibrios entre países y regiones, y entre grupos sociales; en otras palabras, nuevamente exclusiones. Basta observar los principios que presiden la construcción de los mercados únicos o de las zonas regionales de librecambio, o sea, de los espacios regionales intermedios entre el espacio-mundo y el espacio Estado-nación. La globalización corre pareja a la fragmentación y segmentación. Se trata de las dos caras de una misma realidad en proceso de descomposición y de recomposición.

Los años ochenta fueron los años de la búsqueda de una cultura global y unificadora por parte de las grandes empresas transnacionales, a la caza de sus «culturas universales» para asegurar a sus productos servicios y redes, mejor penetración en el mercado mundial; y fueron también los años de la revancha de las culturas singulares[5].

La tensión entre la pluralidad de las culturas y las fuerzas centrífugas del cosmopolitismo mercantil ha revelado la complejidad de las reacciones respecto a la aparición de un mercado único a escala mundial. Se han saltado las fronteras conceptuales que separaban lo singular de lo universal, de lo local, nacional e internacional.

Y se van apuntando preguntas nuevas. ¿Qué sentido tienen, para las diversas comunidades, las relaciones con las redes que constituyen la trama de la mundialización? Estas redes ¿cómo resisten, se adaptan, se abren camino? ¿Qué papel desempeña el miedo a la homogeneización cultural en el repliegue nacionalista y en la regresión de identidad que se observan en todo el mundo? El «mestizaje» y la «criollización» ¿son, acaso, el porvenir del mundo?

En el umbral del tercer milenio, la comunicación sigue siendo, sin duda, una apuesta política que moviliza, cada vez más, la atención de los ciudadanos.

---

[5] Armand Mattelart, «Nuevo *prêt-à-penser* ideológico», *Le Monde diplomatique,* mayo de 1992.

Medios y comprensión del mundo

Marc Ferro

Somos conscientes de vivir en unas sociedades sin brújula, que han perdido sus puntos de referencia y ya no saben unir el futuro y el pasado. Lo mismo se puede decir de las ideologías, porque ya no sirven de referencia, se trate de socialismo o de liberalismo, puesto que las prácticas que pretendían encarnarlos han resultado equivocadas. En realidad, están surgiendo otros sistemas de pensamiento que las relevan; por ejemplo, los distintos integrismos o la ecología, esa ideología en vías de formación que se niega a admitirse a sí misma como tal.

Desde hace poco, está bien visto implicar y acusar a los medios de comunicación y, en especial, al sistema audiovisual. Lo pudimos ver con ocasión del desembarco americano en Somalia. Mientras que televisión, prensa escrita y radio se acusan recíprocamente de desinformación, los saberes fundamentales (investigación y universidad) están resucitando el antiguo litigio acerca del modo cómo la prensa informa o intoxica a la opinión. También es cierto que el mundo político y el jurídico añaden a ello su voz.

Nadie duda de que la guerra del Golfo despertó el sentido crítico de los ciudadanos [1]. La lluvia de informaciones e imágenes que recibieron, la intervención abierta de la censura y las manipulaciones observadas (ya advertidas con ocasión del caso de Timisoara), no han dejado de desarrollar un sentido crítico que, hasta entonces, parecía adormecido. La crítica se ha referido a la manera como se presentaba la información de la guerra por parte de los políticos y de los medios de comunicación al mismo tiempo; nos dimos cuenta (sobre todo a

---

[1] Véase, por ejemplo, «Médias, mensonges et démocratie», *Manière de voir*, n° 14, octubre de 1991.

causa del cuasi-monopolio ejercido por la CNN) de que se estaba convirtiendo en norma una cierta americanización del discurso.

La cobertura por parte de los medios de comunicación del desembarco americano en Somalia, el 9 de diciembre de 1992, levantó toda una tempestad de críticas. En efecto, nos podemos preguntar si los medios de comunicación se hallan en condiciones de analizar correctamente un fenómeno histórico importante, sobre todo cuando, debido a la fuerza de las imágenes, crean por sí mismos tal acontecimiento. En realidad, la capacidad de análisis sigue estando adormecida. Para convencernos de ello, basta recordar la incomprensión con la que fue acogida la revolución islámica iraní en 1979. Hasta entonces, el pensamiento occidental se había moldeado en la figura clásica, surgida en 1789, de la alianza entre el trono y el altar contra la burguesía; no supo ver que la alianza de la pequeña burguesía y de los ayatolás podía segregar una revolución contra un monarca que encarnaba la modernidad.

Oriente tampoco se ha visto libre de ilusiones preestablecidas: en 1941, preparando el ataque de Pearl Harbour, el almirante Yamamoto y el coronel Masainobu explicaron a los dirigentes civiles nipones, quienes estuvieron de acuerdo, que los daños materiales infligidos a Estados Unidos serían de tal envergadura que los norteamericanos, «en especial los hombres de negocios», llegarían a pensar que les interesaba negociar con Japón, ya que la guerra les saldría demasiado cara. No imaginaban que los ciudadanos estadounidenses pudieran tener una reacción honrosa. En cuanto al análisis «marxista científico» más elaborado (por ejemplo el de Lenin), no podemos olvidar que se equivocó por completo acerca del destino de la sociedad alemana de posguerra: esperaba a los espartaquistas y tuvo a los nazis.

Cuatro mundializaciones

El catálogo de estos «errores» podría ampliarse; merecen ser identificados y estudiados. También hay que decir que convendría analizar el problema del análisis y situarlo en un contexto más amplio.

Nuestra época es el resultado de cuatro mundializaciones que, en sí mismas, se traducen en fenómenos de uniformización:

1) La mundialización de la economía empezó a manifestarse en el siglo XVI, fenómeno que no ha cesado en su desarrollo y aceleración. Mientras que existían varias economías-mundo hasta entonces (China, Occidente, el mundo turco e islámico, etc.), la unificación se efectuó de forma irreversible y apenas quedan ya zonas de autarquía. Mientras que hasta entonces los ciudadanos conocían a sus señores (el rey, el oficial, el sacerdote y la ley), de repente se vieron frente a unos señores anónimos, inasibles aunque todopoderosos: los altibajos de los precios, las innovaciones técnicas, el «condicionamiento exterior», etc. Y siempre en nombre de la libertad y el progreso. Aquellos que, en la Europa del siglo XIX, fueron víctimas de la mundialización, buscaron refugio, como hacen otros en la actualidad, donde pudieron: en la religión, la droga, el exilio o la revolución. Primeros síntomas de una pérdida de puntos de referencia.

2) La mundialización y la uniformización burocráticas se manifestaron con el desarrollo del Estado, tanto si lo datamos en el siglo XVI como en la Revolución Francesa o en la edad tecnocrática. Este fenómeno se materializó en la multiplicación de los grupos sociales que ampliaron el área del poder central: de forma sucesiva, el clero, los militares, los funcionarios, los directivos e incluso los sabios. Su promoción amplió la distancia entre el centro y la periferia (distancia social, se entiende); la que llevó al rechazo hacia el exterior de todos aquellos que no estaban integrados en el sistema: bien se trate de excluidos, víctimas, regiones enteras y naciones proletarias, incluido el caso en que la burocracia se convierte en supranacional. A finales del siglo XIX, el campesino de las Cévennes encontraba, entre las hombreras de su oficial, la figura de su antiguo señor. En la actualidad, el poder ya no es en absoluto el del subprefecto o el diputado, sino que pertenece cada vez más a la Comisión de Bruselas. El ciudadano, que ha perdido sus puntos de referencia, pierde también su recurso.

3) Ha continuado la mundialización científica (sin relación alguna con la mundialización microbiana, que se manifestó a partir del siglo XVIII durante la expansión de la viruela al otro lado del Atlántico), mientras que ahora es el virus del sida el que circula. Por lo que respecta a la ciencia, la mundialización ha sido más lenta, apareciendo con las revistas de sabios en el siglo XVIII, pero la unificación progresa cada vez más deprisa, tanto en medicina como en física o en ciencias

229

humanas. El doctor Knock anunció en los años veinte que «no nos escapamos a la medicina», a la de Occidente, se entiende; tampoco podemos neutralizar los peligros nucleares ni los de la contaminación atmosférica.

4) La mundialización de la información (y la uniformización cultural que de ello se deriva) acentúa el impacto de los demás fenómenos banalizando los conocimientos que el ciudadano puede adquirir y reduciendo su importancia. Mientras que el saber fundamental clasificó, jerarquizó y puso orden en estos conocimientos, asistimos, en primer lugar, a una uniformización de la información en el sentido de que la televisión ofrece, de Somalia por ejemplo, las mismas imágenes a los espectadores de Londres, de Río o de Yokohama. Desde hace veinte años, la proporción de las imágenes e informaciones autónomas (producidas por una cadena local para un público local) no ha hecho sino disminuir proporcionalmente. Lo mismo ocurre con la prensa escrita, con tal de que los mismos despachos —AFP, AP, Reuter— sirvan de soporte a la información y que las encuestas o reportajes de los corresponsales particulares ocupen, debido a su coste, un lugar más reducido que hasta hace poco.

La sociedad reacciona de forma espontánea contra esta uniformización (que conduce a una difusión en circuito cerrado de las mismas informaciones) dotándose de redes autónomas. Lo importante para los medios de comunicación es ser los primeros en informar, en adelantarse a los demás, a ser posible mediante una imagen chocante o un suceso escandaloso. En ellos, la última información es siempre más importante que la anterior. En este juego, hace poco ganaba la radio, ya que los periódicos llegaban por la tarde o al día siguiente, los noticiarios cinematográficos los terceros, y los universitarios publicaban el resultado de sus investigaciones en último lugar. Para informar, gracias a las nuevas tecnologías la televisión se ha vuelto tan rápida como la radio, además de ofrecer imágenes. Pero, para reflexionar, necesita plazos de tiempo imprescindibles y, en este terreno, la prensa encuentra tanto más su ventaja en cuanto que en la televisión (donde reina ya la programación) la revista de actualidad o el documental están, salvo excepciones, desconectados de la información, desvalorizados y presentados en horarios depreciados.

Elección de informaciones

Más importante es, sin duda, la forma en que se eligen las informaciones, hasta tal extremo que nos hacemos las siguientes preguntas: ¿cómo se informan los informadores? E incluso: ¿están verdaderamente informados? Esas imágenes que recibimos de Somalia, ¿las facilitan periodistas realmente familiarizados con el mundo árabe e islámico? La cuestión se plantea de forma muy distinta para la prensa escrita: ¿comprueba como es debido?, ¿cómo selecciona su información y, sobre todo, cómo la dispone?

En primer lugar, la elección. Un estudio efectuado no hace mucho con un centenar de diarios de marzo de 1917 demostró que las agencias de prensa de la época facilitaron en un mes sesenta informaciones acerca de la composición y actividades del Sóviet de Petrogrado. *The Times*, de Londres, publicó cinco; *Le Figaro* menos aún, los periódicos «socialistas» una decena, mientras que las informaciones procedentes del gobierno provisional ruso se publicaban todas, en una proporción del 60 al 80 por 100. ¿Qué hay de extraño en que en abril de 1917 la opinión se «sorprendiera» ante el anuncio de manifestaciones bolcheviques? Del mismo modo se sorprenderían, sesenta años después, por la revolución islámica de Irán...

En la prensa escrita diaria, la ordenación de la información reproduce la organización de los poderes tal como fueron instituidos en el siglo XIX. Se trata del orden de los ministerios: Ministerio de Asuntos Exteriores (informaciones del extranjero), del Interior (política), de Economía (información económica y financiera), de Asuntos Sociales (sociedad), etc. La prensa escrita reproduce de este modo la clasificación establecida por el poder, quedando prisionera de la misma, aunque critique la información que emana de dicho poder.

La clasificación de la información es prisionera de tal dispositivo: como testimonio de ello, el destino reservado a los diversos hechos despreciados, barridos por los diarios «serios» de una sección a otra. Sin duda porque ponen en tela de juicio lo que tienen de «serio» las instituciones dirigentes, y porque la prensa, deseosa de legitimidad, critica al poder para ponerse a su altura y afirmarse mejor como contrapoder, pero sin perder valor por ello.

Por su parte, la televisión procede a una clasificación por géneros:

información, documentales, espacios dramáticos, revistas de actualidad, ficción, etc. Lo que caracteriza su relación es la discontinuidad y la carencia de coordinación. Un presentador puede anunciar para más tarde una emisión acerca de las cárceles, pero el redactor que trae al telediario de las veinte horas un problema del día en una cárcel incorpora rara vez imágenes de dicho suceso en su emisión.

El saber fundamental en sí tiende a funcionar sólo a través de una clasificación por disciplinas, lo que vienen manifestando desde hace varias décadas las lamentaciones acerca de la falta de interdisciplinariedad. Mientras que una misma información llegada de los medios de prensa se repite de un medio a otro, los saberes llegados de otras partes se exponen mal o no se exponen.

Sin duda, esta censura y esta confusión se hallan entre los modos de conocimiento que dan cuenta de esta parálisis general en el análisis. Enfrentarse a ellas sigue siendo una de las exigencias de nuestro tiempo.

El periodismo ante el desafío de Internet

Angelo Agostini

También para el periodismo, Internet representa un desafío. Las nuevas redes de la comunicación modifican en profundidad la investigación, la producción y la difusión de la información. De hecho, la revolución digital ha transformado ya la realidad. Pero, paradójicamente, en lo mejor de un viraje histórico, no alcanzamos a prever los efectos. Y lo que es peor: empresarios, profesionales y creadores ponen en marcha estrategias cuyas presuposiciones quizá no estén verificadas. Vamos hacia una revolución en la práctica periodística sin disponer del menor análisis común.

Por un lado, los adoradores de la innovación están dispuestos a erigir un monumento a la información digitalizada y a enterrar periódicos y a periodistas. Independientemente de las técnicas, siempre habrá necesidad de profesionales para verificar las noticias, replican, por el otro lado, los escépticos recalcitrantes. ¿Se imaginan, añaden, a veraneantes yendo a la playa con su ordenador portátil para informarse? Planteada en estos términos, la alternativa parece banal. Lo es menos cuando se examina el entorno social y cultural que implican las dos opciones.

Sobre todo si se escucha la advertencia de Umberto Eco que, sin prejuicios respecto a la tecnología, pone en guardia contra las desigualdades de acceso a la información. Si la lectura de un periódico es la plegaria laica del hombre moderno, a ello sólo se dedican los que han aprendido a leer el periódico, y son cada vez menos personas. Pensemos en el gigantesco trabajo de alfabetización necesario si las redes informáticas se convirtiesen en el principal vector de información. Sin ninguna garantía contra la creación de nuevos fosos de diferenciación cultural...

Sin embargo, es necesario recordar que, en la historia de la comunicación, nunca una innovación echó a las tecnologías anteriores. Lo que ha desaparecido son unos modos de producción y unos instrumentos: ya no hay linotipias en los talleres de prensa; sólo los periodistas reacios al ordenador utilizan la máquina de escribir. Esa evolución ha influido en la profesión y en su cultura, pero sin convertir en algo caduco a la prensa escrita. Del mismo modo que la radio no eliminó a los periódicos, ni la televisión a la radio, el vídeo y el minitel no han enterrado a los medios de comunicación anteriores.

No sólo los diferentes medios de información no han sufrido la muerte anunciada, sino que han aprendido a vivir los unos con los otros y conquistado públicos distintos. El periodismo multimedia ocupará, pues, su lugar al lado de los periodismos tradicionales. La información del futuro será la obra de medios de comunicación que propongan cada uno una información diferenciada. En resumen, ya es tiempo de renunciar a esa entidad casi mitológica que se llamaba el periodismo, y de admitir la existencia de periodismos diferenciados en función de los públicos, de los contenidos, de las formas, de los modos de producción, de difusión y de consumo de la información.

Hace algunos años, Tom Koch, un reportero canadiense *free-lance* (independiente), se enteró por el *New York Times* de la muerte de un niño de seis años en Nueva York, durante una operación quirúrgica dental con anestesia. El juez encargado del asunto la clasificó como «accidente». Las fuentes médicas señalan un riesgo del uno por mil, pero Tom Koch, que investigaba un caso similar en Vancouver, se negó a darles crédito sin más. Uno detrás de otro, revisó bancos de datos científicos, consultó los archivos de los principales diarios norteamericanos y, a través de las listas de discusión (*newsgroups*) a las que estaba abonado, pidió la ayuda de periodistas especializados. En veinticuatro horas se enteró de que el tipo de anestesia utilizado provocaba problemas respiratorios a personas de edad y a niños en caso de control insuficiente, que el riesgo era muy superior al uno por mil y que habían sido censados numerosos casos. Los problemas que pudo así plantear en sus artículos obligaron al juez a revisar sus conclusiones. Victoria de la justicia... y para el periódico, que batió todos sus récords de venta. Hecha «a mano», la misma investigación habría sido cara y sobre todo durado muchísimo más tiempo. Gracias a las redes, en veinticuatro horas y por 50 dólares, la tarea estaba terminada[1].

Pero es necesario no perder de vista una verdad importante, confirmada por la historia de Tom Koch: los archivos se convierten en una fuente interesante para el periodista si puede sacarles partido con una rapidez compatible con la producción de un diario. Observación esencial si se piensa de nuevo en los debates sobre la dificultad de tomar tiempo para la reflexión, la conceptualización, el análisis, la investigación y la verificación de las informaciones en esa galerna que es la fabricación de un diario. No se debería subestimar la aportación de la informática en el trabajo del periodista, con la reserva de que esté preparado..

---

[1] Léase «Tom Koch. The Reporter in the Information Age», en «Computer Assisted Research and Reporting», bajo la dirección de Peter Vasterman y Peter Verwey, cuaderno *Journalistiek en Communicatie*, nº 11, Culemborg, Holanda, 1994.

Según todas las encuestas, menos del 10 por 100 de las informaciones difundidas por las agencias de prensa son recogidas por los periódicos, la radio y la televisión: el 90 por 100 se descarta por falta de espacio o de interés. Sin embargo, según los investigadores, sólo se memoriza una media del 10 por 100 de las informaciones recibidas. Un lector (o un oyente o un telespectador) medio no retiene entonces más que el 1 por 100 de la información disponible.

Hace algunos años, los investigadores de Sony estudiaron la memorización de las informaciones por una persona de cultura media en función de los medios de comunicación. Las noticias se retienen un 18 por 100 cuando son escuchadas en la radio, un 19 por 100 si son leídas en los periódicos, un 52 por 100 cuando son vistas en la televisión. Pero el porcentaje alcanza el 75 por 100 si a la visión, a la escucha y a la lectura se añade una actividad física e intelectual ligada a la información. Así, con un ordenador, es necesario efectuar varias operaciones para obtener las noticias: conexión *on line*, apertura de CD-Rom, lectura, visión, escucha, selección de temas, utilización de líneas en hipertexto, etcétera.

Incluso interpretados con las precauciones normales, estos datos bosquejan un escenario radicalmente diferente del actual modo de comunicación. ¿Cuál será la relación entre el periodista y sus «lectores» cuando éstos puedan escoger la manera de leer las informaciones? Con sus conexiones electrónicas permitiéndole «saltar» libremente de un documento a otro, la *relación hipertexto* hace al lector libre, sea para optar por una lectura lineal clásica, sea efectuar un recorrido individualizado, en función de sus deseos.

En resumen, el hipertexto cambia los datos espaciales y temporales de la producción y de la explotación de la información. Nada impide producir, vía Internet, un boletín del extranjero con las noticias del día, pero igualmente llevando allí los archivos históricos y el conjunto de los textos ya publicados sobre el tema tratado, y eso de manera virtualmente ilimitada. Profesional o apasionado, el lector puede exigir de su diario telemático lo que no podía alcanzar en la prensa escrita o audiovisual: la inserción de una información en su contexto histórico, geográfico, económico, ideológico... Cada uno está en condiciones de profundizar sólo un tema, llamando a las conexiones necesarias, servicios de información diaria o bancos de datos.

¿Cuál es la estrategia de las empresas?

Terminada la unicidad de las fuentes de información: Internet permite cruzar diarios, radios, televisiones, agencias de prensa y archivos. Se acabó también la linealidad de la lectura: nadie puede garantizar a un periodista que escriba en hipertexto que el lector seguirá su «artículo» de comienzo a fin, sin torcer hacia otro documento. Pero esos dos datos han servido de base a reglas de escritura que condicionan la búsqueda y elaboración de informaciones. Las famosas cinco preguntas [2], la ley del «mensaje esencial» [3], la técnica anglosajona de la «pirámide invertida» [4], las técnicas de síntesis de la entrevista o de integración de declaraciones en un texto, forman parte del bagaje de los periodistas desde hace más de un siglo. Válidas para los diarios, esas reglas se han mantenido para el audiovisual. Pero, el modo de consumo de las informaciones «electrónicas» ¿no implica nuevas técnicas periodísticas?

Los medios de información y los canales de difusión disponibles en el mundo occidental constituyen una verdadera galaxia. Bancos de datos en los periódicos, televisiones con Internet, radios con CD-Rom, pasando por los cables, los satélites, pero también los kioscos y el teléfono, todo ello dibuja una constelación de una extremada complejidad. Las primeras ediciones electrónicas de los diarios han decepcionado porque se contentaban con adaptar la página escrita en la pantalla del ordenador. Han cambiado mucho después: los periódicos ofrecen a los internautas servicios exclusivos, dan (o venden) el acceso a sus archivos, ponen *on line* sus ediciones locales (lo que permite a los lectores que se encuentren lejos de su ciudad saber lo que pasa). Frecuentemente ofrecen también a sus lectores la posibilidad de debatir con la redacción y entre sí.

Para los periódicos especializados, Internet reduce igualmente de manera sensible los costes de impresión y de distribución multiplicando el número de los lectores. Las agencias realizan, *on line*, servicios

---

[2] Un artículo debe responder a cinco preguntas: qué, cuándo, dónde, por qué y cómo. (En inglés son las «cinco W»: *what, when, where, why* y *how).*

[3] La principal noticia debe encontrarse en el primer párrafo del artículo.

[4] Un artículo debe desarrollar progresivamente la información, dando cada vez más detalles, de forma que se pueda cortar por abajo, en caso de falta de espacio.

de uso profesional fundados en el mismo principio: mientras que la conexión telegráfica se encarece mucho para el usuario privado, el acceso a Internet no implica grandes gastos. A la oferta de los medios de comunicación tradicionales se añade una serie de nuevos servicios, interesantes con frecuencia. Los «motores de busca» se hacen más «inteligentes»; Pointcast o Fishwrap, por ejemplo, seleccionan las informaciones, artículos e imágenes que puedan interesar al usuario, y los instalan en su ordenador...

Detrás de la profusión de estos servicios, cuya rentabilidad no está todavía asegurada, no se ve claramente el diseño de una estrategia de las empresas. Y sin embargo, las evoluciones llevadas a cabo en el mundo de los medios de comunicación confirman las previsiones de Nicholas Negroponte. En un libro consagrado al Media Lab por Stuart Brand[5], el «gurú» estimaba que los próximos veinte años verían multiplicarse las fusiones entre empresas que trabajan en el campo de las tecnologías digitales. Esto es lo que ha pasado. El multimedia no representa solamente una revolución de la información y del tiempo libre, sino también —y quizá sobre todo— una perspectiva de desarrollo industrial y comercial. De la superposición confusa de los sectores y de los servicios nace, progresivamente, un orden nuevo: la interpenetración y la fusión de las industrias de la prensa, de la televisión y de la electrónica[6]. Tres factores convergen:

— la evolución tecnológica, que acrecienta las posibilidades técnicas de los nuevos medios de comunicación y les permite instalar servicios de información creativos tanto en la forma como en el contenido;

— la diferenciación y la individualización de los modos de consumo de los nuevos medios de comunicación por sus usuarios;

— la interpenetración de los intereses y de las estrategias de las empresas en el campo de la comunicación. En el último medio siglo, el periodismo occidental ha vivido ya un gran cambio: antes dedicado a las élites, se ha insertado progresivamente en la comunicación de masas. Pero eso no ha modificado los criterios, los valores, las técni-

---

[5] Stuart Brand, *Media Lab. Il futuro della communicazione*, Baskerville, Bolonia, 1993.

[6] Léase Dan Schiller, «Los comerciantes al asalto de Internet», *Le Monde diplomatique*, edición española, marzo de 1997.

cas sobre las que se fundaba la profesión. La revolución digital trastorna las bases mismas de la actividad periodística. Ya se trate de técnicas de investigación y de presentación de la información, de la evolución de la relación entre periodista y lector o todavía más de la reestructuración industrial y comercial, el porvenir se presenta lleno de incertidumbres.

La indispensable exigencia ética

Todavía más que en los medios de comunicación tradicionales, la actividad periodística se convierte, con la informática, en lo que es realmente: un trabajo intelectual colectivo, una interacción entre profesiones diferentes. Y, sobre todo, un modo de producción atenazado entre la ley del mercado, que rige toda actividad industrial y comercial, y la responsabilidad social a la que el periodismo no podría renunciar sin perder su identidad, que le diferencia de los mil oficios de la comunicación.

En enero de 1994, durante un seminario organizado por la Escuela Superior de Periodismo (ESJ) de Lille, Patrick Pépin, director de la ESJ, planteó la cuestión de las mutaciones que imponen los nuevos medios de comunicación al oficio de periodista: «*Mañana, el periodista ya no podrá ser sólo periodista. Deberá tener al menos dos competencias diferentes*». Y citó como ejemplo: «*periodista especializado en sistemas informáticos, periodista especializado en sistema de documentación, periodista-editor, periodista-visual, periodista-infógrafo, etcétera*» [7].

De esa manera, la complejidad de los modos de producción engendrará una diferenciación de perfiles y de competencias profesionales, que, sin embargo, siempre unirán no sólo su responsabilidad social común, sino también la obligación de trabajar en equipo, en la interacción de todas las especializaciones. No obstante, estamos a cien leguas de los horizontes borrosos de los futurólogos: el cambio radical así bosquejado se enraíza con la voluntad de hacer coexistir el periodismo

---

[7] «Journaliste en 2010. Nouvelles technologies et nouveaux métiers dans la presse écrite», *Cahiers de l'École Supérieure de journalisme de Lille*, nº 6, 1994.

electrónico y el periodismo tradicional, integra las evoluciones de la tecnología con las del mercado y llama evidentemente a una exigencia ética más fuerte que nunca.

Fotoperiodismo: imágenes y buitres

Edgar Roskis

La obra del fotógrafo surafricano Kevin Carter, premiada con el Pulitzer de 1994, desató la polémica en todo el mundo. Se trata, según Edgard Roskis, de «un cliché» de una composición, aun involuntaria. Tomada en las afueras de la aldea de Ayod (al sur de Sudán), muestra a una niña famélica, acurrucada con la cara contra la tierra, vigilada por un buitre apostado a sólo unos pasos detrás de ella. «La similitud entre la pequeña sudanesa y la del animal refuerza la dramaturgia de la escena: la presa y el predador se observan en una misma figura (...) aunque fuera de campo por definición, podemos imaginar igualmente a Kevin Carter tendido por las necesidades del punto de vista en una posición similar, prestándose a la sospecha de que él mismo es un "buitre", operando en el campo de predilección de la acción fotográfica que constituye las hambrunas, las guerras y las catástrofes».

El proceso es clásico; cuando no es pura y simplemente acusado de *voyeurismo*, el periodista gráfico es al menos sospechoso de frialdad (y en consecuencia de cierto grado de duplicidad, si no de complicidad).

Kevin Carter (que se suicidaría unas semanas después) describía así las circunstancias de su fotografía: «*Alrededor de 300 metros del centro de Ayod me crucé con una niña muy pequeña al borde de la inanición, que trataba de alcanzar el centro de alimentación. Estaba tan débil que no podía dar más que uno o dos pasos cada vez, cayendo una y otra vez, buscando desesperadamente protegerse del sol ardiente, cubriéndose la cabeza con sus manos esqueléticas. Después se volvía a poner penosamente sobre sus pies para una nueva tentativa, gimiendo dulcemente con su pequeña voz aguda. Conmovido, me refugié una vez más tras la mecánica de mi trabajo, fotografiando sus dolorosos movimientos. De repente, la pequeña basculó hacia adelante, con su rostro pegado al polvo. Mi campo de visión se limitaba al de mi teleobjetivo, no me había dado cuenta hasta ese momento del vuelo de buitres que se acercaban, hasta que uno de ellos se posó apareciendo en mi visor. Disparé, y después lo ahuyenté de una patada. Un grito subía dentro de mí. Tuve que recorrer uno o dos kilómetros, después de dejar la aldea, antes de estallar en lágrimas».*

La foto dio la vuelta al mundo. Se estimó que «lo decía todo». Sin embargo, para Roskis: «Habría que preguntarse sobre la naturaleza y el funcionamiento de este tipo de imágenes». Puesto que el malestar que sentimos ante la foto de Carter tiene menos que ver con la atrocidad de su referente (la realidad a la que reenvía) que con el ámbito de su retórica: sin el buitre, en efecto, no hay imagen. Es de éste del que extrae todo, no sólo porque podría realmente atacar a la niña en el instante siguiente, sino por lo que significa como «figura de estilo». Encuadrada sola en su postración, patética, la niña, sin embargo, no «vale» nada a nuestros ojos, en todo caso, no vale un premio Pulitzer: el hecho en bruto, por escandaloso que sea, no basta para impresionar a los espíritus, para que su representación, sumándose a tantas otras dé, según la expresión consagrada, «la vuelta al mundo».

No fue siempre así. Preguntados cada año, diferentes grupos de estudiantes, una generación que no ha conocido la guerra de Vietnam, citan regularmente dos fotografías como las más «impactantes» en su recuerdo: la ejecución a quemarropa y a sangre fría, en el momento álgido de la ofensiva del Tet, de un presunto miembro del Frente Nacional de Liberación (FLN) por el jefe de la policía de Saigón, Nguyen Ngoc Loan; y la pequeña vietnamita Phan Thi Kim Phuc, huyendo desnuda, después de haberse arrancado su ropa incendiada, del bombardeo con napalm de la aldea de Trang-Bang en junio de 1972. Dos premios Pulitzer, dos fotos de agencia, «en las que el hecho retenido estalla en su totalidad, en su literalidad, en la evidencia misma de su naturaleza obtusa», como escribiera Roland Barthes en su célebre artículo de las Mitologías sobre las «fotos-chocs». Dos imágenes que pertenecen a ese período excepcional de los años sesenta y setenta, que vivió el apogeo del fotoperiodismo moderno, encarnado en el nacimiento en 1967 de la agencia Gamma: guerras de Chipre, de Vietnam, de los Seis Días, de Biafra, de Kippur, del Líbano, de Irlanda del Norte, invasión de Praga, revueltas de la juventud, mayo del 68...

Se seguían todos esos acontecimientos por la radio y se les visualizaba en las revistas de información. En Vietnam o en Bangladesh, la superioridad de los reporteros gráficos sobre sus colegas de una televisión aún en sus balbuceos era aplastante.

La relación de fuerzas se ha invertido completamente. Cada vez es más extraño que un fotógrafo «consiga» un «cliché» fuerte sin que una cámara de televisión esté igualmente presente, difundiendo su versión vídeo a los hogares del mundo entero con varias horas o varios días de adelanto.

Nos quedamos cortos si decimos que el reportaje «sobre el terreno» vivirá en lo sucesivo en un régimen de inflación. Para sobrevivir a esta competición desigual con la televisión, la fotografía de prensa se considera obligada a superar a los demás. A la «fotografía literal», Roland Barthes contraponía las fotos «sobreconstruidas», «añadiendo al hecho, por contrastes o aproximaciones, el lenguaje internacional del horror» y pensaba de ellas que, precisamente a causa de esto, no nos llegan. Es esta la categoría de fotos como las que están circulando ahora, las que «dan la vuelta al mundo» y se llevan los premios. Estas imágenes nos llegan, posiblemente forzando nuestra puerta. Saber si nos afectan, o no nos afectan realmente y cuánto tiempo permanecerán grabadas en nuestras memorias, es otro asunto (...).

¿Qué procedimientos han faltado entonces para que los millares de cadáveres de Ruanda conmuevan un poco más? ¿Un buitre? ¿Mil buitres? A qué sensacionalismo habrá que entregarse para producir una fotografía que se considere que «lo dice todo» como un titular, cuya simplicidad apabulla a los sentidos para cegar mejor la inteligencia?

So pena de morir de agotamiento, ha llegado el tiempo de que el periodismo gráfico y sus instituciones renuncien a las facilidades del cliché, y se renueven con la nobleza de la narración y el informe.

241

Los *media* justifican los fines

Eduardo Galeano

Ciudad de Goyana, Brasil, septiembre de 1987: dos recuperadores de basuras encuentran un tubo de metal abandonado en un solar. Lo rompen a martillazos y descubren una piedra con luz blanca. La piedra mágica transpira luz, azulea al aire libre y hace resplandecer todo lo que toca.

Los dos hombres despedazan la luciérnaga de piedra y ofrecen pequeños fragmentos a sus vecinos. El que se frota la piel con ellos brilla en la noche. Todo el barrio es una lámpara. Los pobres, de repente ricos en luz, están de fiesta.

Al día siguiente los dos recogedores de residuos vomitan. Han comido mangos y nueces de coco: sin duda es esa la causa. Pero todo el barrio vomita, y todos se hinchan, mientras que un fuego interior les quema el cuerpo. La luz devora y mutila y mata; y se disemina, transportada por el viento, la lluvia, las moscas y los pájaros.

Fue la catástrofe nuclear más grande de la historia, después de la de Chernóbil. Muchos murieron, quién sabe cuántos; otros, mucho más numerosos, quedaron inútiles para siempre. En este barrio de las afueras de Goyana nadie sabía lo que significa la palabra «radioactividad» y nadie había oído hablar nunca del cesium 137.

Ninguno de los responsables fue detenido. La clínica que arrojó a la basura el tubo de cesium continúa funcionando normalmente. América Latina es la tierra de las impunidades.

Chernóbil resuena cada día en los oídos del mundo. De Goyana no se habla nunca. América Latina es una información condenada al olvido. Meses después, Cuba acogió a los niños de Goyana afectados por la radioactividad y posteriormente los trató de forma gratuita. Esta noticia no mereció nunca el menor espacio en los grandes *media,* a pesar del hecho de que, como es sabido, las fábricas universales de opinión pública se preocupan permanentemente de Cuba.

Ciudad de México, septiembre de 1985: la tierra tiembla. Mil casas y edificios se hunden en menos de tres minutos. No se sabe, no se sabrá jamás, cuántos muertos ha provocado este instante de horror en la ciudad más grande y más frágil del mundo. Al principio, cuando empiezan a remover los escombros, el Gobierno contaba cinco mil. A continuación, el silencio. Los primeros cadáveres rescatados, antes de ir a parar a la fosa común, tapizaban todo un campo de béisbol.

Las construcciones antiguas resistieron al temblor de tierra, los inmuebles recientes se derrumbaron como si no tuvieran cimientos; y, de hecho, carecían de ellos —sólo existían en los planos—. Han pasado los años y los responsables permanecen en la impunidad: los empresarios que erigieron y vendieron los modernos castillos de arena, los funcionarios que autorizaron la construcción de rascacielos en la zona más peligrosa de la ciudad, los ingenieros que modificaron, mortalmente, los cálculos de los cimientos y su solidez, los inspectores que se enriquecieron cerrando los ojos. Los escombros han desaparecido. Como si nada hubiera pasado.

Finales de 1991, el semanario *The Economist* y el *New York Times* publican un memorándum interno del Banco Mundial firmado por uno de sus directores. El economista Laurence Summers, formado en Harvard, reconoció ser su autor. Según este documento, el Banco Mundial debería estimular la deslocalización de las industrias contaminantes hacia los países menos desarrollados, por tres razones: la lógica económica, que recomienda verter los residuos tóxicos en los países más pobres; los bajos niveles de polución de los países menos poblados; y el débil impacto del cáncer sobre las personas que mueren jóvenes.

Algunas voces se elevaron para protestar, porque estas cosas se hacen pero nunca se dicen, y la tecnocracia internacional se gana la vida cultivando sus eufemismos. Pero Laurence Summers no es un poeta surrealista, es un autor que pertenece a la brillante escuela del realismo capitalista. Se convirtió luego en subsecretario de Estado del Tesoro, encargado de los asuntos internacionales en la Administración Clinton.

Hace ya mucho tiempo que el sur sirve de vertedero del norte, de alivio de la suciedad nuclear e industrial. Y el memorándum de Summers no inventaba nada, incluía tanto la polución como la usura. Hace ya dieciséis siglos que san Ambrosio, padre y doctor de la Iglesia, prohibió la usura entre los cristianos y la autorizó contra los bárbaros. *«Allí donde existe el derecho de guerra*, declaraba el patriarca, *existe el derecho de usura.»* En nuestros días, lo que es malo para el norte, es bueno para el sur, en razón del derecho de guerra de los que toman casi todo de los que no tienen casi nada. Esta guerra no declarada justifica cualquier cosa que suceda más allá de las murallas del orden y de la civilización. El reino de la impunidad comienza al sur de las riberas de Río Grande, de las orillas del Mediterráneo y de las cumbres del Himalaya.

Atraídas por los salarios enanos y la libertad de contaminar, algunas de las mayores empresas norteamericanas atravesaron la frontera de México en los últimos años. La ciudad-frontera de Matamoros es uno de los lugares en los que las consecuencias de estas deslocalizaciones saltan a la vista: el agua potable es mil veces más tóxica que en Estados Unidos. Según un reciente estudio del Texas Center for Policy Studies, el agua está seis mil veces más contaminada en estos lugares donde se vierten los residuos de la Stepan Chemical que la media norteamericana.

El físico brasileño Ennio Condotti ha subrayado que los países más ricos y potentes no pueden conservar ya sus elevadas tasas de crecimiento sin exportar la devastación hacia los territorios de los demás. Japón, por ejemplo, ya no fabrica aluminio. El aluminio se produce en países como Brasil, donde la energía es más barata y el medio ambiente sufre en silencio. Si el precio del aluminio tuviera que incluir su coste ecológico, esta industria malsana no tendría acceso a los mercados internacionales.

Fatalismo e impunidad

Colombia cultiva tulipanes para Holanda y rosas para Alemania. Empresas holandesas envían los bulbos de los tulipanes a la sabana de Bogotá; empresas alemanas envían plantas de rosales a Boyacá. Cuando las flores han crecido en las inmensas plantaciones, Holanda recibe los tulipanes, Alemania las rosas y Colombia conserva sus bajos salarios, su tierra deteriorada por los fertilizantes y sus aguas usadas y envenenadas.

La socióloga colombiana María Cristina Salazar hizo una investigación sobre las consecuencias devastadoras de estos juegos florales de la era industrial: la sabana de Bogotá lleva camino de desecarse y de desaparecer; y los insecticidas y los abonos químicos, diseminados a gran escala, han hecho enfermar a los obreros y a las tierras de Boyacá.

Impunemente, la Bayer y la Dow Chemical producen y venden en América Latina fertilizantes y pesticidas prohibidos en Alemania y en Estados Unidos. Impunemente, Wolkswagen y Ford producen y venden automóviles sin los filtros que ya son obligatorios en Alemania y Estados Unidos. Más de doscientos insecticidas que figuran en la lista negra de la Organización Mundial de la Salud son utilizados habitualmente en Uruguay, uno de los países del mundo más afectados por el cáncer. Los habitantes de Ciudad de México tienen la tasa de plomo en la sangre más elevada; la leche de las indias que trabajan en las plantaciones de la costa de Guatemala es la más intoxicada del planeta.

Esta es la «lógica económica» que invoca el informe del Banco Mundial: esta es la «ley del beneficio» que el mundo de nuestro tiempo ha erigido en ley divina, y que reina impunemente.

Al pie de su altar, se ofrecen los sacrificios de la naturaleza y la dignidad humana. Nada nuevo. Después de cinco siglos, el desprecio por la vida humana se ha convertido en una costumbre. La impunidad se nutre de fatalidad. Hemos sido educados para creer que la desgracia es consecuencia del destino, como el tipo que, para obedecer a las leyes de la gravedad, se arrojó desde un décimo piso.

A la manera de esos edificios de México que se desplomaron con el temblor de tierra, la democracia latinoamericana ha visto hundirse sus cimientos. Únicamente la justicia habría podido aportar una base de apoyo sólida; pero, en lugar de justicia, tenemos una amnesia obligatoria. Todos los países latinoamericanos, después de las dictaduras militares y los años de sangre, de miseria y de miedo, han arrojado agua bendita a la frente de los verdugos y los asesinos. Y no es sorprendente que los que elogian la impunidad en América Latina aplaudan a dos manos a los procesos instruidos a los culpables de atentados contra los derechos humanos en la Europa del este. En el sur del mundo, el terrorismo de Estado es un mal necesario.

En el transcurso de los últimos treinta años, el foso que separa al norte del sur se ha ahondado. Habrá que inventar un diccionario nuevo para el próximo siglo. La que se denomina «democracia universal» no tiene prácticamente nada de democrática, al igual que el pretendido socialismo real no tenía prácticamente nada de socialista. Nunca la distribución de los panes y los peces fue tan antidemocrática; hay para todos, pero pocos son los que comen de ellos y los cuatro quintos de la humanidad deben pagar la factura del despilfarro de los «elegidos». El orden de los poderosos, consagrado por la sociedad de consumo, transforma a los débiles en rehenes dominados por el miedo.

En América Latina vivimos tiempos de desmantelamiento del Estado. La hora de la verdad: a cada uno su deuda y cada cual en su sitio. El Estado no merece existir sino para pagar la deuda exterior y garantizar la paz social, lo que significa, en otras palabras: vigilar y castigar. Para evitar que los invisibles se conviertan en visibles es necesario comprar armas y multiplicar las personas de uniforme, mientras que escasean los fondos públicos destinados a la educación, a la salud, a la vivienda, y desaparecen las ayudas para la compra de artículos de primera necesidad.

El sistema fabrica a los pobres y les declara la guerra. Multiplica el número de desesperados y de los presos. Las cárceles, sucursales del infierno, no alcanzan ya a contener a todos. En 1992 unas cincuenta rebeliones estallaron en las abarrotadas prisiones latinoamericanas. Estas revueltas terminaron con más de novecientos muertos, casi todos presos, casi todos matados a sangre fría. Los que restablecieron el orden recibieron felicitaciones.

Entre los muertos, algunos habían cometido crímenes que son juegos de niños comparados con las hazañas de más de un general condecorado. La mayor parte estaban condenados por robo, pecado irrisorio en comparación con los fraudes de los comerciantes y de los banqueros más opulentos o con las comisiones que perciben algunos políticos cada vez que venden un trozo del país. Y eran numerosos los que se encontraban detenidos por error o con carácter preventivo.

Los amos del mundo han alcanzado en este fin de siglo un nivel deslumbrante de perfección, jamás igualado en la historia humana, en la tecnología de la información y la muerte. Nunca tan pequeño número alcanzó a manipular o a suprimir a un número tan grande. La dictadura electrónica garantiza la impunidad de la dictadura militar que las potencias dominantes ejercen a escala universal. Las más atroces acciones para humillar a la gente y violar la naturaleza no son más que formas de restablecer y confirmar el orden mundial amenazado. En el momento del sálvese quien pueda, la selección natural favorece a los más aptos. Los más aptos son los más fuertes, lo que poseen el monopolio de las armas y de la televisión; los consumidores de la sociedad de consumo que, impunemente, devoran la tierra y agujerean la capa de ozono en el cielo.

La guerra del Golfo fue un espectáculo de televisión, el más grande y el más caro de la historia: un millón de extras, mil millones de dólares por día. Saddam Hussein, que era el niño mimado de Occidente, se convirtió súbitamente en Hitler por haber invadido Kuwait, y George Bush tomó la iniciativa para castigarle en nombre del mundo: «*El mundo no puede esperar.*» El super-*show* provocó la muerte de millares de iraquíes, pero la televisión supo disimular las imágenes desagradables.

Escapado de un cuadro de Botero

Un año antes, Bush no se había convertido en Hitler cuando invadió Panamá, y no se castigó a sí mismo en nombre del mundo. Después de todo, Estados Unidos ya había invadido Panamá una veintena de veces a lo largo de este siglo, y la invasión número 21 fue televisada como una crónica de sucesos. Para atrapar al infiel Noriega, que había estado a sueldo de la CIA, Bush bombardeó los barrios más pobres de la ciudad de Panamá y, después de las bombas, situó en la zona al ejército más importante empleado desde la guerra de Vietnam. Cien cadáveres, contó la televisión. Quinientos, reconocieron en seguida las fuentes oficiales. Hoy se sabe ya que fueron millares.

Las tropas de ocupación fabricaron a un presidente, Guillermo Endara, en la base estadounidense de Fort Clayton. Pasados los tres años, este personaje impresentable, escapado de un cuadro de Botero, convocó un plebiscito. Tres ciudadanos sobre cuatro votaron contra él. Su ilegitimidad no podía ser más escandalosa; pero la impunidad no gobernaría si no fuera sorda. (Aún aguantó dos años más en su trono.)

El escritor norteamericano Bud Flakoll sostiene que los telediarios y los culebrones se parecen cada vez más. El tráfico de drogas, que sirvió de coartada para la invasión de Panamá, sigue estando de moda como pretexto para violar la soberanía de América Latina. En los telediarios, como en los culebrones, hay buenos y malos, víctimas y verdugos. Colombia, por ejemplo, juega con frecuencia el papel de malo de la película; y el mercado consumidor el de la víctima inocente.

Pero el comercio de la droga, una industria de la muerte no menos virtuosa que la industria de armamento, no existiría si no estuviera estimulada por la prohibición y si el mercado no le otorgara su razón de ser. Los traficantes son los mejores alumnos de la escuela económica neoliberal: integrando mejor que nadie las leyes del mercado, suministran la oferta que la demanda necesita. El negocio más lucrativo del mundo es el resultado de un modo de vida que engendra la ansiedad, la soledad y el vértigo de una competencia sin piedad, en la que el éxito de unos supone el fracaso de los más.

En Colombia hubo en 1992 veintiséis mil asesinatos y dos mil secuestros. ¿Es que los colombianos son violentos por naturaleza, gentes de gatillo fácil, que los «violentólogos» deberían analizar al microscopio? ¿O quizá esta satánica violencia sería hija del desprecio y de la desesperación? ¿Por qué, cuando la economía crece, disminuye a las personas? Las contradicciones sociales en este país de ricos riquísimos y pobres paupérrimos son más explosivas que las bombas que estallan diariamente en Medellín. Un gran número de crímenes son obra directa del terrorismo de Estado, que se nutre de la impunidad oficial y del silencio cómplice de los *media* dominantes. Las organizaciones de defensa de los Derechos del Hombre publicaron la lista detallada de los doscientos cincuenta jefes militares y cien oficiales de policía responsables de asesinatos, «desapariciones», masacres y torturas, entre 1977 y 1991. Apenas diez de entre ellos fueron sancionados. Los demás siguieron mandando.

Ya no es necesario que el fin justifique los medios. A partir de ahora, los medios de comunicación de masas, los *media,* justifican los fines. La injusticia social se resume en un asunto de la policía. Las comunidades de individuos no constituyen ya pueblos sino sociedades de consumo, y el consumo está prohibido al 80 por 100 de la humanidad. El orden mundial depende de la aplicación implacable de las tecnologías de represión y olvido, y la máscara de impunidad que le disimula el rostro está tejida con los hilos de la impotencia y la resignación. Pero hay una amenaza latente en cada una de las víctimas de este sistema que tiene que combatir las consecuencias de sus propios actos. En plena euforia, en el momento de celebrar la aniquilación de sus adversarios, el sistema no puede ignorar que permanece condenado a engendrar interminablemente a sus propios enemigos...

Capítulo 10

CULTURA Y MERCADO

El proceso de mercantilización de la cultura genera una línea de fuerza vital para el mantenimiento del sistema globalitario. Vehículo difusor del pensamiento único, se apoya en los grandes grupos económicos que controlan los negocios de la comunicación.

Creadores de modos de actuación social como el cine y la televisión, refuerzan la sedicente lógica del mercado, apoyándose en las grandes inversiones de la industria del ocio y la comunicación.

La progresiva homogeneización de la multiplicidad social acompaña en este viaje a la banalización del arte como artículo de consumo.

Defender lo diverso, disfrutar el arte, vivir espacios de ocio no comercializado, defender la cultura como «excepción» respecto al puro mercado, es actualmente tan necesario y, probablemente, tan subversivo como la asunción de una responsabilidad pública y social en materia de cultura.

¿Agonía de la cultura?

Ignacio Ramonet

Agonía significa lucha, combate [1]. En un momento en el que el conjunto de los aspectos intelectuales de la civilización occidental parece agonizar ¿cómo no preguntarse en qué luchas y en qué combates se encuentra metida la cultura? Intelectuales, artistas y creadores, cada uno de ellos percibe bien que, una vez más, las sociedades occidentales llegan a un punto de bifurcación. La hora de las opciones suena de nuevo, pero faltan las referencias para orientarse en este instante de declive que precede al nacimiento de una nueva era. *«Se entra en una época en la que las certidumbres se desfondan*, constata Edgar Morin. *El mundo está en una fase particularmente incierta porque las grandes bifurcaciones históricas no se han emprendido todavía. No se sabe a dónde se va. No se sabe si habrá grandes regresiones, si no van a desarrollarse guerras en cadena. No se sabe si un proceso civilizador conducirá a una situación planetaria más o menos cooperativa. El porvenir es muy incierto»* [2].

Sin embargo, a pesar de todo, se abrieron muchas ilusiones tras los fecundos acontecimientos de la segunda mitad de 1989: en particular la «revolución de terciopelo» en Praga, la caída del muro de Berlín y el fin de la tiranía en Bucarest. *«La historia y la moral se reconcilian»*, pudo afirmar el escritor (y presidente) Vaclav Havel, pensando que llegaba la hora de levantar la sociedad que tantos intelectuales habían soñado, basada en las virtudes democráticas, en la ética de la responsabilidad y en la que lo esencial no sería ya el beneficio y el poder, sino el sentido de la comunidad y el respeto hacia el otro.

---

[1] Del griego *agonizés*: luchar, combatir. Derivados: protagonistas, *«que combaten en primera línea»*, antagonistas *«que luchan en contra»*.

[2] François Ewald, entrevista con Edgar Morin, en el extra de *Magazine Littéraire*, dedicado al «Final de las certezas».

Instante equívoco y efímero. Porque después iban a sucederse cambios torrenciales, y multitud de imágenes, muy poco heroicas, se dieron cita para empañar y anular las del triunfo de las libertades. En particular, por centrarnos en Europa, las de la guerra de Bosnia, insoportables escenas de civiles aplastados por la violencia que provocó centenares de miles de muertos y mutilados, millones de refugiados... «*la mecánica del castigo*», de la que habla el ensayista George Steiner [3] se volvió a poner en marcha, estimulada por la explosión irracional de los nacionalismos, el vértigo de los fraccionamientos y el huracán de los odios. «*Y pensar que el siglo había comenzado con las ideas tan generosas y de tan grandes figuras: Freud, Kafka, Gide, Sartre, Camus...,* suspira la intelectual italiana Rossana Rossanda, *la fuerza de la cultura europea hasta la mitad de este siglo estaba en la mezcla, en el mestizaje: se nacía en Budapest, se residía en Viena, se escribía en alemán, se hablaba en húngaro...*» [4].

En la ex Yugoslavia, el desencadenamiento de los sadismos y de las barbaries plantea una vez más a los filósofos de nuestro tiempo la cuestión de la condición humana: las «limpiezas» y las «purificaciones» étnicas ridiculizan la idea misma de democracia y dan cuenta del fracaso de la Ilustración; la impotencia, en fin, de Europa para evitar esta tragedia y para impedir sus peores resultados, mina su propio proyecto de edificación comunitaria. La escritora Susan Sontag que, para testimoniar su solidaridad con la población bosnia, puso en escena en Sarajevo la obra de Samuel Beckett *Esperando a Godot*, estimaba que «*como Godot, los habitantes de Sarajevo esperaron en vano una intervención de Europa que no llegó...*» [5]. Ningún avance de la civilización puede basarse sobre la indiferencia respecto a un crimen, y el que se cometió en Sarajevo fue uno de los mayores de este fin de siglo.

La proximidad de este drama sangrante extendió sobre las sociedades europeas la atmósfera del remordimiento, y como una especie de sentimiento de náusea. Esto se añade, en el caso de numerosos creadores, al malestar provocado por la confusión ideológica actual. A los ojos de muchos de ellos, los contenidos de las concepciones tradicio-

---

[3] Gerge Steiner, «*Presencias reales*». Gallimard, París, 1991.

[4] *El País*, 25 de julio de 1993.

[5] *El País*, 5 de septiembre de 1992.

nales de «derecha» o de «izquierda» se han convertido en completamente vacíos. El horizonte de la esperanza parece haber retrocedido hasta el punto de que raros son los que perciben el nacimiento de nuevos sueños colectivos: «*Los estudiantes a los que daba clase en otros tiempos*, cuenta Steiner, *tenían todos ventanas sobre la esperanza: fuera Mao, Allende, Dubcek o el sionismo. Existía siempre un lugar en el que se luchaba para que el mundo cambiara. Hoy eso se ha terminado*» [6].

A imagen de las sociedades occidentales, la mayor parte de los intelectuales no se reconocen claramente en el espejo del futuro. Parecen ganados por la confusión, intimidados por el choque de las nuevas tecnologías, perturbados por la globalización de la economía, preocupados por la degradación del medio ambiente, escandalizados por el terrorismo, desconfiados respecto a las grandes instituciones (Parlamento, justicia, policía, escuela, medicina, medios de comunicación) y, en suma, muy desmoralizados por una corrupción que prolifera —herencia de la búsqueda extraordinaria y desenfrenada de dinero durante los años ochenta— que lo gangrena todo.

Los creadores, por su parte, permanecen perplejos. Demasiadas tormentas perturban el orden mundial; los fundamentos más estables se tambalean, ceden, y son arrastrados por la avalancha de los acontecimientos. «*Lo que es impresionante*, constata el escritor mexicano Carlos Fuentes, *es que, hace muy pocos años, celebrábamos un prodigioso fin de siglo, se hablaba del fin de la historia, de la solución de los problemas, del triunfo del capitalismo y de la democracia. Tres años más tarde, nos encontramos sumergidos en la más extrema perplejidad. Todo ha de reformularse. Todo ha de repensarse*» [7].

Estas perturbaciones de gran amplitud obligan al Viejo Continente a reconsiderar la solidaridad, y le confrontan al mismo tiempo con el retorno del nacionalismo y la crisis del socialismo. Estas agitaciones sobreviven en el momento de la crisis en la ex Yugoslavia, los debates sobre el Tratado de Maastricht, así como la crisis del sistema monetario europeo, sacuden fuertemente a la construcción de Europa.

A todo esto se añade la recesión económica, que se traduce por una

---

[6] *Le Monde*, 8 de septiembre de 1992.
[7] *El País*, 3 de octubre de 1992.

bajada regular de las plantillas y por despidos masivos. La lógica del mercado y la búsqueda del beneficio máximo producen en Europa occidental paro, pauperización, degradación de la calidad de vida, amenazas sobre los sistemas de protección social y sobre la creación cultural.

A este respecto, las negociaciones sobre el comercio internacional (GATT primero, OMC después) que incluían aspectos relevantes de la producción cultural, en particular del sector audiovisual y de la industria cinematográfica, han incidido en los medios artísticos. Estados Unidos, que ha impuesto su modelo en el campo de la cultura de masas, presiona para hacer saltar la directiva de la CEE que permitía imponer cuotas de filmes europeos a las cadenas de televisión del Viejo Continente [8]. Los grandes creadores se alarman: «*Se malvende el genio de Europa*», exclama, por ejemplo, Roger Planchon, que encuentra «*terrorífica la ausencia de pensamiento político de los parlamentarios europeos sobre el espacio de las creaciones artísticas para el porvenir de nuestras naciones y de nuestro continente*» [9]. La potencia económica entra así en contradicción con la democracia olvidando la advertencia que lanzaba en 1938 el escritor Raymond Queneau: «*El objetivo de cualquier transformación social es la felicidad de los individuos y no la realización de leyes económicas ineluctables*» [10].

---

[8] Finalmente, y a pesar del amplio consenso en los medios artísticos, el 12 de noviembre de 1996 quedó derogada la «excepción cultural», a instancia de los representantes españoles. Al parecer se produjo una síntesis entre la política cultural conservadora regida por la derecha católica del Opus Dei y los intereses de las *major* norteamericanas, coincidentes con los del Vaticano, deseoso de presionar sobre los «contenidos» de los productos de entretenimiento y con intereses económicos concretos, por ejemplo en la Disney. Para el periodista y comunicólogo Juan Cueto, una de las poquísimas voces que se han alzado en España denunciando la situación: «*Es terrorífico que sean precisamente políticos españoles los que abanderen los intereses de los grandes grupos norteamericanos, derogando una norma esencial para una cinematografía, como la española, que apenas puede estrenar aquí el 50 por 100 de las producciones que se realizan, y para la que el mercado europeo significa la única vía de comercialización real. Tanto el comisario Oreja, como los más altos cargos de la cultura y el cine aquí, han ejercido como "mandados", de intereses ajenos a los nuestros, haciendo de "abanderados" de la lucha contra la excepción cultural europea y la política de cuotas*».

[9] Raymond Queneau, *Traité des vertus démocratiques*, Gallimard, París, 1993.

[10] Cf. *L'Express*, 19 de enero de 1991, y *Le Monde*, 17 de febrero de 1993.

Ante tales desórdenes incomprensibles y tantas amenazas, son muchos los ciudadanos que creen asistir a un eclipse de la razón. Y se sienten tentados por la fuga hacia la imagen de un mundo irracional. No hay que sorprenderse entonces ante tanta gente que se refugia en los paraísos de las drogas o en las paraciencias y las prácticas ocultistas. Millones de personas consultan a videntes y sanadores, o afirman ser receptivas a los fenómenos paranormales. Las sectas fundamentalistas se multiplican, así como movimientos milenaristas como el movimiento New Age, que podría contar con 300.000 adeptos sólo en Francia [11].

Se precipita también la gente sobre el juego, lo aleatorio, el azar, gastando centenares de miles de millones cada año en España o en Francia. «*Sólo el mérito no basta para triunfar*, estima el etnólogo Christian Bromberger. *El juego de azar implica tratar de seducir a la fortuna en una sociedad que ha perdido sus bases de certidumbre colectiva. En una sociedad en la que el paro golpea ciegamente, incluso a los más preparados, el juego es el único medio para esperar una inflexión del destino. Y en este período de crisis, la felicidad se presiente como una magnitud que se extingue*» [12].

La televisión, que confunde vida privada y audiencia pública en sus abundantes *reality shows*, pervierte el concepto mismo de realismo y mantiene la irracionalidad ambiental.

Europa ha conocido ya, cuando la gran depresión de comienzos de los años treinta, un momento en el que los mitos arcaicos resurgieron con un dinamismo esencialmente instintivo y emocional. El fracaso del modernismo, la crisis económica, la depresión social y la aspiración identitaria provocaron entonces una especie de desencanto del mundo y favorecieron, en Alemania en particular, una fascinación por lo irracional que capitalizó la extrema derecha. «*Muchos ciudadanos alemanes*, escribe el ensayista Peter Reichel, *quisieron sumergirse en un universo de espejismos*» [13].

Pero esta atmósfera, propicia al nazismo, fue ferozmente denunciada por autores que, de Thomas Mann a Fritz Lang, creían en el arte

---

[11] Cf. *L'Express* y *La Vie*, 21 de mayo de 1992.

[12] Cf. *Le Figaro*, 27 de julio de 1993.

[13] Peter Reichel, *La fascination du nazisme*, Odile Jacob, París, 1993.

político y estimaban como posible conciliar modernidad y sentido del compromiso.

En el actual clima de pesimismo cultural, muchos creadores parecen tentados por el repliegue individualista y por el «*revisionismo estético*» [14]. Otros, aunque esto parezca pasado de moda, optan por el compromiso; así el pintor Miquel Barceló, considerado como una de las más brillantes revelaciones del arte contemporáneo español y que vive en Malí, expresa su rebelión ante las desigualdades entre el norte y el sur: «*Las cosas más atroces pueden ser las menos espectaculares, como la forma en que Occidente aplasta al Tercer Mundo, entre el Banco Mundial, los créditos y el control de las materias primas. Es una situación más cruel que el colonialismo. Al menos durante el colonialismo, los países del norte se sentían obligados a construir carreteras y escuelas. Ahora no tienen ninguna obligación. Es la rapiña pura*» [15].

Así, situados ante la alternativa clásica de tener que escoger entre la imitación de Narciso, enamorado de sí mismo, y la de Prometeo, que intervino en favor del género humano robando el fuego a los dioses, muchos creadores continúan prefiriendo a este último. No ignoran los riesgos y saben a qué agonía interminable fue condenado el Titán: atado con cadenas de bronce en la cumbre del Cáucaso, un águila acudía a devorarle el hígado que volvía a renacerle siempre. Pero asumen esto porque sienten que está en juego la salvación de la cultura. Una vez más, los creadores retoman el desafío de tener que expresar los sufrimientos de una época a través de su talento mucho mejor que sabrían hacerlo los políticos o los expertos. Recuerdan también, que, según Esquilo, la Humanidad será salvada un día. Cuando, por fin, cese el suplicio de Prometeo.

---

[14] Cf. El informe: «¿Hay un arte contemporáneo?», *Raison présente*, nº 107, julio-septiembre de 1993.

[15] *El País*, 6 de agosto de 1993.

El cine europeo, desamparado

Carlos Pardo

Las películas europeas circulan con dificultad en el continente. Su principal salida se circunscribe al ámbito de sus salas nacionales, cuyas pantallas están acaparadas por las producciones de Hollywood [1]. La cuota de mercado de éstas no ha cesado de crecer en todos los países de la Unión Europea, cualquiera que sea la calidad de las producciones locales.

Sin embargo, un reciente estudio [2] ha revelado que Europa occidental es, desde el principio de siglo, la región más prolífica en materia de producción cinematográfica, antes que Estados Unidos, India y Extremo Oriente. En 1995, por ejemplo, la Unión Europea había producido 550 películas; Estados Unidos apenas 450. Y, sin embargo, las únicas películas que se imponen en todos los rincones del planeta son las de Hollywood...

Sus largometrajes saben tocar maravillosamente las pulsiones primarias del espectador. Hollywood *«impone una catarsis»*, considera Frédéric Sojcher [3], *«la violencia, los efectos especiales, el ritmo, son una forma de quitar la angustia, de resolver las tensiones metafísicas que nos animan»*.

Se ha convertido en lo que Serge Daney llamaba «un cine de promotores», un cine-concepto compuesto esencialmente de efectos especiales: se va a ver a los marcianos atacar a Norteamérica (*¡Marte ataca!*), como se va a ver un tornado abatirse sobre una ciudad (*Twister*).

---

[1] Léase «El cine francés, ahogado por Hollywood», *Le Monde diplomatique*, edición española, mayo de 1996.

[2] *Screen Digest*, 1995.

[3] Profesor-investigador en la Universidad París-I-Sorbona, responsable de la obra colectiva *Cinéma européen et identités culturelles*, Ediciones de la Universidad de Bruselas, 1996.

Toda tentativa de cine diferente, que proponga otra mirada sobre el mundo con una preocupación de escritura cinematográfica original, no soporta la competencia con los mastodontes hollywoodienses, cuya triste pobreza estética ha puesto en evidencia la reciente ceremonia de entrega de los Oscar [4]. Por otra parte, los indispensables efectos especiales —tecnología dominada por Estados Unidos—, así como los salarios astronómicos de sus estrellas, han conducido a un vertiginoso aumento de los costes de producción, imposibles de amortizar en su propio mercado interior. En Hollywood, el costo medio de una «película global» es de unos cuarenta millones de dólares [5] (el de una película francesa, de 5 millones de dólares, el de una española, entre el millón doscientos y los 3,5 millones).

Para ser rentable, cada producción ha de ser lanzada a escala planetaria como un acontecimiento de masas, con estrategias de publicidad muy agresivas. Un largometraje se juega su carrera en la primera semana de su explotación. La campaña publicitaria se inicia seis meses antes de la salida. El coste de ésta puede alcanzar hasta los 25 millones de dólares. ¿El objetivo? Ingresos al menos dos veces superiores al coste de producción. Como los estudios alcanzan raramente esos resultados en su propio mercado nacional, se lanzan ferozmente a la conquista de las pantallas del planeta.

Con tales métodos, muchas películas norteamericanas realizan más ingresos en el extranjero que en Estados Unidos [6]. Por ejemplo: *Waterworld* no ha conseguido su amortización en Estados Unidos (88 millones de ingresos), pero ha logrado 166 millones de dólares en el extranjero. El actor Sylvester Stallone, que no atrae demasiado a los espectadores norteamericanos, debe su reciente *cachet* de 20 millones de dólares por película a sus éxitos en el mercado exterior (sus últimos largometrajes han hecho, de media, entre 30 y 50 millones de dólares de ingresos en Estados Unidos, pero más de 100 millones en el extranjero).

Seis firmas (*majors*) norteamericanas se reparten el mercado mun-

---

[4] *Le Monde*, 26 de marzo de 1997.

[5] 1 dólar = 143 pesetas.

[6] Buen año o mal año, las películas de Hollywood consiguen el 60 por 100 de sus ingresos en el extranjero y el 40 por 100 en el mercado doméstico.

dial de la distribución. No dudan en recurrir al sistema de *blockbooking*: con toda película de gran éxito previsible (*blockbuster*), el comprador está obligado a comprar otra serie de películas, posiblemente invendibles si se ofrecieran sueltas. Esto se ha denunciado, en primer lugar, por los propios cineastas-creadores norteamericanos, herederos de los grandes realizadores que han jalonado la historia de Hollywood.

La hegemonía norteamericana mantiene bajo tutela cinematográfica al Viejo Continente. Se beneficia de colaboradores locales convertidos en verdaderos caballos de Troya. En Francia, por ejemplo, en el campo de la distribución en salas, dos de los tres grandes circuitos (que el Estado había contribuido a reforzar) están ligados a las *majors*: Gaumont a los estudios Disney y UGC a Fox-Turner[7].

Estos dos gigantes distribuyen desde hace tiempo un número dos o tres veces mayor de películas norteamericanas que de películas francesas. Si se tiene en cuenta todas las salas, los largometrajes del otro lado del Atlántico disponen, en la primera semana de explotación en Francia, de una media de 142 pantallas, cuando hay solamente 61 pantallas para las películas francesas...

Sin embargo, entre las cinematografías europeas, la francesa está considerada como la niña mimada: un impuesto descontado previamente sobre los ingresos en las salas (la TSA) se reinyecta en la producción para salvaguardar la creación fílmica. La reglamentación obliga igualmente a las cadenas de televisión a participar en la coproducción de películas. Pero, por desgracia, ese modelo francés no se ha adoptado en otros lugares.

El caso del cine británico se cita también como ejemplo en un paisaje europeo pasablemente dañado. La frecuencia de asistencia a las salas, que había caído de manera espectacular en el Reino Unido al principio de los años ochenta, se ha doblado desde la aparición de las salas multicines (de 10 a 15 pantallas). Y la producción, gracias a la política voluntarista de la cadena de televisión Channel Four, no ha cesado de progresar, pasando de 24 películas en 1981 a 114 en 1996[8].

---

[7] Anatole Dauman, «Contre l'oppression d'Hollywood...», *Manière de voir*, fuera de serie, marzo de 1997.

[8] Léase Gareth McFeely, «Miradas ácidas sobre la sociedad británica», *Le Monde diplomatique,* edición española, febrero de 1997.

Pero estas cifras son una engañifa. Las inversiones en las nuevas salas están hechas fundamentalmente por las *majors* norteamericanas deseosas de reconquistar ese mercado anglófono «natural». El 85 por 100 de las entradas se realiza con películas de Hollywood y la mitad de las películas británicas no se proyecta nunca en salas. En cuanto a la producción, se ha hecho difícil distinguir las películas estrictamente británicas de los productos financiados por Hollywood.

Los multicines han hecho subir la asistencia al cine en Bélgica, país en donde más del 95 por 100 de los hogares tiene televisión por cable. Pero, aquí también, las nuevas salas gigantes han favorecido el aumento de la exhibición de cine norteamericano, que se sitúa por encima del 75 por 100 (la producción belga no alcanza el 2 por 100). Gracias a un sistema calcado del francés de cobro anticipado sobre los ingresos, este país produce, sin embargo, sólo una veintena de películas por año.

En Alemania no existe ninguna política de ayuda al cine a escala del Estado federal; los *länder* son los únicos dueños. Se producen anualmente unas sesenta películas (¡de las que un 25 por 100 se ruedan en inglés!). El público, también aquí, ve esencialmente películas norteamericanas, y también comedias alemanas (la parte de cine nacional pasó en 1996 del 9 por 100 al 17 por 100).

En Italia, la proliferación de televisiones privadas desde 1975 hizo que se hundiera la asistencia a las salas de proyección. Cada año se produce un centenar de películas, frecuentemente con presupuestos ridículos. La parte del mercado italiano apenas alcanza un 20 por 100, mientras que las películas norteamericanas atraen a más del 75 por 100 del público.

En España, la distribución está totalmente controlada por las *majors* de Hollywood o sus filiales locales. Las películas españolas (unas sesenta por año) totalizan el 12 por 100-15 por 100 de las entradas, que se corresponde con las cifras de su presencia en el mercado, unas cuatrocientas películas. Aunque legalmente es el único país de la Unión Europea que exige cuotas de pantalla (una película española por cada tres extranjeras), esa cuota de pantalla no se respeta, ni tampoco el control de taquilla, y se practica habitualmente el «pelotazo», es decir, el falseamiento de los datos dando películas extranjeras y declarando que se proyectan españolas. De hecho, el argumento del nuevo director general de Cinematografía del gobierno conservador de José María Aznar para intentar suprimir esas cuotas es que «*como nadie lo cumple, las quitamos*». El apoyo económico oficial al cine parte también de datos falsos: de los impuestos que se cobran por entrada no llega al cine ni siquiera el 50 por 100. El decreto de supresión se espera para junio y ha desencadenado una protesta generalizada en la profesión, desde la asamblea de directores hasta actores y técnicos.

En total, la parte del mercado del cine de Hollywood no ha cesado de crecer en Europa. Era apenas del 59 por 100 en 1986 y sobrepasa hoy el 75 por 100... Y la situación va a empeorar, al haber debilitado el Parlamento Europeo la directiva «Televisión sin fronteras» en noviembre de 1996.

Ese ensayo de armonización de las cadenas europeas, establecido en 1989, preconizaba para cada Estado miembro la difusión, en proporción mayoritaria, de obras europeas, «*cada vez que eso sea realizable*». Pero el absentismo de muchos eurodiputados ha impedido la supresión de esa mención durante la reciente renegociación. Las cuotas de difusión, única válvula de seguridad para proteger la industria audiovisual europea, y principal cuestión que estuvo en juego en el enfrentamiento franco-norteamericano durante las negociaciones del GATT en 1995, no se han respetado nunca. Los cineastas tienen motivos para inquietarse porque las cadenas de televisión se han convertido en la principal fuente de financiación del cine en Europa. Se estima que la desaparición de esas cuotas de difusión proporcionará a Hollywood un aumento de los beneficios del orden de 1.000 a 2.000 millones de dólares [9]. Y amenazará a todas las industrias del audiovisual que, en el Viejo Continente, proporcionan más de 1.800.000 empleos...

Sin embargo, la batalla por la excepción cultural no ha cesado después del fin de la Ronda Uruguay. En el seno de la OCDE y de la Organización Mundial de Comercio (OMC), Francia está prácticamente aislada. Sólo Canadá —deseoso de ver perdurar su propia excepción cultural obtenida en 1993 en el Tratado de Libre Comercio (TLC) con Estados Unidos y México— y Bélgica apoyan a Francia. Estados Unidos, por su parte, no ha dudado en amenazar con represalias comerciales a los nuevos países miembros de la OCDE, como

---

[9] René Bonnell, *La Vingt-Cinquième Image*, Gallimard, reedición, 1996.

Chequia o Hungría, a fin de que renuncien a cualquier protección en el sector cultural [10].

Simultáneamente, en Francia se desarrolla otra batalla, la del digital. Enfrenta a las dos principales grupos (Canal Satélite y TPS) asociados a las *majors* de Hollywood (encargadas de alimentar de largometrajes a los programas). Canal Satélite se ha aliado con cinco estudios: MCA/Universal, Disney, Warner, Columbia y Fox. TPS, grupo que engloba especialmente a TF 1, France Télévision y M 6, ha tendido lazos con Paramount, MGM y MCA. Podemos preguntarnos seriamente sobre el lugar que se dejará en esas nuevas cadenas a las producciones francesa y europea al margen de las películas de catálogo [11], en tanto que la MCA prevé la creación de una serie de cadenas *«especialmente concebidas para el mercado francés»*.

En este campo del consumo de películas a domicilio no se puede olvidar el sector del vídeo, asimismo conquistado por los estudios norteamericanos, que, al igual que para la distribución en salas, han sabido unirse a sociedades francesas, en cuyo seno la cuota del cine francés no supera el 10 por 100.

Las iniciativas de Bruselas en materia de apoyo al cine, a través del Plan Media, no han cesado. Acaba de establecerse un sistema de ayuda automática gracias al Plan Media II. Los distribuidores europeos serán apoyados financieramente si difunden películas europeas no producidas o coproducidas por su país. La ayuda será proporcional a los resultados y reinvertida para la difusión de cualquier otra película del mismo tipo. Tímida medida, esa prima al éxito emplea una cobertura de apenas 5 millones de ecus (820 millones de pesetas) y será destinada a la distribución sólo a título de experiencia cada dos años. Para hacerse una idea de la importancia concedida a la cultura en el seno de Unión Europea hay que señalar que Bruselas ha consagrado a la política audiovisual un presupuesto del orden ¡del 5 por 100 al 10 por 100 del coste de las subvenciones destinadas a los plantadores de tabaco!

En este contexto de grandes maniobras en marcha en el seno de las

---

[10] *Le Monde*, 19 de junio de 1996. Léase igualmente Aline Pailler y Claude Michel, «Un enjeu culturel» en «Liber», suplemento de *Actes de la recherche en sciences sociales*, marzo-abril de 1997.

[11] Canal que ha adquirido recientemente el monumental paquete de películas de UGC: unos 5.000 títulos.

industrias culturales [12], algunos comisarios europeos, sensibles a las presiones de Estados Unidos, reclaman una convergencia del audiovisual y de las telecomunicaciones y luchan por la desaparición de todas las reglamentaciones que, bien o mal, protegían este sector [13].

De la resistencia de las cosas pintadas

John Berger

Entre las obras recientes del pintor Miquel Barceló hay una titulada *La anguila*. Se ve un estudio de pintor, pinceles que sobresalen de un bote, una mujer esbelta tumbada desnuda y una anguila en un cubo, rodeada de dibujos colocados sobre una mesa. Cuando están en tierra firme y quieren protegerse del sol o esconderse, las anguilas se sirven de su cola como de un sacacorchos, hacen un agujero en el suelo y se esconden, la cola lo primero de todo. Otras telas del pintor representan agujeros, todos ellos parecidos a los que hacen las anguilas.

Entre otras obras, *El diluvio y el amor loco*, en el que se ve al mar invadir una biblioteca. En una exposición de obras de Miquel Barceló, el visitante tiene la sensación de estar bajo el agua, de enfrentarse a un artista acuático que, hasta cuando pinta el desierto africano, da la

---

[12] Léase a Ignacio Ramonet, «El Imperio americano» y «Apocalipsis en los medios», *Le Monde diplomatique,* edición española, febrero y abril de 1997, respectivamente.

[13] Léase Serge Regourd, «De l'identité du cinema européen, de ses protections juridiques et de leur remise en cause», «Liber», París, suplemento de *Actes de la recherche en sciences sociales,* marzo-abril de 1997.

impresión de que algunas milésimas o algunos segundos antes la superficie blanca ha estado aplastada, o pulverizada, por las aguas.

En su arte, como en la tierra, una inundación es a la vez calamidad y promesa de abundancia, liberación y muerte, principio y fin. La sensación oceánica que desprenden sus cuadros no es ni sentimental ni nostálgica: está ligada a algo más históricamente preciso y urgente, a algo más necesario. Que nos remite a lo que él mismo escribía en 1994 en uno de sus catálogos: *«Pintar un buey desollado se ha vuelto importante. Como lo ha sido en otras épocas, pero siempre de manera diferente. No como los romanos pintaban la comida, ni como Rembrandt, tampoco como Beuys. De repente se ha convertido en urgente, esencial: sangre y sacrificio... Pero esto funcionaría igual de bien con una manzana o una cara. Hay que retirar las cosas, una a una, de las manos posesivas de Berlusconi y recrearlas, nuevas y auténticas, mostrarlas palpitantes o con su dulce podedumbre, pero tal como son».*

La alusión a Silvio Berlusconi dice muchas cosas. En todo el mundo, las redes de los medios de comunicación reemplazan cada día a la realidad por mentiras. No mentiras políticas o ideológicas, al menos en un primer momento —vendrán luego—, sino mentiras visuales, tangibles, sobre lo que realmente es la vida de los hombres y de la naturaleza. Todas las mentiras se basan en un colosal engaño: la idea de que la misma vida es una mercancía y que quienes la merecen son los que disponen de los medios para comprarla. La mayor parte de nosotros sabemos que eso es falso, pero entre lo que se nos enseña hay muy pocas cosas que puedan confirmar nuestra resistencia. Y luego el azar hace que nos encontremos frente a un cuadro de Barceló.

¡Imaginad que, de golpe, fragmentos del universo material tangible (tomates, lluvia, pájaros, piedras, melones, pescados, anguilas, termitas, madres, perros, monos, agua salada) se rebelan contra el incesante raudal de imágenes que los desnaturalizan y de las que se encuentran prisioneros! ¡Imaginadles reaccionando para reivindicar su libertad frente a todas las manipulaciones gramaticales, numéricas o pictóricas! ¡Imaginad una rebelión de las representaciones!

Esto es lo que pasa en las pinturas de Miquel Barceló. Transmiten la rebelión de lo que es sólido y lo que es mortal. Frente al diluvio de clichés consumistas y sin contenido, y a la afirmación de que el genio de la humanidad se concentra en la búsqueda del beneficio, abren las esclusas al torrente de elementos de la vida y de la muerte.

Cuando se trata de producir arte, la propaganda ecológica no tiene más valor que las otras. Por eso el secreto de estos cuadros no reside en lo que muestran sino en la forma en que están a la escucha. A la escucha de cosas pintadas que protestan contra la forma en que se las pinta, se las recupera y se las utiliza engañosamente. Las protestas, entonces, se hacen visuales pues están nerviosamente traducidas en lenguaje pictórico.

Se puede hacer una lista de las astucias y los medios utilizados para manifestar esta protesta. En primer lugar, el rechazo de un encuadre: las cosas pintadas desertan del centro del lienzo y se refugian en las extremidades. Igualmente, el rechazo de la reducción a una mancha de color: la cosa pintada se subleva y toma forma tridimensional, o bien socava bajo ella un hueco en el que se podría meter una cuchara. La cosa pintada puede así no admitir ser asimilada a una mediocre etiqueta de lata de conservas: el pescado azul se trocea en nueve pedazos y se despliega por toda la superfice del cuadro.

De esta manera, las cosas pintadas pueden dedicarse al sabotaje de lo que es demasiado suave o pretende ser consumido: la carne de los cuerpos pintados se eriza con fibras y pelos. Las cosas conspiran así, permanentemente, contra todo espacio o toda perspectiva uniforme. Las cosas se hacen espejismo: un cielo puede removerse como una sopa, la superficie de tierra bajo la lluvia puede tener tan poca consistencia como una mancha en el cristal de una ventana.

Nada de lo que pinta Miquel Barceló quiere renunciar a su alma para reducirse a una imagen. Y el artista sigue el movimiento: *«Tengo necesidad de tener cerca de mí lo que pinto, de tenerlo sobre el cuadro, de sentirlo, de tocarlo. Y, después, de comerlo. De utilizar la piel de un melón como espátula cuando pinto melones y mezclar su jugo con la pintura».* Todo esto podría conducir a una cierta incoherencia. Barceló, que sólo tiene treinta y nueve años, se deleita con ese riesgo. Pero su obra es coherente. Imposible explicar por qué, como no puede explicarse por qué un enjambre de abejas da siempre impresión de simetría.

Después de haber visitado las exposiciones de Barceló pienso en Chaïm Soutine. No por el gusto de hacer comparaciones históricas, sino porque, al imaginar a los dos pintores cara a cara, percibo más claramente lo que ha cambiado el mundo en el curso de los últimos cincuenta años. Soutine también estaba profundamente a la escucha de lo que pintaba y por eso su obra está marcada por el patetismo y el sufrimiento. Nada de patético, en cambio, en Barceló: simplemente, la voluntad de resistencia bullente y pululante del universo. Y en esta resistencia hay una esperanza que intentamos reconocer desesperadamente.

Hace algunas semanas el subcomandante Marcos hablaba de lo mismo en Chiapas: «*La internacional de la esperanza. No la burocracia de la esperanza, que es exactamente lo opuesto y es lo que nos destruye. No más poder bajo los nuevos emblemas o nuevas costumbres, sino un aliento como este, el aliento de la dignidad. Una flor, sí, la flor de la esperanza. Una canción, sí, la canción de la vida*».

Culturas en venta

Jack Ralite

Digitalización, Internet, autopistas de la información, fibras ópticas, satélites, redes, términos que evocan otras tantas innovaciones muy reales —aunque estén en sus comienzos— y que juegan a menudo un papel ideológico en el discurso neoliberal. Jack Valenti, presidente de la Motion Picture Association of America (MPAA), que agrupa a los grandes estudios norteamericanos, lo expresa sin rodeos: «*Satélites, fibras ópticas, digitalización, crean una nueva situación que da al consumidor la elección última de los programas que desea ver. Es razonable, por tanto, que se siga una política de desregulación».* El mercado planetario, presentado hasta hoy como el factor principal de regulación de las sociedades, opone así la libertad de expresión comercial —que no es un nuevo derecho del hombre y que se expande— y la libertad de expresión artística y ciudadana que sí constituye un auténtico derecho del hombre y que se va restringiendo.

Esta *«guerra sin batalla»* (Heiner Muller) se desarrolla, especialmente en los terrenos del audiovisual y el cine. Y es más encarnizada desde que, en 1993, durante la fase final de la Ronda Uruguay del GATT, los creadores (y no solamente los de Europa) sacaran adelante un concepto nuevo y constructivo: la «excepción cultural», rechazando la superpotencia de un mercado *«sin conciencia ni misericordia»* (Octavio Paz). Desgraciadamente, la Unión Europea ha limitado desde el principio el ámbito de sus ambiciones, fijándose como objetivo únicamente un *«tratamiento excepcional y separado»* para el sector audiovisual. De hecho, los debates desembocaron en una aceptación de la integración del audiovisual en los servicios —y, por tanto, integrado al final en las reglas del GATT, convertido en Organización Mundial del Comercio (OMC)— con una simple constatación, necesariamente provisional, del no-acuerdo con Estados Unidos, a modo de premio de consolación.

Fortalecidos con esta primera victoria estratégica (mientras que Europa obtuvo un simple repliegue táctico), Washington y Hollywood intentan impulsar su ventaja e imponer un acuerdo sobre la base de principios enunciados en un documento titulado US Global Audiovisual Strategy, cuyos puntos-clave son los siguientes:

— evitar un reforzamiento de las *«medidas restrictivas»* (especialmente las cuotas de difusión de obras europeas y nacionales) y vigilar que estas medidas no se extiendan a los nuevos servicios de comunicación;

— mejorar las condiciones de inversión para las firmas norteamericanas liberalizando las regulaciones existentes;

— evitar las querellas inútiles sobre cuestiones culturales, buscando las zonas de interés común;

— ligar las cuestiones audiovisuales al desarrollo de nuevos servicios de comunicación y telecomunicación, en el sentido de la desregulación;

— asegurarse de que las actuales restricciones, ligadas a cuestiones culturales, no constituyen un precedente para los debates que tienen que abrirse en otros marcos internacionales;

— multiplicar las alianzas y las inversiones norteamericanas en Europa;

— buscar, discretamente, la adhesión a las posiciones norteamericanas de los operadores europeos afectados por las cuotas y las reglamentaciones: televisiones privadas, publicitarios, operadores de telecomunicaciones.

Esta estrategia está dando ya sus frutos. En primer lugar, con el bloqueo de cualquier mejora de los sistemas de protección europeos, que se desprende del nuevo enfoque de la directiva comunitaria Televisión sin Fronteras de 1989, ya en desuso. En una primera fase, en febrero de 1996, el Parlamento de Estrasburgo votó un texto muy diferente del que le había sido sometido por la Comisión y el Consejo, ya que reforzaba la obligación de las cuotas, las aplicaba a los nuevos servicios, prohibía las prácticas de deslocalización de los difusores y daba una redefinición rigurosa de la obra. Durante la segunda lectura, en octubre de 1996, el Parlamento, que tiene una práctica mezquina de la democracia, fue incapaz de oponerse a la nueva «posición común» del Consejo, elaborada por la Comisión, que integraba las prescripciones americanas [1]. En sus disposiciones centrales, la directiva de 1989 queda, pues, como estaba. No supone ni progreso ni respuesta a los problemas nuevos y se puede resumir en: reglamentación *a mínima* para todo lo que existe, ninguna reglamentación para lo que está por venir.

Hungría, Chequia, Polonia, candidatas a la Unión Europea, negocian con ésta acuerdos de asociación que transponen, en su derecho interno, la directiva Televisión sin Fronteras. Washington ha intervenido amenazando a sus gobiernos con oponerse a su entrada en la Organización de Cooperación y Desarrollo Económico (OCDE). Únicamente Polonia se ha negado a ceder. Sin embargo, en estos tres países,

---

[1] A propuesta del comisario español Marcelino Oreja, y en línea con la política del Gobierno del PP, en España, donde el catolicismo más conservador se da la mano con el ultraliberalismo. *(N. del T.)*

la cuota de mercado de las películas norteamericanas es ya superior al 90 por 100.

La segunda fase de la ofensiva de Hollywood es la de las inversiones. Las empresas gigantes —Time Warner-Turner, Disney-ABC, Westinghouse-CBS— están cada vez más presentes en Europa, donde compran estudios, construyen salas múltiples, intervienen en las redes de cable, hacen acuerdos con empresas locales. También crean cadenas generalistas o temáticas: una cincuentena por ahora, hasta el punto de que, en algunos años, las primeras televisiones privadas de todos los países del este podrían ser norteamericanas.

A los cerca de 40 monopolios nacionales del audiovisual ha venido a sustituirles un oligopolio mundial compuesto por 5 o 6 grupos, con un patrón americano. En términos comerciales, el saldo del intercambio de imágenes entre Europa y Estados Unidos es cada vez más negativo: 2,1 millardos de dólares en 1988, 6,3 millardos de dólares en 1995.

La superioridad norteamericana se desarrolla, igualmente, en los organismos internacionales. En primer lugar, en la OCDE, en el marco de la negociación sobre un Acuerdo Multilateral sobre Inversiones (AMI), que tiende a favorecer la circulación de inversiones extranjeras y a suprimir las subvenciones concedidas únicamente a los productores nacionales. El objetivo de Estados Unidos es obtener un tratamiento nacional y europeo para sus inversiones en Europa y, por tanto, tener acceso a los sistemas de ayuda comunitaria (programa Media) y nacionales (fondos de apoyo en Francia). El Gobierno francés, representado por el Ministerio de Finanzas, y sometido a la vigilancia de los medios de creación cultural, se esfuerza en obtener una cláusula de «excepción cultural» en el AMI parecida a la que, a demanda de Canadá, figura en el Acuerdo de Libre-Cambio Norteamericano (Alena). Por el momento, la partida no está ganada.

Otro campo de batalla: la Organización Mundial de Propiedad Intelectual (OMPI), con sede en Ginebra. En diciembre de 1996 se debatieron diferentes propuestas de adaptación de los instrumentos internacionales en materia de derechos de autor. Estados Unidos no obtuvo el acceso a la «copia privada» (tasa sobre las casetes vírgenes) que reivindicaba con fuerza. Pero ha descubierto sus objetivos, reconociendo los derechos de autor y los derechos conexos con la condición de que, quienes tengan derechos, cedan su gestión a los grandes grupos audiovisuales. De esta forma se perfila un cuestionamiento de las sociedades que agrupan a autores y artistas y una ofensiva para hacer prevalecer el *copyright* sobre el derecho moral. Desde este punto de vista, Washington ha conseguido abrir una brecha en el frente europeo, al llegar a un acuerdo con la Sociedad Británica de Autores, rechazado por sus homólogos europeos. Finalmente, durante el encuentro de la OMC, en diciembre de 1996 en Singapur, si bien los derechos de autor sobre los CD-Rom se han preservado, se ha programado la desregulación sobre la fibra óptica y las nuevas tecnologías.

Frente a la apisonadora de la mercantilización de la cultura, cuyos principales beneficiarios son los grandes grupos norteamericanos, el Viejo Continente puede y debe reaccionar y no quedarse como la mayor parte de sus grandes grupos de audiovisual y sus gobiernos, que se contentan, muy a menudo, con suscribir las prácticas norteamericanas. Para empezar, con la creación de una verdadera industria europea de producción y creación de imágenes. Hay que hacer constar que en Europa las industrias audiovisuales movilizan menos del 0,3 por 100 de los productos interiores brutos (PIB) nacionales. Además ¿por qué el Consejo de Europa, que agrupa a 40 Estados, no toma la iniciativa de convocar una reunión mundial sobre la imagen, del mismo tipo que la de Río en 1992 sobre el desarrollo sostenible? Artistas, autores, juristas, investigadores, productores, podrían trabajar en este nuevo marco para la protección de los derechos de autor, sobre la base del derecho moral y no del *copyright*.

Más allá todavía, Europa podría plantearse la invención y la construcción de un nuevo espacio público de expresión, de creación, de ciudadanía y de trabajo. Un espacio en el que opere, sin discriminación, lo múltiple como riqueza de la humanidad: en el que se articulen, de una forma nueva, lo local, lo nacional y lo internacional; en el que se exprese una responsabilidad pública y social en materia de cultura. Hasta ahora, los operadores dominantes han sido la atracción del dinero y la del poder. Las sociedades tienen necesidad de otros combustibles.

Palomos amaestrados

Juan Goytisolo

Hace una veintena de años, uno de los juglares más conocidos de Marraquech acudía diariamente a la plaza y se acomodaba en su puesto habitual con una jaula llena de palomas. Una vez formado su anillo de curiosos en torno al territorio en donde lucía su arte, abría la jaula y ordenaba a los palomos que se plantaran de una volada en el frontispicio del Banco del Magreb. Mantenía entonces una larga conversación con las hembras, intercalada de consejos y preguntas, a las que éstas respondían con zureos y arrullos. Una vez informadas de los deberes y astucias de la buena esposa, las interesadas partían en busca de sus parejas y regresaban a la *halca* con ellas. El público premiaba con unas monedas el discurso zumbón de la perfecta casada y el ajuste puntual de los machos a las pautas del guión. El juglar desapareció un día, pero el recuerdo del amaestramiento y disciplina de los palomos no se disipó. A menudo me traen a la memoria la conducta obediente, conforme a las sendas trazadas, de esa intelectualidad que en España y fuera de ella se autodenomina posmoderna.

El amaestramiento del joven escritor o intelectual, inicialmente bien dotado, comienza desde el instante en que se propone hacer carrera: desde las aulas universitarias a las escuelas de *creative writing* se les inculca una suave, paulatina adaptación a las reglas consensuadas, el respeto a las supuestas autoridades de los estamentos establecidos, la conformidad de cuanto escriba y haga a la opinión dominante o los gustos del público. Los temas considerados tabúes para el estudioso que aspire a una cátedra y las «anomalías» creadoras que no encajen en la perspectiva generacional de los vates legisladores del día serán objeto de un tratamiento reductivo e higiénico. La carrera y ascenso lento o veloz a los peldaños superiores del escalafón requieren, no sólo un sentido muy claro de la oportunidad al mover una pieza en el tablero, sino también el rechazo de toda forma de saber o conocimiento que no sea de inmediato rentable. El vuelo del escritor e intelectual posmodernos no se aventura allende el campo trazado: desde su jaula académica corporativista o mediática vuela al frontispicio del Banco y regresa a ella. El mundo exterior y sus dramas no le conmueven ni le inquietan. Lo importante es el retorno a la jaula, el respeto a lo que se declara respetable y su cauta esquivez de los riesgos y animadversiones que implica el ejercicio de la libertad.

«Lo que no se puede decir, no se debe decir», escribía Larra. El escritor e intelectual posmodernos han interiorizado esta máxima y escogen cuidadosamente sus dómines y valedores. La esforzada labor de crítica y revisión del pasado español de alguien exterior al cotarro, por esencial que sea, será sistemáticamente omitida y cualquier *«necrófago indotado»* (Dámaso Alonso *dixit*) o tertuliano polifacético serán enhestados en cambio al rango de maestros. Dime a quién citas y te diré quién eres. Los citados pertenecen siempre a ese nebuloso patrimonio nacional que configura a lo largo de siglos de manipulación y ocultamiento nuestra presunta entidad castiza.

El empeño solitario y ascético del escritor —obviado todo espíritu de crítica y reflexión más allá de las querellas ruidosas con sus pares cuando éstos ensombrecen su carrera o amenazan unas posiciones mediáticas tenazmente adquiridas— cede paso al afán, a veces obsesivo, de vender la imagen (convenientemente acicalada y aderezada, si se tercia, con salsa de gato o perrillo faldero) y de promocionar sus libros (¿es la cantidad sinónimo de calidad?). El prurito de ocupar continuamente la escena, opinar de acuerdo a lo opinable y escribir con el objetivo preciso de ganar nuevos lectores y situarse a la cabeza de los campeones de ventas son las manifestaciones, en verdad patéticas, de una vanidad y egolatría modestas, en la medida en que se contentan con honores dudosos y claques teledirigidas o quizá cibernéticas.

El palomo amaestrado vive exclusivamente en el presente, atento a sus corrientes y modas, sujeto a sus regulaciones y normas, esclavo de sus fluctuaciones y temas de actualidad. Ignora el árbol de la literatura al que pertenece y con el que idealmente debería engarzar. En lugar de medirse con los muertos y forjar su estatura con respecto a ellos, riñe o se agavilla con los vivos: se apelotona en cuadras editoriales o grupos de poder. El ajedrez, y no la literatura, cifra su arte. Aunque liberado de las servidumbres totalitarias —represión, miedo, censura—, asume de modo voluntario los confines de su provechoso adiestramiento.

Desconectados de la realidad histórica de su propia cultura y adeptos de la inventada, los amaestrados abrazan los conceptos y valores enhestados por los bonzos y mandarines. Sus puntos de referencia se sitúan en el presente y si alguno de ellos cita, por ejemplo a Cervantes, y afirma aun con desenvoltura que el *Quijote* es su libro de cabecera, no cabe otra salida sino concluir que lo utiliza de almohada: la fecunda contaminación cervantina no aparece, en efecto, en ninguna de sus novelas.

Los críticos sabelotodo que citan a Bajtin sin leerlo deberían recordarles las reflexiones del gran maestro ruso: «*Una obra no puede vivir en los siglos venideros si no se alimenta de los siglos pretéritos. Si hubiese nacido sólo en el presente, si no prolongara el pasado ni enlazara consustancialmente con éste, no podría vivir en el futuro. Todo lo que pertenece únicamente al presente se extingue con él*». Los segundones y epígonos son fácilmente identificables, ya por su adscripción a un modelo y unos postulados previos, ya por su agrupación generacional conforme a los patrones de los maestros «normalizadores». Poco a poco, expurgan sus rasgos originales y su rebeldía potencialmente dañina para el gremio que los apadrina, se esponjan en el interior de la jaula y afinan año tras año la modulación de sus zureos y arrullos. No saben que al renunciar a medirse con los muertos —pero vivos en la gran «temporalidad» bajtiniana— se sentencian a sí mismos a una existencia efímera y a una muerte definitiva (cada época tiene sus Rafael Pérez y Pérez, Pombo Angulos, Gironellas y Vizcaíno Casas).

Me viene a las mientes el dicho agudo de Bergamín: «*más vale pájaro en vuelo que ciento en la mano*». Imagino a Clarín, Valle-Inclán y Cernuda —por citar unos pocos ejemplos— absortos en la contemplación irónica de los palomos amaestrados de la plaza de Xemáa el Fná.

273

ÍNDICE DE AUTORES

DECORNOY, JACQUES (Redactor de *Le Monde diplomatique*).
Una humanidad sin domicilio fijo, febrero de 1996.
DELÉAGE, JEAN-PAUL y HÉMERY, DANIEL (Ecólogos).
Energía y crecimiento demográfico, abril de 1996.
FERRI, RAMÓN (Periodista).
Las «zonas internacionales» de retención, junio de 1997.
FERRO, MARC (Historiador).
Medios y comprensión del mundo, diciembre de 1995.
GALEANO, EDUARDO (Escritor y periodista).
Los media *justifican los fines*, diciembre de 1997.
GALLOY, MARTINE RENÉE (Profesor e investigador) y GRUÉNAIS,
MARC ERIC (Antropólogo).
Elecciones que generan dictadores, noviembre de 1997.
GOLUB, PHILIP S. (Periodista).
Un giro en la historia de la globalización, enero de 1998.
GOYTISOLO, JUAN (Escritor).
Frente a la catástrofe programada (conversación con GÜNTER
GRASS), diciembre de 1997.
Palomos amaestrados, septiembre de 1997.
HALIMI, SERGE (Redactor de *Le Monde diplomatique*).
Cuando los que firman los cheques hacen las leyes, mayo de 1997.
HEINEN, JACQUELINE (Investigadora).
Ilusiones perdidas para las mujeres del este, diciembre de 1996.
KAROL, K.S. (Periodista).
Rusia, rehén de un capitalismo mafioso, septiembre de 1997.
MATTELART, ARMAND (Profesor en la Universidad de Rennes).
Los nuevos escenarios de la comunicación mundial, octubre de 1996.
¿Cómo resistir la colonización de las mentes?, diciembre de 1995.
NAREDO, JOSÉ MANUEL (Economista).
Sobre «el pensamiento único», octubre de 1996.
*Sobre el rumbo del mundo (a propósito del libro de Ignacio Ramonet
«Un mundo sin rumbo»)*, junio de 1997.
PARDO, CARLOS (Periodista).
El cine europeo, desamparado, mayo de 1997.
PASSET, RENÉ (Economista).
Las posibilidades (frustradas) de las «tecnologías de lo inmaterial»,
julio/agosto de 1997.

LE MONDE DIPLOMATIQUE

Fundador: Hubert Beauve-Méry.

Presidente y director de la publicación: Ignacio Ramonet.

Redactor jefe: Alain Gresh.

Redacción: Florence Beaugé, Christian de Brie, Bernard Cassen, Serge Halimi, Maurice Lemoine, Dominique Vidal.

Secretaria de redacción y concepción artística: Solange Brand.

Secretarias: Joseline Capron, Monique Salome.

Antiguos directores: François Honti (1954-1972), Claude Julien (1973-1990).

LE MONDE DIPLOMATIQUE, EDICIÓN ESPAÑOLA – L-PRESS

Director: Antonio Albiñana.

Diseño y dirección técnica: Javier Lerma y Yurek Janizsewski (colaborador).

Consejo editorial, traducciones y colaboraciones: Mercedes Arancibia, Guillermo Candela, Angel del Castillo, J. Martínez Alier, J.A. Matesanz, Andrés de Miguel, J.M. Naredo, Manuel Revuelta.